SANDRO MOREYRA

Paulo Cezar Guimarães

SANDRO MOREYRA
UM AUTOR À PROCURA DE UM PERSONAGEM

GRYPHUS

Rio de Janeiro

© Paulo Cezar Guimarães

Editoração Eletrônica
Rejane Megale

Revisão
Gilson B. Soares

Iustração de capa
Ique Woitschach

Capa e caderno de fotos
Gabinete de Artes (www.gabinetedeartes.com.br)

Adequado ao novo acordo ortográfico da língua portuguesa

Os direitos autorias das fotografias são reservados e garantidos
Por mais que tenhamos tentado, inclusive através das redes sociais, não conseguimos identificar os autores de algumas fotos e mesmo alguns personagens durante a produção do livro. Muitas das imagens reproduzidas foram cedidas pelos fotógrafos e pelos colegas de jornal a Sandra Moreyra e amigos. Os créditos serão devidamente divulgados pela Editora na próxima edição, caso sejamos informados pelos respectivos autores.

CIP-BRASIL. CATALOGAÇÃO-NA-FONTE
SINDICATO NACIONAL DOS EDITORES DE LIVROS, RJ

G98s

Guimarães, Paulo Cezar
    Sandro Moreyra : um autor à procura de um personagem / Paulo Cezar Guimarães. - 1. ed. - Rio de Janeiro : Gryphus, 2017.

    260 p. : il. ; 23 cm.
    Inclui bibliografia
    ISBN: 978-85-8311-096-5

    1. Moreyra, Sandro, 1918-1987. 2. Jornalistas - Brasil - Biografia. 3. Jornalismo - Brasil. I. Título.

17-41893   CDD: 920.5
                                                     CDU: 929:070

GRYPHUS EDITORA
Rua Major Rubens Vaz, 456 – Gávea – 22470-070
Rio de Janeiro – RJ – Tel: +55 21 2533-2508 / 2533-0952
www.gryphus.com.br– e-mail: gryphus@gryphus.com.br

"Milhões de personagens procuram hoje, em vão, o seu autor."
(**Álvaro Moreyra**, *pai do Sandro*)

"Minha paixão pelo Botafogo é imensa. Só não é maior do que o amor que sinto por Eugênia e Sandra. Minhas filhas."
(**Sandro Moreyra**)

"É ele quem me dá as palavras quando eu preciso delas. Estou lá escrevendo, buscando inspiração e é ele quem sopra no meu ouvido o caminho por onde ir."
(**Sandra Moreyra**)

Às filhas Sandra e Eugênia Moreyra e
aos netos Cecília e Ricardo e Carolina e Francisca.

A Rodrigo Figueiredo, marido de Sandra, que, com seu empenho
e carinho pela mulher e pelo sogro, deu o pique final
que faltava para viabilizar essa história.

Aos autores e personagens Roberto Porto, João Saldanha, Armando Nogueira,
Oldemário Touguinhó, Salim Simão e Neném Prancha.

A dois personagens especiais que me fazem viver para contar:
minha mulher Beth e minha filhoca Joana.

SUMÁRIO

SANDRO MOREYRA, por Ruy Castro 15

PREFÁCIO: Um boa praça, como se dizia antigamente 17

APRESENTAÇÃO: Pirandello às avessas 19

PRÓLOGO: A noite em que o Brasil ficou mais chato 27
    Ele não queria morrer no dia do meu aniversário 32
    Amigos de todas as horas 35

INTRODUÇÃO: O Rei do Pedaço 41

CAPÍTULO 1: As amargas, não 55
    Em nome da mãe 55
    Em nome do pai 61
    Meu pai, Álvaro Moreyra 65

CAPÍTULO 2: Viver para contar 69
    Entre sem bater 72

CAPÍTULO 3: Em nome do pai e da avó 75
    Fã número 1 75
    Encontro marcado 80

CAPÍTULO 4: Querida filhoca 85
    150 milhões de beijos 90

CAPÍTULO 5: Cria fama e deita-te na cama 95
    Amor à primeira vista 96
    Playboy gostosão 100
    Mulher e musa 102
    O bem-amado 104

CAPÍTULO 6: O dorminhoco 107

CAPÍTULO 7: Isso é coisa daqueles 3 111
    Palpite infeliz 113

CAPÍTULO 8: "Pola, João!" 115

CAPÍTULO 9: Adiós, micrófono 125

CAPÍTULO 10: O homem de Pau Grande 127
    Publique-se a lenda.. 128
    O que é Fralda?... 131
    Alguém liga pra jornalista?... 132
    O mito vai ser sempre maior do que você........................... 134

CAPÍTULO 11: El nombre del Padre 137

CAPÍTULO 12: Assim ele não vai longe................................... 141
    Chutando ratos à beira mar... 142
    Escalando Mané 144

CAPÍTULO 13: "Eu sou Mengão!" 149
    Ele poderia ter me influenciado.. 153

CAPÍTULO 14: Deixa comigo!... 157

CAPITULO 15: A regra é clara 163
    Porrada no Zé do Xaxado e o Papai Noel bom de briga 165

CAPÍTULO 16: Entre tapas e beijos 169

CAPÍTULO 17: Tolerância zero... 175

CAPÍTULO 18: Conduzindo a Estrela Solitária 179

CAPÍTULO 19: Gaiatos no navio 185

CAPÍTULO 20: Técnico por um dia 189

CAPÍTULO 21: Comunista até a página 20 193

CAPÍTULO 22: Tio Sandro da Mangueira................................. 199

CAPÍTULO 23: Aula de Português 203

CAPÍTULO 24: Velhos tempos, novos dias 207

SUMÁRIO

CAPÍTULO 25: A nudez forte da verdade	211
Fazendo arte com o amigo	215
CAPÍTULO 26: O dia do caçador	217
CAPÍTULO 27: Palmas que ele merece	223
CAPÍTULO 28: Bobeou o Sandro pimba	227
Um esporro no Fantasma	228
Torturando Salim	229
Na curva do hospital	230
Multidão em fuga	231
Tiro de meta no estúdio	232
Fugindo do rachuncho	233
A árvore atropelada	234
Desacato a autoridade	235
Marchando em Estocolmo	235
A genitália dilacerada	236
Marketing português	237
Cruzando a fronteira	237
Um almirante na Geral	238
É gata, mas é mansa	239
Rindo da desgraça alheia	240
CAPÍTULO 29: Página feliz de nossa história	243
CAPÍTULO 30: A última do Sandro	247
EPÍLOGO: Qualquer dia a gente vai se encontrar	249
AGRADECIMENTOS	253
Entrevistados	253
Colaboradores	254
FONTES CONSULTADAS	255
Livros	255
Filmes	258
Periódicos	258
Arquivos públicos e arquivos pessoais	258
Sites e blogs	258

"Sandro é alegre como suas histórias. A cada dia está mais jovem, certamente pelo amor e o convívio com sua neta. Sandro é um antitristeza. Se dependesse dele, a vida seria um eterno encontro com a felicidade. E isto que ele procura nos dar constantemente com as suas historinhas. Felizes somos nós, seus amigos de coração, que temos o privilégio de estar por mais tempo a seu lado e não apenas no encontro de sua Bola Dividida."
(Oldemário Touguinhó)

"Entre vitórias e derrotas, entre mártires e heróis, o futebol consegue ser uma das manifestações de vida mais ricas em riso e humor. E Sandro Moreyra é um dos nossos mestres na arte de descobrir e contar o lado engraçado desse fascinante esporte."
(Armando Nogueira)

"Michel Quoist tem um poema em que, inspirado num jogo noturno, mostra o futebol como uma grande liturgia e diz que esse jogo dos homens é o mais 'religioso dos ofícios'. Ler Sandro Moreyra é ser guiado por mão de mestre para viver o outro lado dessa 'grande liturgia', viver o mundo dos deuses desse Olimpo, como Garrincha e tantos outros. Quanto a mim, devo dizer que em boa parte conheci o maravilhoso desse mundo através da prosa gostosa de Sandro. Lendo estas Histórias, o leitor terá acesso seguro a esse mundo mágico, que não dispensa o amor das arquibancadas, mas só se completa quando alguém como o Sandro consegue desvendá-lo por inteiro aos nossos olhos, como um ritual encantado, como a vida..."
(Marcos de Castro)

(Frases na contracapa do livro *Histórias de Sandro Moreyra*)

SANDRO MOREYRA[1]
1918-1987[2]. Jornalista.

Ruy Castro

Quando Sandro Moreyra chegava à redação do *Jornal do Brasil* às quatro da tarde de qualquer dia da semana, como quem estivesse voltando da praia, seus colegas não se alteravam: ele estava mesmo voltando da praia. Especificamente, do Castelinho, que frequentava de segunda a sábado com um fervor quase religioso (domingo era o dia dos amadores). Sua cor era uma atração turística: lembrava velhas encadernações de clássicos franceses, e Sandro atravessava o ano queimado de sol. Seu expediente na areia ia das dez da manhã às três da tarde – "no horário do câncer de pele", segundo ele. Câncer este que Sandro desmoralizou, nunca se dando à pachorra de passar cremes ou filtros e não morrendo por causa dele.

Ia à praia pela praia. Não jogava vôlei ou frescobol, não caminhava na areia e o máximo de esforço era um rápido mergulho a cada quinze minutos, depois do qual voltava para seu lugar ao sol: a cadeirinha. Ali era servido pelo vendedor de mate (com quem tinha conta) e cercado pelos amigos: Carlinhos Niemeyer, João Saldanha, seus colegas de jornal Sérgio Noronha e Salim Simão, o ator Carlos Eduardo Dolabella, o pianista Luiz Carlos Vinhas. Se os amigos não aparecessem, ele cumpria sua jornada do mesmo jeito.

Sandro era um humorista do futebol. Na carteira de trabalho, era repórter, mas seu senso de humor prevalecia sobre a notícia. Sabia de tudo que se passava no Botafogo e nos outros clubes, mas preferia inventar, desde que pudesse fazer rir. Seu personagem do coração era Garrincha, sobre quem inventou as histórias que as pessoas repetiam como se fossem verdadeiras (uma delas, a de que Garrincha chamava os adversários de "João"). Para dar um ar de autenticidade aos relatos, Sandro os contava primeiro para alguns colegas, como se

---

1 Verbete sobre Sandro Moreyra publicado no livro *Ela é carioca – Uma enciclopédia de Ipanema* e republicado aqui com autorização do autor.
2 Sandro Luciano Moreyra nasceu em 29 de janeiro de 1918 e morreu na madrugada de 29 de agosto de 1987. A filha Sandra costumava dizer que ele morreu um dia antes, data do seu aniversário.

estivesse passando uma notícia em primeira mão. Fez isso, por exemplo, com Mario Filho, que recheou com elas seu livro *Copa do Mundo 1962*.

Como amigo íntimo de Garrincha, Sandro criou a imagem do "passarinho" ingênuo e foi decisivo para encobrir suas trapalhadas com o álcool e as mulheres – muitas vezes o enfiou no chuveiro de sua casa, tentando curá-lo do porre a minutos de um treino no Botafogo. Quando Garrincha começou a decair, Sandro continuou a inventar histórias, só que com um novo personagem: Manga, goleiro do mesmo Botafogo. Mas foi dos poucos que seguiram Garrincha até o fim.

Filho de Eugênia e Álvaro Moreyra, duas grandes figuras da cultura brasileira na primeira metade do século, Sandro era hábil com as palavras – seu livro, *Histórias de Sandro Moreyra*, é um clássico do humor. Na Copa de 1966, em Londres (a primeira a que muitos brasileiros compareceram, pagando a viagem a prestações), um torcedor viu-o à saída do estádio, logo depois da eliminação do Brasil diante de Portugal, e perguntou chorando: "E agora, Sandro???." Ele respondeu: "Agora você tem 25 meses para pagar." Em outra ocasião, no Castelinho, Sandro estava como sempre criticando a ditadura quando um senhor, na cadeirinha ao lado, o advertiu: "Muito cuidado com o que fala. Eu sou contra-almirante." Sandro não deixou a bola cair: "Eu também. Contra almirante, contra general, contra vocês todos."

Mas sua melhor frase foi a que pronunciou no mesmo Castelinho, quando um amigo, ao ver que eram duas da tarde de um dia útil, convidou-o a irem embora da praia. Sandro respondeu: "Não posso. Ainda tenho muito o que lazer."

PREFÁCIO
Um boa praça, como se dizia antigamente

Carlos Eduardo Novaes[3]

Conheci Sandro Moreyra quando entrei para a Editoria de Esportes do JB ainda nos tempos da máquina de escrever (1970). Ele cobria o Botafogo (de Gérson e Jairzinho), chegava à redação no final da tarde e logo de cara chamou minha atenção pelo bom humor, pelo bronzeado permanente e por "catar milho" na máquina de escrever com os dois dedos indicadores. A princípio, me aproximei de Sandro para obter notícias fresquinhas do nosso Botafogo. A convivência, porém, foi se estreitando – Sandro era um tipo de fácil e fino trato – e não demorei em fazer dele meu orientador. Eu, um recém-chegado, cheio de dúvidas e temores diante da importância do JB na época. Foi Sandro, sempre solícito, quem me ensinou o "caminho das pedras." Tornamo-nos mais próximos ainda, e nosso convívio cresceu para além da redação, chegando às areias do Arpoador, onde Sandro "batia ponto" todos os dias.

Sandro sempre tinha muitas histórias para contar – um de seus personagens preferidos era João Saldanha, amigo de juventude e do Partido Comunista. Um dia, na praia, sugeri a ele que reunisse as histórias em um livro. Ele rápido retrucou que não tinha saco para escrevê-las (gostava de contá-las). Eu, então, me propus a fazê-lo e assim tivemos vários encontros noturnos na casa de Marta, sua mulher à época. Ele deitado em uma rede – Sandro era um *flaneur* incompreendido (muitos o achavam preguiçoso) – desfiando suas histórias e eu sentado no chão de gravador em punho recolhendo o material para depois redigir o texto final. Não lembro por que não chegamos ao fim da empreitada, mas Sandro continuou aumentando seu repertório e acabou – anos mais tarde – publicando o livro. A vida já havia nos afastado, e eu nunca soube se ele arranjou outro *ghostwriter* ou se desceu da rede e foi dedilhar as pretinhas.

Ainda hoje "vejo" Sandro na nossa baia dos Esportes, no antigo prédio do JB no coração da Avenida Rio Branco. Chegava de General Severiano, sentava-

---

3   Jornalista e escritor.

-se em uma mesinha de canto, colocava os óculos e começava a "bicar" as teclas com os indicadores de suas mãos pequenas e delicadas. Sandro escrevia rápido e tinha um ótimo texto, o que levou o jornal a promovê-lo a colunista. Mas antes de ser um excelente jornalista, Sandro era um ser humano de primeira grandeza.

Um "boa praça", como se dizia antigamente.

APRESENTAÇÃO
Pirandello às avessas

> *"Sandro Moreyra, sempre atento ao lado engraçado da vida, liga a tv para assistir a um programa sobre a Copa e chora de rir: 'A abertura era um show de tecnologia, não sei quantas câmaras, e o locutor chamava um jornalista e dizia: Bem, senhor Cortez, já que nos últimos meses o senhor tem acompanhado o time polonês, que tal nos dizer como ele está para esta Copa? Aí, o senhor Cortez, muito sem graça, balançou a cabeça e respondeu: Amigo, estes últimos meses eu só acompanhei a Itália, não sei absolutamente nada sobre a Polônia, nem sei onde está'."* **(Oldemário Touguinhó**, As Copas que eu vi).

Assim como um Pirandello[1] às avessas, eu tinha o personagem e queria ser o autor. A história daquele "velhinho transviado", que não obedecia aos padrões comportamentais vigentes, me seduzia. Não sabia se cabia nos meus sonhos e se tinha cacife para isso, e, mais ainda, se teria direito a ter as lembranças de um autor e personagem com quem não convivi. Afinal, apenas uma vez me encontrei com Sandro para fazer uma entrevista. E para *O Globo*! Ele era do *JB*. Esse cara seria eu? Fiquei meio grilado. A primeira pessoa que procurei foi a jornalista Sandra Moreyra, uma das filhas do personagem, que disse o que eu desejava ouvir.

– Um livro sobre o meu pai? Que legal!

Um bom começo. Há anos acalentava o desejo de escrever sobre Sandro Moreyra, reforçado depois que o professor José Eudes, meu colega de faculdade, decretou durante um papo em um pé-sujo de Botafogo, a poucos passos do estádio de General Severiano:

– Você tem que escrever um livro sobre o Sandro. Tem tudo a ver com você.

---

[1] Luigi Pirandello (1867-1936), dramaturgo, poeta e romancista siciliano, autor do clássico "Seis personagens à procura de um autor", que relata um ensaio de teatro invadido por personagens que, rejeitadas por seu criador, tentam convencer o diretor da companhia a encenar suas vidas.

Não saquei direito se o Eudes estava me chamando de um bom contador de histórias ou... de lorotas. De qualquer forma, 1 a 0 para mim, ou melhor, 2 a 0. Saí na frente com a garantia de que teria pelo menos dois leitores qualificados com que sonham todos os escritores, Sandra e Zé. O que era um sonho que eu sonhava só virou realidade depois que comprei em um sebo *Histórias de Sandro Moreyra*, que li, ri e reli de cabo a rabo e levei comigo em quase todas as entrevistas para que os personagens autografassem o meu exemplar. Foram cerca de 100 conversas durante mais de um ano com parentes, jornalistas, jogadores, técnicos, juízes de Direito e árbitros de futebol; quase todos teceram loas e boas para o colunista. Li um catatau de livros em que Sandro foi citado ou poderia ter sido citado. Dei um Google só para conferir uma informação ou outra.

Movido a livros e depoimentos fui à luta, como se tivesse lembranças de encontros e papos com uma velha e saudosa amizade. Algumas das histórias envolvendo aquele "rato" de praia adoravelmente irresponsável e talentoso que viveu uma vida louca e intensa são relatadas de formas diversas – e algumas vezes contraditórias – em livros, jornais, sites, blogs etc; até pelo próprio jornalista, que contava a mesma história com variações. Nas mãos criativas de Sandro "nunca uma história era contada como se fosse a única", como dizia o escritor inglês John Berger. No mundo de Sandro a imaginação antecedia a realidade. Era preciso checar tudo com muita precisão.

Aquele humor picante e escancarado parecia não ter prazo de validade. Ria do mundo, era um verdadeiro piadista do cotidiano, demolidor de regras. Tinha o *timing* do humor, e cultivava todas as modalidades do esporte da zoação. Ficava na moita só esperando o momento certo para dar o bote em suas vítimas. Não precisava correr atrás das histórias, que chegavam aos montes em suas mãos. Tinha sempre uma novidade naquele adorável cardápio de notícias e abobrinhas. Hoje talvez sofresse um pouco com os politicamente corretos que pegariam no seu pé por causa de algumas expressões usadas e banidas do nosso atual cotidiano cheio de "isso pode dar merda". Embora, com certeza, desse bananas ecumênicas para esses patrulheiros.

É certo que algum "fiscal de conteúdo" apontaria o dedo hoje para o colunista se lesse em sua coluna no JB a historinha que publicou sobre o pianista tricolor Arthur Moreira Lima, que, ao sair por volta de meia-noite de um recital na Sala Cecília Meireles, no Rio de Janeiro, em direção ao estacionamento, passou por uma rua "repleta de travestis".

APRESENTAÇÃO : PIRANDELLO ÀS AVESSAS   21

"O nosso pianista caminhava tranquilo, distraído, ainda vestindo a capa preta e a camisa de peito e colarinho duros, quando de repente uma das **bichas** (grifo de Sandro) *aponta para ele e começa a gritar nervosamente: 'Ih!, olha o Drácula, olha o Drácula!'"*

Nas vezes em que mostrei trechos de capítulos do livro para amigos enturmados com Sandro, ouvi alertas como "conheço essa história de modo diferente", "não é bem assim". O jornalista Márcio Tavares, que rodou mundo afora com Sandro em diversas coberturas jornalísticas internacionais, me ligou um dia à noite, logo no início das pesquisas, quando postei no *Facebook*, para sentir o clima, uma das histórias do colunista:

– Você pisou na bola. Vai publicar uma história que está errada. O cara que você cita não era português e nem flamenguista. Esqueci o nome dele, mas vou lembrar...

Fiquei meio injuriado, mas estou esperando que Márcio, que não me deixa mentir, lembre.

Como se não bastasse, gente pra caramba garante que estava com o intrépido repórter e colunista quando aquelas sacadas magistrais aconteceram. Muitos disseram "eu estava lá e vi". Teve um momento que fiquei até meio bolado com os alertas daqueles gatos escaldados. Mas, cá entre nós, se todos estivessem mesmo "lá", daria para lotar o Maracanã. Há momentos em que os fatos são os mesmos, mas os personagens são diferentes. Assim como as "testemunhas oculares". Decidi em alguns casos optar por duas ou mais versões, todas pra lá de razoáveis, em outros preferi aproveitar uma única versão; ou adotar a do próprio Sandro.

É como mandou bem o jornalista Renato Sérgio na biografia sobre Sérgio Porto, o Stanislaw Ponte Preta, tricolor amigo de infância de Sandro, que muita gente pensava que era alvinegro:

"As grandes tiradas devem ser reprisadas, até para não cair no esquecimento. E como já nascem eternas, acabam entrando em domínio público. Quantos anônimos podem ter repetido o mesmo brilhareco, com a mesma frase, o pessoal em volta achando o sujeito engraçadíssimo, o maior barato?"

Resgatar Sandro Moreyra, cuja coluna no *Jornal do Brasil* era daquelas que faziam muita gente ler o jornal de trás para a frente, deu-me a oportunidade de conversar com pessoas engraçadíssimas e irreverentes ao estilo do próprio colunista. A geração dele era de uma época romântica em que se exercia o jornalismo com paixão e prazer. Quando entrevistei o cartunista Lan, autor da ilustração de capa do livro de histórias de Sandro, o nonagenário recebeu-me assim em seu sítio no distrito de Pedro do Rio, em Petrópolis:

– Sou o último sobrevivente de uma turma que já subiu.

O papo com o jornalista Márcio Guedes, em seu apartamento no Leme, com vista para o "marzão" carioca que Sandro tanto apreciava, aconteceu no dia seguinte à queda do Botafogo para a Segunda Divisão do Campeonato Brasileiro.

– Hoje é um dia chato pra falar sobre o Sandro, porque é o *day after* do segundo rebaixamento do Botafogo[2]. Ele certamente ficaria triste, mas, com certeza, faria uma piada sobre o assunto, com o humor negro que sabia usar muito bem. Se estivesse vivo, seria um opositor muito grande a toda essa situação horrível do time.

Na conversa com o colunista Fernando Calazans em um bistrô no Humaitá, no Rio, soube do prazer de Sandro pelos doces.

– Nos almoços e jantares, ninguém dava bola pra sobremesa; só ele. Não sei por que cargas d'água eu implicava com isso e o sacaneava. Dizia que doce era coisa de velho. Depois que envelheci, verifiquei que é coisa de velho, sim. Passei a gostar de doce pra burro e, hoje, sempre que peço sobremesa, me lembro do Sandro.

Calazans tomou gosto pela obsessão do amigo. Antes de pedirmos a conta, percebi que ele olhava com cara de pidão e meio sem graça o *petit-fours* que repousava intacto no pires da minha xícara de café *espresso*.

– Você quer o biscoitinho, Fernando?

– Quero sim. Se você não comesse, eu já estava pronto pra pegar.

Com o jornalista e escritor Marcos de Castro, um dos primeiros a copidescar os textos de Sandro, passei por uma tremenda saia justa na hora em que pedi um autógrafo para o meu exemplar do livro de histórias do colunista. O Moreyra de Sandro se escreve com Y e o Cezar do meu nome é com Z. Marcos de Castro, autor do livro *A imprensa e o caos na ortografia*, é famoso entre os seus pares por ser inflexível nas suas duras críticas à forma de grafar nomes próprios.

– Paulo Cezar com Z? Não posso gostar. Falha de seus pais, e o cara do cartório não deveria ter registrado. Moreyra com Y? No Brasil vale tudo.

---

2   Em 2014, o Botafogo foi rebaixado pela segunda vez no Campeonato Brasileiro e voltou como campeão da série B no ano seguinte. A primeira vez aconteceu em 2002, quando o time caiu junto com o Palmeiras. Os dois times voltaram em 2003, Palmeiras campeão e Botafogo vice.

Tanto que o escritor Ruy Castro, que entrevistei por telefone, quando soube que eu tinha conversado com Marcos, solicitou, ressabiado:

– Só vou pedir uma coisa, já que você falou com o Marcos. Não bota o meu nome com I. Pelo amor de Deus. É com Y. O Marcos de Castro tem a mania de derrubar o Y, o K, o W... essas tralhas todas dos nomes das pessoas.

Outro lance curioso rolou comigo e Carlos Alberto Torres, o Capitão do Tri. Após alguns desencontros para marcar uma entrevista, o ex-jogador mandou um recado público durante um dos programas em que participava como comentarista do SporTV, quando os integrantes da mesa falavam justamente sobre Sandro.

"Tem um jornalista que está me procurando pra escrever um livro sobre o Sandro. Se estiver me ouvindo, liga pra mim, companheiro."

Amigos me avisaram, liguei para o Capita e a conversa ocorreu em um restaurante em um shopping da Barra da Tijuca, ao lado de mais dois ex-craques: seu filho Alexandre Torres e o ex-zagueiro da seleção brasileira Ricardo Rocha, comentarista do mesmo canal.

De novo usei bastante as redes sociais na busca e contato com alguns entrevistados. Foi assim que cheguei no Henrique Pires, que interpretou Sandro Moreyra no filme *Garrincha, estrela solitária* (2003), de Milton Alencar, inspirado no livro de Ruy Castro. Após deixar recado em um dos meus blogs, procurando o ator, recebi o e-mail:

"Sou eu, Paulo! Estou aqui neste e-mail ou no Facebook como Henrique Pires."

Na página do livro que criei no Facebook recebi a mensagem do jornalista Alfredo Osório:

"Trabalhei com o Sandro por cinco anos (69-74), e tenho algumas boas histórIas dele. Não sei se você já as tem, mas me escreva para..."

Escrevi, nos encontramos, descobrimos que tínhamos diversos amigos em comum e ele me falou sobre uma história de Sandro em um elevador que conto mais adiante.

Levei meses, por conta de compromissos assumidos por eles, para agendar conversas com algumas pessoas que tiveram intenso convívio com Sandro. Como a cantora Elza Soares e o locutor Galvão Bueno. Para Elza, a presença de Sandro em sua casa e de Garrincha era sempre bem-vinda. Por dois motivos:

– Primeiro, porque o Sandro não bebia. Pelo menos na frente do Mané. Então, era bom porque o Mané, que respeitava muito o Sandro, não bebia também. Tinha aquelas coisas que eles faziam em que pareciam duas crianças. Lembro da vez em que o Sandro tocou a campainha, o Mané se escondeu e, a pedido dele, eu disse assim: "Olha, Sandro, me desculpe, mas o Mané não está em casa." De repente, ele apareceu na porta da sala e falou: "Estou sim, quem disse que eu não estou?" Na frente do Sandro eu ralhei com Mané: "Por que você fez isso comigo?" E ele: "Eu queria dar um susto no Sandro." Os dois morrendo de rir com aquilo, e eu ali sem graça e sem achar graça.

Depois de passar três anos morando em São Paulo no início da carreira, Galvão Bueno voltou ao Rio em 1977, aos 26 anos, para fazer parte do escrete do programa "Bola na Mesa", apresentado por Paulo Stein, com a participação de feras como João Saldanha, Luiz Lobo, Márcio Guedes, Alberto Léo, José Roberto Tedesco. Acabou convivendo com ele durante dez anos até a morte de Sandro.

Fala Galvão:

– Passar dez anos com Sandro foi uma terapia intensiva pra voltar a ser carioca. Ele foi uma das pessoas mais espirituosas que conheci. Um dia ele combinou comigo, com o Luiz Lobo e com o Márcio Guedes sacanear o William Prado, que tinha problemas de audição e usava um aparelhinho no ouvido. Sandro falava comigo apenas fazendo movimento labial e eu respondia da mesma forma. O William deu de bater no aparelho, preso na orelha. Quando o cara já estava desesperado, Sandro virou e falou: "Pensou que o seu aparelho tinha estragado, né?" E caiu na gargalhada.

Nos minutos finais, quando eu já estava praticamente dando ponto final no livro, a jornalista Maria Lúcia Rangel, botafoguense como Sandro e como o marido e escritor Sérgio Augusto, filha de Lúcio Rangel, pesquisador e crítico musical que disse certa vez que não gostava de futebol e sim do Botafogo, me enviou uma mensagem via Facebook.

– Já leu o livro do Fernando Pedreira[3]?

Dica é para ser seguida. Devorei em dois dias as 400 e tantas páginas do "tijolaço" de Pedreira, que se recorda de Sandro como um cara "parecido com o pai, mas ainda mais parecido com Humphrey Bogart e senhor de irresistíveis encantos para as moças do bairro e da época (...)."

"Sandro era bom companheiro, inteligente e divertido, tinha muito do talento do pai; era assustadoramente sujeito a crises periódicas (que ainda acentuavam

---

3   Fernando Pedreira, jornalista, lançou em 2016 o livro *Entre a lagoa e o mar – Reminiscências*, em que conta diversas histórias de Sandro e sua família.

seu charme), desaparecia, sumia. Encafuava-se no quarto semanas inteiras; não recebia ninguém, não tomava banho nem fazia a barba. (...) era um purista: ia à praia como o Zé Lins do Rego ia à livraria José Olympio", escreveu o jornalista, com quem cheguei algumas informações por telefone.

Mas a história mais inesperada aconteceu quando contatei o ex-goleiro Manga, de quem Sandro não largava o pé, em suas colunas no JB, na revista *Placar* e no livro *Histórias de Sandro Moreyra*. O pernambucano Haílton Corrêa de Arruda continua sendo o mesmo Manguinha, que, durante um coquetel em homenagem à mulher de um diretor do Botafogo "meio entrada em anos, mas que fazia força para parecer jovem", segundo Sandro, teve a "infeliz ideia" de puxar papo com o goleiro:

"Quantos anos o senhor me dá?"

E Manga, sem maiores delongas, respondeu na bucha:

"Não dou nenhum, porque a senhora já tem bastante."

Mandei e-mail solicitando uma entrevista para o ex-goleiro, que há anos mora no Equador. Dois dias depois ele respondeu, em "portunhol":

"Saudaçao amigo Paulo. Mande pasages de avion para viajar a Rio e fazer a entrevista. MANGA[4].*"*

---

4   Procurei manter em alguns casos a forma original dos textos, em outros adaptei à última reforma ortográfica e em textos antigos mantive o padrão da época.

PRÓLOGO
A noite em que o Brasil ficou mais chato

> *"Dois amigos, frequentadores do futebol soçaite, fizeram um acordo: o que morresse primeiro voltaria para contar ao outro como eram as coisas lá por cima. Morre um e numa noite estava o outro a sorver despreocupado o seu uísque, quando sente uma gélida mão pousar no seu ombro. Era o falecido, anunciando que trazia duas boas notícias: 'A primeira – falou – é que continuo jogando minha bolinha. O campo é bem gramado, tempo sempre bom, São Pedro apita, não tem roubo, não há violência, uma beleza'. E a outra notícia?"A outra é que você foi escalado para jogar domingo na ponta-direita do meu time'."* (**Sandro Moreyra**).

– E o Neném Prancha não vem?
– Espera aí. O Neném Prancha já morreu. Se ele vier, eu vou me embora correndo.

A pergunta de Gastão Lamonier, presidente do Copaleme e um dos maiores pesquisadores do futebol de praia do Rio, provocou a resposta de Sandro Moreyra e acabou servindo de pretexto para que aquele encontro, em um antigo restaurante do Leme, revivesse algumas das histórias do futebol nas areias de Copacabana, transformada em reportagem no *Jornal do Brasil* pelo repórter Washington Rope. Sandro zoava até da morte. Ao vivo, provocador. Como fez com o amigo Salim Simão, conhecido pela fama de ranzinza: "Não seja tão mal humorado. Se não, ninguém vai no seu enterro."

Ou irreverente, em uma homenagem. Quando narrou para a revista *Playboy* uma das aventuras do saudoso amigo Heleno de Freitas. Depois de lembrar que o craque teria seduzido a primeira-dama da Argentina Evita Perón no tempo em que jogou no Boca Juniors em 1948, escreveu:

"(...) Posso até vê-lo ainda na praia, queimado de sol, a cabeça deitada no colo de uma loura magnífica, a Úrsula, que toda a rapaziada paquerava mas que só dava atenção ao Heleno. Uma manhã estava ele lá, com o colo dela como travesseiro, quando apareceu outra transa sua, Diamantina, que era cantora do Cassino Atlântico e tinha o temperamento de uma leoa. Armou uma confusão tremenda

e foi a única vez em que vi Heleno fugir a uma marcação cerrada na noite. Os amigos o gozaram, dizendo que Heleno havia sido vítima de 'Úrsula no estômago'."

Poucos viveram tanto como ele antes de morrer. Nunca vivia aos poucos, vivia sempre intensamente de uma vez. Não à toa, embora fosse inverno, o pôr do sol deve ter sido encomendado especialmente para a despedida de Sandro naquele 29 de agosto de 1987, em pleno sábado de temperatura amena no Rio de Janeiro. Um dia após voltar de férias e entregar sua última coluna para o *Jornal do Brasil*, sem dar aviso prévio, o companheiro de Marta, Léa e Milu e pai de Eugênia e Sandra, saiu de casa para ir a outro destino que não a praia e a redação do JB.

Saiu de mansinho e não ficou para ver o seu outrora Glorioso Botafogo, que durante grande parte de sua vida só lhe deu alegrias, amizades com craques e inspiração para suas histórias, empatar um amistoso com o modesto Tupi de Juiz de Fora, presenciado por 2.210 testemunhas, sob o comando do técnico interino Sebastião Leônidas e diante do novo técnico que acabara de ser contratado, Zé Carlos (ex-jogador do Cruzeiro e do próprio Botafogo). O time estava na pindaíba e não tinha mais ídolos como Garrincha, que ele viu começando a carreira e Nilton Santos de quem se tornou amigo, confidente e compadre. Era um bando de perebas, formado por Jorge Lourenço, Vanderlei, Jocimar, Ademir e Rogério (Mongol); Vitor, Carlos Magno (Kim) e Berg; Helinho, De Lima (Toni) e Mazolinha. Ninguém ali chamava a bola de você. O resultado não poderia ser outro: 0 a 0, conseguido aos trancos e barrancos.

Como Sandro deixava a vida lhe levar muito antes do também botafoguense Zeca Pagodinho, bom de cana e de samba, imortalizar a expressão, seu sepultamento, como não poderia deixar de ser para quem passou a vida combatendo a mesmice e espalhando bom humor por onde passava, foi um acontecimento. Antes de o corpo ir para o cemitério, uma pequena arenga em casa:

– Houve uma "discussão" sobre a roupa que ele seria sepultado. Cada viúva queria uma. Coube ao Luizinho, meu marido, conciliar e fazer uma composição para contemplar as duas das três viúvas. A calça foi escolhida por uma e a camisa por outra – recorda Eugênia, uma das filhas.

Horas depois, no velório na capela 2 do Cemitério São João Batista, em Botafogo, chega o funcionário da Santa Casa responsável pela parte burocrática e se dirige a Sandra, com o coração amolecido, ao lado do caixão.

"Por favor, quem é a viúva?"

Sandra observa a mãe Lea ao lado de Milu (primeira mulher e mãe de Eugênia) e Marta (a última) sentadinhas, juntas.
"*Tem três ali. Você escolhe.*"
Passam alguns minutos e chega uma delegação da Mangueira, outra paixão de Sandro. Uma exuberante mulata de responsa, com uma baita bunda e coxas bem torneadas e avantajadas, debruça os fartos seios originais de fábrica sobre o caixão e cai em prantos.
"*Provavelmente outra viúva*", ironiza Sandra quase 30 anos depois.
Mais de 500 pessoas, entre jornalistas, escritores, políticos, artistas, dirigentes de clubes, autoridades e fãs foram tirar o chapéu para aquele adorável sedutor que sabia como poucos se divertir com o cotidiano. Um verdadeiro frenesi cívico. Claro que os amigos estavam tristes, sorumbáticos jamais; não havia ninguém jururu nem chocho e muito menos borocoxô. A saudade se aproximava da lembrança. Como reforça o locutor José Carlos Araújo, que cobriu o Botafogo como repórter durante nove anos, "Sandro era daqueles que contava piadas até em velórios." E no seu não poderia ser diferente. A formalidade e todos os rituais foram mandados para escanteio. O caixão foi coberto com as bandeiras do Botafogo, do PDT (Partido Democrático Trabalhista) e da Mangueira; e com um adesivo "Diretas Já. Brizola presidente".
Na hora de enterrar o corpo, João Paulo, irmão de Sandro, gritou:
'Tirem a faixa das diretas. Não podem enterrar as diretas.'
Pedido atendido.
Alguém, provavelmente um botafoguense, cobrou:
'E o Botafogo? Vão enterrar o Botafogo?'
Pedido atendido.
Tiraram todas as bandeiras. Era melhor não enterrar bandeira nenhuma.
A cerimônia continuou e as pessoas que formavam grupinhos descontraídos e bem-humorados compartilhando histórias de Sandro olharam para Sandra e Eugênia, e deram a brecha para que Sandra falasse:
– Não tinha eleição direta, o Botafogo estava indo pro beleléu, a inflação era galopante; Sandro morre.
Depois de dizer que o Brasil ia ficar mais chato com a morte do pai, imaginou
– Quem sabe agora o Botafogo consegue ser campeão[1]?

---

1   O Botafogo só seria campeão dois anos depois, contra o Flamengo pelo Campeonato Carioca, com gol de Maurício.

E adaptou, com aquele humor que o pai tinha de sobra e que herdou com toda a intensidade, uma das histórias de Sandro. Aquela em que um pinguço muito mais pra lá do que pra cá cismou de interromper diversas vezes a fala de Sandro em uma noitada com amigos no restaurante Bella Roma, em Botafogo:

– Meu pai deve estar pensando: "Fiquem vocês aí que eu é que vou pra puta que pariu."

– Falei. Isso era a cara dele – recorda Sandra.

O "adeus ao jornalista", publicado em três páginas, foi destaque na capa do *Jornal do Brasil*, com uma foto que mostrou em primeiro plano o líder comunista Luiz Carlos Prestes carregando o caixão.

O Globo publicou: "Sandro Moreyra é enterrado: o Rio perde um repórter bem-humorado." Além de citar a presença de ex-jogadores como Zizinho e Ademir Menezes, o jornal destacou que "Sandro foi fiel a seus dois amores: o Botafogo e a Mangueira, cujas bandeiras cobriram o caixão."

E como em Mangueira quando morre um poeta todos choram, lá estava a célebre Dona Neuma a lamentar a perda de Sandro e lembrar a despedida de outra personalidade ocorrida na mesma época[2]:

"Perdemos um amigo de muitos anos, um sambista nato. Sandro sempre demonstrou seu amor pela Estação Primeira. Depois da morte de Carlos Drummond de Andrade, há poucos dias, ficamos sem outro mangueirense. Acho que Deus, este ano, está judiando da Mangueira."

O colunista Cláudio Mello e Souza escreveu:

"O esporte e todos nós tivemos ontem muito mais razão para nos lamentar. Perdemos Sandro Moreyra. (Só este mês de agosto, com sua insaciável fome de morte, é que não acaba). Sandro foi sempre jovial e correto. Um carioca em grande estilo. Um ser humano sempre em grande forma. Amava o Botafogo, a vida, a praia, o Rio e os amigos. Porque era bom, sua ironia e sua irreverência jamais magoaram alguém. Muitas vezes, Sandro me fez chorar de rir. Ontem, me fez apenas chorar."

O jornalista Sérgio Cabral (pai) assinou no *Jornal dos Sports* o artigo "O nosso Sandro Moreyra":

---

2   O poeta e escritor Carlos Drummond de Andrade tinha morrido em 17 de agosto de 1987, 12 dias após o falecimento de sua filha Maria Julieta.

"O nosso Sandro Moreyra morreu do coração, como o seu pai, o velho Álvaro Moreyra. E a gente fica duvidando de tudo o que a Medicina ensina sobre o coração. Sandro não fumava[3], bebia pouco e era o antiestresse, pois passava a maior parte de sua vida na praia, em papos amenos, fazendo rir os seus interlocutores."

Recordou as histórias que "ele contava com graça e que levavam os seus leitores a duvidarem da sua própria veracidade":

"Nem todas eram verdadeiras. Algumas ele inventava, outras ele adaptava e, muitas vezes, criava o fato para depois contar."

Depois de resgatar uma das histórias de Garrincha imortalizadas pelo colunista, afirmou não acreditar que alguém entendesse mais a alma e a cabeça do "ponteiro" do Botafogo e da Seleção Brasileira do que Sandro:

"As histórias que ele inventou sobre o jogador poderiam não ser verdadeiras, mas eram, sem dúvida, verossímeis."

E rememorou uma que presenciou ao participar, junto com Sandro, Osmar Santos e Juarez Soares, de um programa de televisão em São Paulo em que se debatia a rivalidade entre paulistas e cariocas.

"Houve um momento em que eu, penalizado, admiti que São Paulo tinha algumas superioridades sobre o Rio. Lá, se come melhor, disse eu."

'Nem isso', cortou Sandro Moreyra. 'O Rio de Janeiro tem muito mais motel'."

Macaé, ex-jogador, outra figura folclórica do Botafogo e dono do cachorrinho Biriba[4], mascote do time, disse ao JB:

"Nós amigos não acreditamos que Sandro tenha morrido. Mas ele morreu. Ainda bem que num dia de sol quente, como queria."

Uma semana depois, em uma pequena matéria sobre a missa de sétimo dia de Sandro na Igreja de Nossa Senhora do Rosário, no Leme, o *Jornal do Brasil* noticiou que a cerimônia "aproximou-se o mais fielmente possível da vida do homenageado: comunicativa, bem-humorada e, como ele gostava, cercada da presença de seus amigos e familiares." O Frei Marcos Mendes de Farias, "um botafoguense convicto, sem afastar-se da tradição religiosa do evento", quebrou o gelo e procurou lembrar, ao longo da cerimônia, algumas histórias de Sandro, com as quais o cronista revelava "sua inteligência,

---

3   Na verdade, segundo a filha Sandra, o pai fumava o cigarro americano Kent, mas parou aos 50 anos de idade.
4   Biriba, um vira-lata preto e branco surgiu no campeonato carioca de 1948. Toda vez que o jogo engrossava para o Botafogo, alguém do banco de reservas soltava o cachorrinho, que adorava uma bola e ia direto nela, atrapalhando o jogo.

seu eterno bom humor e sua paixão pelo futebol, e mais especialmente pelo Botafogo."

Em seguida, como prova de que Sandro partiu quite com a vida, sem deixar os amigos na saudade, uma salva de palmas para aquele filho de um gaúcho de Porto Alegre com uma mineira de Juiz de Fora que se tornou o mais carioca dos jornalistas cariocas e era a generosidade em pessoa. Enquanto existirem histórias, praia e sol, quem conviveu com aquele autor e personagem que não se queixava da vida e não teve tempo para ficar velho jamais irá apagá-lo da lembrança.

No filme da história de Sandro não subiram os créditos finais. Afinal, Sandro Moreyra não era datado. Merecia uma prorrogação.

Ele não queria morrer no dia do meu aniversário

Sandra Moreyra

"Ele sabia, sacou que estava acontecendo alguma coisa errada. Me abraçou e falou: 'eu não queria morrer no dia do seu aniversário.'

Eu disse: pra que isso? Vai morrer nada, ninguém vai morrer. Está louco! Vai só passar uma noite no hospital.

Mas quando Eugênia foi para o hospital e me ligou, pouco antes da meia-noite, avisando que Sandro estava tendo um enfarto, perdi a esperança.

No caminho para o hospital, eu falei para uma amiga:

Quando chegar lá ele já morreu.

"Vira essa boca pra lá", ela respondeu.

Eu disse: tenho certeza.

Não deu outra.

Eu me desabalei para lá com todo mundo que estava lá em casa. Meus amigos. Todo mundo conhecia ele.

Sandro tinha horror a hospital. Não queria ficar.

Roberto Chabo, médico amigo dele, presidente do Sindicato dos Médicos, dizia que Sandro ia para a clínica dele e ficava batendo papo sobre futebol. Não resolvia nada, não fazia exame nenhum. Injeções só se fossem de bom humor.

Sentia dores no estômago e achava que podia ter um câncer. Evidente que tinha uma parcela de culpa, pois tomava Voltaren como quem toma aspirina.

No hospital, Sandro disse:

"Vou pra casa e volto amanhã de manhã."

Mas o médico falou:

"Melhor ficar aqui. Se você for pra casa, vai acabar indo ao aniversário da sua filha que eu sei."

Ele queria ir.

Na época ele estava com a minha mãe e com a Marta. Morando com a minha mãe e, ao mesmo tempo, voltando a se encontrar com a Marta.

De manhã foi lá em casa, pegou minha filha Cecília e levou para a aula da Marta, de ginástica rítmica. Voltou meio se sentindo mal. Saiu com a mamãe para comprar o meu presente, e voltou a passar mal. Não conseguiu fazer a compra.

Minha mãe me ligou e disse:

"Sandro desmaiou na entrada do prédio. Estou levando ele pro hospital."

Quando cheguei no hospital, os médicos estavam fazendo todos os exames. O coração dele estava bem. Foram por um caminho achando que era uma coisa cardíaca, pressão, coração, não sei o quê. Ele estava com a pressão baixa, mas estável. Fiquei no hospital até umas 20h. Os médicos chegaram à conclusão de que poderia ser uma coisa digestiva, problema de úlcera.

"Vamos fazer um ultrassom."

Mas o setor do ultrassom estava fechado. Fechava às 19h.

"Faz amanhã de manhã. Se for alguma coisa, faz-se uma cirurgia, nenhum problema."

Eu fui para casa, pois ia ter a minha festa de aniversário. Não tinha feito nada ainda. As coisas estavam compradas, mas larguei tudo para ir para o hospital. Falei para os meus amigos: estou indo para casa.

Eu tinha um vizinho, o Nelson Senise, que era médico de emergência, estava acostumado com aquilo e depois me disse:

"Hemorragia digestiva a gente sente pelo cheiro, pela boca do paciente."

O doutor Nelson escreveu um artigo para o JB à época.

"(...) O atestado de óbito, fornecido pelo hospital (...), onde Sandro Moreyra procurou socorro desde dois dias antes de morrer, dá como causa mortis 'choque hipovolêmico', fórmula 'conciliatória' encontrada pela direção do estabelecimento na tentativa de salvaguardar a idoneidade profissional dos que

atenderam ao jornalista e que, pelos dados até aqui conhecidos, jamais estiveram perto de um diagnóstico competente. E um fato estarrecedor: o diretor, que assinou o atestado de óbito, nunca exerceu a medicina e sequer havia 'examinado' o doente. (...) A hipótese de 'pedras' na vesícula, conforme denúncia da filha do paciente, a também jornalista Sandra Moreyra, não pôde ser constatada porque – e esta informação é do setor de emergência do hospital (...) – já havia encerrado o expediente'.

"*É como se o médico chegasse diretamente ao doente em estado grave e suplicasse: 'Por favor, amigo, não morra ainda. Por imposição burocrática do nosso regulamento interno, os serviços que poderão definir o seu diagnóstico só voltarão a funcionar amanhã. Volte amanhã.' (...) No atestado fornecido às três da manhã de sábado, consta que Sandro Moreyra teve choque hipovolêmico irreversível e hemorragia digestiva alta, desconhecida. Diz também que o tempo entre o início da doença e a morte foi de minutos.' (...) Com a clareza com que redigia a sua crônica diária para a seção de esportes, Sandro Moreyra explicava o que sentia a seus assistentes – alguma coisa escorrendo em suas entranhas. Mas o depoimento vivo de um doente é menos importante do que a concepção acadêmica de que uma radiografia ou um eletrocardiograma devem invariavelmente conter mais veracidade. Exames são imprescindíveis, mas isoladamente em geral nem sempre definem um estado patológico. É o conjunto que define o diagnóstico. E numa situação emergencial, numa crise latente, não se pode desprezar as informações do paciente, sobretudo quando se trata de pessoa sem dificuldade para expressar-se e transmitir o que sente, como era o caso de Sandro Moreyra.*"

"Ora, o que meu pai teve foi uma hemorragia digestiva. Teve a primeira de dia e a segunda à noite. Se tivessem feito ultrassom antes, teriam descoberto que o que estava tendo não tinha nada no coração. Quando ele morreu, eu fiquei sem chão, completamente sem chão. A Eugênia também. A gente ainda entrou com um processo no CRM. Aquelas coisas que nunca dão em nada."

Dias depois da morte do meu pai, o JB publicou uma carta minha. Destaco este trecho: "(...) Eles não souberam explicar por que tudo isso aconteceu. Disseram que meu pai teve uma morte súbita. (...) Os dois médicos não sabiam o que colocar como *causa mortis* e convocaram um diretor do hospital para dar o atestado de óbito. Isso depois de palavrões, discussões horrorosas nos momentos mais duros da minha vida, de pressões muito fortes. No atestado dado às três da manhã de sábado consta que Sandro Moreyra teve choque hipovolêmico irreversível e hemorragia digestiva alta, desconhecida. Diz também que o tempo entre o início da doença e a morte foi de minutos."

"Desse jeito o Sandro Moreyra das histórias se foi. Mas se foi também o meu pai adorado, o avô querido da minha filha de sete anos. O amigo de muita gente. Exatamente na sexta-feira, 28, no dia do meu aniversário. Sandro virou uma estrela de luz. Encontrou as luzes mais fortes, puras e altas."

Amigos de todas as horas

Se Sandro Moreyra alguma vez precisasse ter a certeza de que nunca esteve sozinho e que teve companheiros de fé em toda a sua caminhada e em todas as suas jornadas, seus amigos Fernando Calazans, Villas-Boas Corrêa e Roberto Porto não deixaram dúvidas quando escreveram sobre Sandro para o *Jornal do Brasil* após a sua despedida.

No artigo "20 anos com Sandro", Calazans relembrou o ano de 1968, quando, "meio assustado", foi conduzido "quase à força" pelo jornalista José Trajano para fazer um estágio no saudoso JB da Avenida Rio Branco.

"Entrei na Editoria de Esporte e fiquei mais assustado ainda."

Foi lá que, no meio de tantos cobras do jornalismo, conheceu Sandro Moreyra.

"Estabeleceu-se entre mim e ele – mais por causa dele do que de mim – uma comunicação espontânea, uma ligação imediata cuja explicação até hoje não consegui atinar qual era, pois o Sandro já tinha criado aquela aura de grande personalidade do Rio, enquanto eu, francamente, não tinha nada demais. Foi, digamos assim, uma amizade diária em que se variava o lugar: o trabalho, a praia, o bar, o estádio, a casa, a rua, o restaurante. (...)."

Calazans revelou no artigo:

"Muita gente não vai acreditar: Sandro era um tímido. Uma presença estranha podia provocar seu recolhimento, um lugar desconhecido certamente forçaria seu afastamento. Sua plateia eram os amigos, só entre estes se sentia bem. Não apreciava também esses palavrões medonhos à mesa. Não por moralismo, que ele não era disso, mas por achar que uma linguagem chula, rasteira, podia macular o que havia de sagrado naquelas horas de bate-papo em torno da mesa em que ele celebrava os amigos e, celebrando os amigos, celebrava a vida."

Contou que os dois tiveram algumas divergências, mas nunca brigaram.

"Em 1982, na eleição para governador, foi engraçado. Ele era Miro Teixeira, por causa daquela história de voto útil, eu era Brizola desde o início. Com a ajuda de alguns amigos e muitas discussões, conseguimos mudar a cabeça do Sandro, que acabou votando no homem e vibrou como ninguém com a vitória. Depois, o Brizola foi governando, governando, governando, o Sandro foi ficando cada vez mais brizolista e eu cada vez menos. Mas Sandro era um brizolista adorável. Tinha como traço principal de seu temperamento um negócio que nem todos os brizolistas têm: era bem-humorado. Um humor fino, irônico, cortante, sarcástico, às vezes, irreverente sempre. E era esse bom humor dele que cativava quem quer que o conhecesse, e que cativou a mim."

No final, outra revelação:

"Há poucos dias, voltando de uma viagem à Europa com algumas garrafas de poire, ele me chamou uma noite a sua casa. Eu, a Cláudia, a Mara Caballero e o Moacyr Andrade. Contou histórias pela madrugada adentro, histórias até de como começou no jornalismo, obedecendo a uma 'tarefa' do partido. Falou de tudo o Sandro, naquela noite. Parecia que estava fazendo um balanço – o balanço final – de sua vida. E foi a última vez que o vi. (...). Então eu senti um grande vazio dentro de mim."

Villas-Boas Corrêa no seu artigo "Sandro, carioca bom caráter", lembrou a Copa de 70, no México, quando os jornalistas brasileiros ocuparam o pequeno, modesto e simpático Hotel de las Américas, em Guadalajara.

"Cercado pela equipe do JB, Sandro Moreyra sentiu-se logo em casa, com piscina à disposição e respirando o clima de redação."

E contou em detalhes:

"Às vésperas da estreia da fabulosa Seleção de seus amigos Gérson, Pelé, Jairzinho, um telefonema de Carlinhos Niemeyer requisitava os bons ofícios de Sandro para arranjar dois apartamentos no hotel acolhedor e a poucos metros da então aberta concentração brasileira. Carlinhos acabara de chegar, e queixava-se do isolamento de um hotelão distante, frio, no centro histórico da cidade. Sandro dirigiu-se à dona do hotel, a esta altura íntima do reduzido e barulhento grupo de hóspedes. Mas, a boa vontade nada podia diante do irremediável: o hotel estava lotado, lotadíssimo.

À observação de que dois apartamentos permaneciam vagos, exatamente ao lado do de Sandro, a amável senhora exibiu a relação das reservas. Apontando nomes, endereço, identificação, explicou que aqueles exatamente eram quartos reservados com larga antecedência, há mais de seis meses, por equipe de televisão americana. Àquela evidência, Sandro deu-se por vencido, lamentando a má sorte do seu amigo Carlinhos Niemeyer, mas tendo o cuidado de memorizar os nomes dos jornalistas americanos.

Pouco mais de meia hora depois, a gerente recebe telefonema do repórter americano, identificando-se com nome completo. Num estropiado espanhol, com estranho sotaque, voz parecendo distante, abafada por lenço, cancelava a reserva, ante compromissos de última hora que o obrigava a mudar o roteiro. Dissimulado e lampeiro, Sandro voltou ao hotel e se fez visível à gerente. E que o esperava, numa explosão exuberante por recepção apoteótica.

Lá para começos da noite, quando regressavam da piscina, Sandro e Carlinhos Niemeyer passaram sem ser percebidos, a saudar a coincidência felicíssima. Os gringos haviam cancelado a reserva, os dois apartamentos estavam à disposição dos amigos do Sr. Moreyra. Convocado às pressas, Carlinhos Niemeyer transportou-se com bagagem e equipamento para o hotel, saudado pela recepção em polvorosa. Quatro ou cinco americanos, com câmeras, gravadores, toda uma imensa traquitana, reclamavam aos berros, indignadíssimos, da pobre e atarantada gerente, contra a 'irresponsabilidade mexicana'. As reservas confirmadas e reconfirmadas, não estavam sendo honradas por um hotel sem palavra."

Villas contou também a história de outro amigo de Sandro, "fanático por futebol, pelo espetáculo e pelo esporte", que equipou o seu sítio em Correias, na serra do Rio, com "um campo cuidado, gramado impecável, refletores, vestiários."

"O time da casa, treinando e jogando todo fim de semana, ganhou conjunto e fama, emplacando invencibilidade de mais de ano. Sandro Moreyra lá esteve para assistir a um dos jogos domingueiros contra time de fora. Aplaudiu a vitória, elogiou tudo mas, diante da invocação da invencibilidade, insinuou a provocação:

– Tenho um time de amigos que ganha do de vocês.

Logo se acertou o desafio para o domingo seguinte, com apostas e feijoada.

"No outro domingo, época de férias dos jogadores, Sandro comparecia com o time dos amigos. Campo pequeno, time de cinco: goleiro, um zagueiro e três no ataque. A escalação do time de Sandro começava com Manga no gol, Nílton Santos de zagueiro e, na linha, Garrincha, Zizinho e o próprio Sandro, craque de praia e de peladas. Surpresa, tímidos protestos, Sandro justificando-se de que o time era exatamente formado por seus amigos. Com meia hora, o invicto amargava uma goleada de 13 a 0. Sandro, servido pelos amigos, foi o goleador.

A feijoada começou mais cedo."

Roberto Porto, amigo certo nas horas certas e incertas, ao escrever "Sandro me ensina a sorrir na derrota", resgatou 1969, quando toda a mídia esportiva estava certa de que o Botafogo chegaria ao tricampeonato, com sua "mais bem armada equipe da cidade".

"O time, orientado por Zagalo, jogava trancado na defesa, aproveitando-se, magnificamente, dos contra-ataques armados por Gérson e concluídos nos pés de Jairzinho, Roberto e Paulo Cézar (este último, atuando recuado, sempre aparecia em velocidade pela esquerda). Por mais que os analistas criticassem o comportamento da sua defesa, o Botafogo seguia vencendo, demonstrando, fundamentalmente, um grande entrosamento. (...) E na redação do Jornal do Brasil, *ainda na época da Avenida Rio Branco, Sandro Moreyra alimentava o meu entusiasmo em doses homeopáticas. 'Robertão – dizia ele – vamos ser tricampeões.'"*

Roberto contou que na reta de chegada do campeonato, o então editor de esportes, Oldemário Touguinhó, o chamou e ordenou que desse uma ajuda a Sandro na cobertura diária do Botafogo.

"O Sandro ficaria encarregado dos assuntos mais importantes, enquanto eu cuidaria das tarefas rotineiras, tipo boletim médico dos jogadores, quem treinou ou não, coisas assim. Na véspera da partida do returno contra o Flamengo, fui informado de que Tim, o técnico rubro-negro, havia preparado um esquema para neutralizar os contra-ataques do Botafogo. (...) Conversei sobre o assunto com Sandro e, enquanto ele foi procurar Gérson, para saber como o meia-armador pretendia fazer diante do novo esquema do Flamengo, fui ouvir Zagalo. Extremamente confiante, Zagalo não demonstrou o menor interesse pela armadilha preparada por Tim e me disse simplesmente o seguinte: 'O Botafogo não tem que se preocupar com o Flamengo. O Flamengo é que tem que se preocupar com o Botafogo.' Na redação, à noite, Sandro virou-se para mim e disse: 'Calma, Robertão. O tricampeonato é nosso.'"

No domingo à tarde, no Maracanã, as coisas aconteceram exatamente como Tim previra.

"(...) O Flamengo dominou o jogo e finalmente venceu, merecidamente, por 2 a 1, gols de Arilson e Doval, contra um de Paulo Cézar, de pênalti. A chamada pá de cal nas pretensões alvinegras ao tricampeonato veio pouco dias depois, numa partida à noite, contra o Vasco. Inspiradíssimo, jogando o que sabia e o que não sabia, Valfrido, 'O Espanador da Lua', fez dois gols e o Botafogo não fez

nenhum. Resultado: em menos de uma semana, o tão sonhado tricampeonato foi para o espaço e fiquei abatidíssimo. Foi então que Sandro Moreyra, que vivia me enchendo de esperanças, resolveu dar a volta por cima. E toda a vez que me encontrava, no jornal, fazia a pergunta que me deixava irritado: 'Robertão, cadê o tri?'."

(...) Anos depois, Sandro surpreendeu o amigo ao voltar de General Severiano, que estava sendo demolido.

"*Me trouxe uma placa de metal e madeira, que ficava nas bilheterias, indicando os preços dos ingressos. E sempre bem-humorado, no momento em que me entregou a placa, disse: 'Já que você sempre gostou do estádio, fique com um pedaço dele.'*"

INTRODUÇÃO
O Rei do Pedaço

"Já estamos a caminho de uma nova Copa. É a grande realização do jornalista esportivo. Encontro inesquecível que se vive a cada quatro anos. Trabalha-se muito, mas é gostoso. No fim da noite, os debates acontecem nos bares. Os grupos se unem. No entanto, há aqueles que são atrações. Sandro Moreyra era um deles. Tinha sempre uma boa história para contar. Dá saudades. (...)"
(Oldemário Touguinhó, As Copas que eu vi)

Ele era o Rei do Pedaço. Quando chegava se formava uma rodinha e todos olhavam para um só lugar: o lugar onde ele estava. Era ali que ficava a cabeceira da mesa. Era lá que muitas pessoas gostariam de estar e se deixar ficar. Ele era aquele que muitos colegas gostariam de ser. A conversa fiada com as seletas plateias que se reuniam em torno de Sandro era capaz de varar as madrugadas para deleite de quem chegava junto. Tinha audiência cativa. Com ele não tinha bola dividida (nome de sua coluna no *Jornal do Brasil*); a bola era dele. A não ser quando João Saldanha, com quem formava uma dobradinha afiada e com quem andou de braços dados durante grande parte da vida, estava presente. Aí tinha que ter uma bola para cada um. E muitas vezes um deles ainda fugia com ela. Um não tirava chinfra com o outro. O espetáculo era completo quando os dois se encontravam.

Eram amigos do peito quase inseparáveis desde os tempos das peladas na praia com Heleno de Freitas, Sérgio Porto e outros. Desde sempre. Estiveram juntos à época da Segunda Guerra, quando promoveram quebra-quebras nos bares alemães de Ipanema: o Rhenania (futuro Jangadeiro) e o Zeppelin foram quase destruídos e o Berlim (futuro Bar Lagoa) foi apedrejado.

"Como se fossem sangrentas filiais do Terceiro Reich", escreveu Ruy Castro em *Ela é carioca* ao explicar o poder de fogo daquela turma de arruaceiros.

Sandro e Saldanha se conheceram antes de a vida começar; só pode. Se identificavam, se admiravam, pareciam respeitar tanto um ao outro que, por vezes, se odiavam. Embora sempre estivessem no mesmo canto do ringue, um dia os dois tiveram um arranca-rabo pra valer; o primeiro de uma série e a amizade foi para o vinagre durante longos e tenebrosos invernos, outonos, primaveras e até verões. Ou não tanto, garantem alguns amigos em comum. Há muitas versões para o pretexto da briga e ninguém sabe exatamente quanto tempo os dois ficaram de mal e se a vaca fora realmente para o brejo. O historiador Raul Milliet Filho, filho de Elza Saldanha Milliet, irmã caçula de João, garante:

– Tio João nunca me falou sobre isso. E nunca perguntei. Não fazia bem a ele.

À boca pequena, chegaram a dizer que a rixa tinha mulher no meio e gerou um baita bafafá. Um mulherão. Daquelas beldades de fechar o comércio, com um corpo de parar o trânsito. Raul não bota fé nesse boato e aposta em três outras versões.

1) A ligação de Sandro com (Charles) Borer[1]. Pode ter sido idiossincrasia do João. 2) O encontro de Sandro com Castor (de Andrade)[2]: João nunca me disse isso. 3) Uma discordância envolvendo o Partidão (PCB). Talvez. Terminaram agastados, mas não brigados. Cinco anos de brigas não apagam uma ligação tão longa de mais de 50 anos.

Se no princípio era o verbo, Sandro tinha a quem puxar. O sarcasmo e a rebeldia anárquica vinham de berço. A prosa fácil e irreverente e a paixão pelas boas coisas da vida tinham o mesmo DNA e faziam jus ao sobrenome paterno. Um dote natural, um certo charme de fábrica, coisa para se gabar, se quisesse – e se precisasse; não precisava. Tinha bagagem cultural. Eça de Queirós era uma de suas principais referências literárias. Os pais, o inquieto e indomado escritor Álvaro Moreyra, um baixinho folgado que não se curvava aos poderes autoritários; e a bela e revolucionária Eugênia de segredos mágicos nos olhos, também flertaram com a divina comédia humana que é a vida, e formaram uma dobradinha de militantes de esquerda que bagunçou o coreto dos costumes do Rio de Janeiro nos anos 30 e 40. Juntos fizeram jornalismo, juntos enfrentaram ditaduras, juntos colaboraram com o PCB, juntos participaram da Semana de Arte Moderna de 1922, juntos fizeram o Teatro de Brinquedo e o Teatro de Arte, juntos montaram peças de autores

---

[1] Presidente do Botafogo entre os anos 1976 e 1981 e, junto com o irmão Cecil, ligado à ditadura militar.
[2] Ex-dirigente do Bangu, contraventor e patrono da Escola de Samba Mocidade Independente de Padre Miguel.

nacionais e levaram peças para os subúrbios cariocas e diversas cidades do Brasil; juntos criaram seis filhos.

"Álvaro era um homem de seu tempo, e até na frente de seus contemporâneos. Multimídia, acumulava várias atividades. Além de poeta, editava revista e escrevia crônicas e artigos. Dedicou-se ao teatro, escreveu músicas, além de viver uma intensa vida social. Em seu arquivo podemos acompanhar os coquetéis e inaugurações que frequentou com sua esposa. Os jantares a que foram convidados ou que promoveram. Esse lado mundano era bastante enfatizado pelo autor, que colecionava recortes de jornais com fotos do casal nas festas, sempre muito elegantes e acompanhados de amigos." [3].

Sandro tinha especialização, mestrado e doutorado em malandragem. Com firma reconhecida. Era autor, mas também personagem de si mesmo. Em uma das cenas do filme *Garrincha, alegria do povo*, de Joaquim Pedro de Andrade (1962), atravessa de terno a Rio Branco, uma das mais movimentadas avenidas do Rio de Janeiro, para testar a popularidade do craque, despojado, de calça preta e camisa de manga curta branca, que despontava e se tornaria um de seus maiores personagens. Convivia com pessoas de todas as áreas; com os jogadores, com os técnicos, com os dirigentes. Era uma época em que o futebol permitia muito mais isso. O "Circo das celebridades" ainda não tinha sido montado.

Como todo botafoguense que se preza, Sandro era supersticioso. Nos três meses de uma excursão do Botafogo à Europa, vestiu a mesma roupa durante as partidas.

– Usava sempre o mesmo sapato precisando de uma meia sola e uma camisa que ficou puída na gola porque ele não trocava nunca. E dava certo mesmo. O time ganhou todos os jogos – lembra o octogenário ex-goleiro Adalberto.

No volante de um carro, Sandro era um tremendo ruim de roda. Um navalha, como se dizia antigamente. É o que garante o repórter fotográfico Ari Gomes, ex-*Jornal do Brasil*, o "Sandro do Sandro", como gosta de dizer. A exemplo do amigo, que tinha sempre que fazer ouvidos moucos para os casos de João

---

[3] "Um arquivo amoroso: Álvaro e Eugênia Moreyra", trabalho apresentado pela jornalista Joëlle Rouchou, pesquisadora da Fundação Casa de Rui Barbosa, no GP História do Jornalismo do XXXII Congresso Brasileiro de Ciências da Comunicação.

Saldanha, era Ari quem ratificava as histórias de Sandro. Como se fosse a Terta[4], personagem de Chico Anysio.

– Sandro me dava sempre carona, e vivia fazendo lambanças no trânsito. Dirigia conversando, às vezes com apenas uma das mãos, e não olhava pra frente. Cometia barbeiragens aos borbotões. Hoje em dia, se andasse de carro, iria levar um catatau de multas ou trombar em cada esquina. Pior: estaria frito com as *blitzen* da Lei Seca. Eu vivia tenso. Devido à minha profissão, tenho muitos reflexos, antevejo muitas coisas. Eu não sei como ele não batia. Andar de carro com o Sandro era sentir fortes emoções, correr risco de vida.

Tinha xodó pelas filhas Sandra e Eugênia. Vivia paparicando as duas, que nem precisavam esperar Papai Noel chegar para receber um presente no sapatinho. Com aquele "velho bom velhinho" era Natal o ano inteiro. O pai babão nunca voltava das viagens de mãos abanando. Em 1961, em uma das muitas excursões do Botafogo pelo mundo, Sandro intimou o lateral-direito Cacá, a voltar a uma loja por causa de uma boneca.

– Comprei no Panamá uma boneca muito bonita para a minha filha. Tinha mais ou menos 1 metro e 20 de altura. Quando cheguei no hotel, o Sandro viu e disse "quero uma pra Sandra". E assim foi feito. Fui com ele à loja e voltamos nós dois para o Brasil cada um trazendo uma caixa enorme na bagagem. Ainda no aeroporto, no Rio, o presente foi aberto, e Sandra tirou fotos ao lado da boneca. Quase do mesmo tamanho dela – lembra o hoje octogenário engenheiro Carlos de Castro Borges.

Eugênia fala de um mimo especial que ganhou do pai:

– Quando eu era adolescente, ele fazia coisas incríveis. Me deu coisas que na época eram difíceis de conseguir. E não eram furrecas. Comprava sapatos que ninguém tinha no Brasil. Uma vez trouxe um guarda-chuva igual ao do filme *My fair Lady*[5]. Caríssimo. Custava os olhos da cara. Todo mundo achou aquilo um absurdo.

Se o sol é para todos, com certeza era mais para Sandro, que o teve como testemunha durante a maior parte do dia. Vivia na praia e parecia estar sempre

---

4 Terta foi um personagem criado pelo ator e humorista Chico Anysio que confirmava todas as histórias do marido quando ele usava o bordão "É mentira, Terta?".
5 Em *My fair Lady* (1964), que ganhou oito *Oscars*, entre eles o de melhor figurino, a atriz Audrey Hepburn, uma das maiores musas da história do cinema, que faz o papel de uma florista, usava um guarda-chuva branco que aparece em diversas peças de divulgação do filme.

no bem-bom. Levava a vida como ela devia ser vivida. Que muitos pedem a Deus e que Deus lhe deu. E era muito bem chegado entre os amigos. Tanto que o pianista Luiz Carlos Vinhas, um de seus companheiros de areia, declarou ao JB quando o amigo morreu:

"*Sandro Moreyra era meu amigo de praia de segunda a segunda. Foram mais de 15 anos de Castelinho. Agora eu me pergunto: como é que vai ficar a praia sem ele?*"

Quando começou a ralar no Jornal do Brasil era nas areias que dava expediente e batia ponto.

– Fiquei muito tempo sem conhecê-lo pessoalmente, tratando só por telefone. Porque ele não ia ao JB, onde eu trabalhava na ocasião, na editoria de Esportes. De vez em quando dizia "passa no meu 'escritório'", que era a praia – lembra Marcos de Castro.

Por isso, ostentava sempre a pele curtida do sol. Há quem garanta que Sandro passava o ano com um tremendo bronze. Outros, que apelava para sucos de cenoura para manter a cor, quando o sol não comparecia. Só para tirar onda. O jornalista Bruno Thys, que começou a carreira convivendo com o veterano colega, embora em editorias diferentes, exagera, *à la* Sandro:

– Acho que tinha um ponto que ele não podia passar, pois ficava preto.

Apesar de estar mais para mocinho do que para bandido, era um gozador compulsivo, exímio amigo da onça. Não pegava leve nem se fosse com alguma coisa mais linda mais cheia de graça num doce balanço a caminho do mar. Como conta Fernando Paulino Neto, à época outro jovem repórter do JB.

– Uma vez na praia, uma cocotinha, como se dizia antigamente, chegou perto dele e perguntou:

"*Como o senhor faz pra ter esse bronzeado?*"

– De pura molecagem, respondeu:

"*Muito fácil. Você deita na toalha e fica 15 minutos. Depois vira pro outro lado e fica mais 15. E vai fazendo isso.*"

– Quinze dias depois, a garota o abordou de novo.

"*Seu Sandro, eu fiz exatamente aquilo que o senhor falou. Mas não deu certo.*"

– Sem perder o rebolado, Sandro indagou:

"*Por quanto tempo você fez isso, minha filha?*"

"*15 dias*", respondeu a moça.

– Sandro não aliviou a barra daquela jovem presa fácil que apenas desejava ter um corpo dourado:

"Ora, é pouco ainda; eu estou fazendo há 45 anos."

Era o que se chama até hoje de carioca da gema, e tinha mesmo o ar – e o bronzeado – de quem não fazia porra alguma, vivia na maré mansa, na gandaia das caladas da noite. Diziam que quando reclamavam de qualquer coisa com ele, respondia que "trabalhar é bem pior". Praticar exercícios físicos nunca foi a sua... praia. Não estava nem aí para isso. Quando soube da notícia de que o general Hugo Abreu[6] morreu, extravasou com o amigo Carlos Leonam, apelando para um daqueles seus achados de marca maior. Um prato cheio para sua tese.

"Vocês ficam me esculhambando porque eu fumo, que não faço exercícios, que fico aqui parecendo um Buda sentado no Castelinho. E eu ficava vendo aquele general que corria do Arpoador ao Leblon e voltava crente que estava abafando. Não fumava, não bebia, não sei se trepava, mas o fato é que ele morreu ontem de enfarte. E aí?"

Curtia a vida adoidado, ao lado dele ninguém ficava entediado. Como lembra Wilson Figueiredo:

– Um *bon vivant* sem grana. Um tipo que amava a vida. Gostava do bom humor. Do trabalho como espécie de divertimento. Acabou encontrando no Jornalismo Esportivo. Muitas vezes ficava naquela vadiagem; vivia bebendo, mas moderadamente ao contrário do que diziam. Nem de mais, nem de menos. Uma noite eu, ele e o Francisco Horta (juiz de Direito e ex-presidente do Fluminense), fomos dar uma esticada na Cantina Tarantella, na Barra da Tijuca. A conversa foi fascinante. Começou 9 horas da noite e foi até 6 horas da manhã. Eu não tinha avisado em casa. Quando cheguei, minha mulher perguntou:

"Por que não telefonou?"

Eram tempos sem celulares e Wilson respondeu:

"Não percebi que a noite tinha acabado."

Maurício Porto, outro grande amigo de infância e ex-dirigente do Botafogo, disse para o JB, quando o amigo morreu:

---

6   Chefe do Gabinete Militar durante o governo Geisel (1974-1979). Miúdo, porém de porte atlético, integrou a Força Expedicionária Brasileira (FEB) durante a Segunda Guerra e foi condecorado com a Cruz de Guerra de 1.ª Classe por atos de bravura em combate, a mais alta condecoração brasileira.

"Sua personalidade era tão marcante e seu humor tão forte, ele sabia viver, tanto que aos 69 anos não tinha um fio de cabelo branco, o tom não era artificial. Posso afirmar com segurança, pois fui amigo dele desde o curso primário, e padrinho de uma de suas filhas. Poucas pessoas cultivaram tantas amizades sólidas."

Suas traquinagens muitas vezes tinham uma graça infantil, de um saltimbanco com jeitão de adolescente cheio de espinhas no rosto descobrindo o mundo e achando que nada aconteceria com ele. Provocador, zombeteiro, destemido, não tinha medo de se engraçar com qualquer um, não dava refresco para ninguém. Era um palhaço sem picadeiro. Como se fosse um genial Carlitos[7], para ele um dia sem risada era um dia desperdiçado. Nunca perdia a graça; ao contrário, sempre encontrava. Até mesmo nas miudezas do cotidiano. Como fazia com o truculento preparador físico e técnico Paulo Amaral que costumava pegar para "Cristo". O jornalista Márcio Guedes recorda:

– Sandro sacaneava muito o Paulo Amaral, que não levava desaforo pra casa, e que, por qualquer motivo, queria sair na porrada com todo mundo. Costumava contar uma história de que o Botafogo estava jogando na Alemanha e tinha um torcedor xingando os jogadores do time e jogando bolinha de papel na careca do Paulo. Até que o treinador se levantou e disse:

"Seu alemón, bobalhón, vou te dar um bofetón."

– O cara ficou olhando pra ele, e ele repetiu três vezes. Se isso era da cabeça dele, eu não sei. Mas pode ser que seja verdade. Tinha as mesmas digitais de Sandro.

Sandro não mentia "para formar verdades falsas", como escreveu a também botafoguense Clarice Lispector. Parecia adotar também duas frases da escritora: "Só me resta inventar, às vezes só a mentira salva" e "Minto na hora exata da mentira, mas quando escrevo não minto". Desaforado, mandava às favas as regras da etiqueta, dava tapas no protocolo, adorava quebrar regras. No quesito sacanear os outros tinha um senhor currículo. Naquelas situações em que todos medem palavras, usava seu pós-doutorado em malandragem para dizer o que pensava. Mesmo quando não bebia, estava sempre três doses acima. Parecia estar constantemente estudando o cenário para aprontar alguma, no varejo das pequenas e grandes zoações, com aquele espírito travesso e impulso criativo. Como fez certa vez em um jantar na casa do grande benemé-

---

7   Personagem de Charles Chaplin.

rito e conselheiro do clube Jorge Aurélio Domingues, ao recusar uma taça de Cointreau durante o coquetel:

"*Cointreau é licor de crioulo, porra!*"

Logo em seguida entrou na sala o repórter de rádio Luis Orlando, filho do locutor Orlando Batista, outro que Sandro gostava de aporrinhar. Ao servir o radialista, afrodescendente, o mesmo garçom perguntou:

"*O senhor quer o quê?*"

E Luis Orlando deu de bandeja para Sandro:

"*Cointreau*".

Que, de supetão e impiedoso, não perdoou:

"*Eu não disse, pessoal?*"

Quem estava perto, se escangalhou de tanto rir.

Luis Orlando ficou boiando, mas sabia que estava sendo zoado; só não sabia por que. Era uma época em que não havia patrulhas de qualquer espécie e as pessoas levavam as brincadeiras numa boa. Poucos conseguiam fazer os outros rirem como Sandro. Muitas vezes seus amigos achavam graça antes de saber de quê.

Adorava botar pilha nos cartolas, em quem costumava creditar um verdadeiro *pot-pourri* de mancadas. Em seu livro de histórias dedicou um capítulo, "Os impagáveis dirigentes", só para eles. Contou causos como o do dirigente pernambucano Rubem Moreira que, depois de passar inutilmente uma hora em um restaurante em Paris, sem entender patavina de francês, apontando para três escolhas de pratos diferentes sem ser servido, foi alertado para o fato de que, em vez do menu, consultava o repertório da orquestra.

"*Já tinha escolhido – e sido atendido – numa valsa de Strauss, numa balada de Cole Porter e num bolero de Agustin Lara*", escreveu Sandro.

Ele se amarrava em escrachar torcedores, "peles" permanentes para suas gozações. Dava pouca bola para os chatos de galochas; ou sem. Tinha uma certa azia por aqueles arroz-de-festa que salgavam os ambientes. Não era previsível, surpreendia. Não se adivinhava de véspera o que Sandro iria fazer. As sábias safadezas do irreverente jornalista variavam de acordo com o freguês, e muitas vezes caíam no seu colo.

Como na Copa de 1962 em Viña del Mar, no Chile, quando, ao lado de Sérgio Porto, criador da frase *"mais por fora do que umbigo de vedete"*, esculachou um grupo de grã-finos cariocas e paulistas que não entendiam bulhufas de futebol e que estavam lá mais pela fofoca do que pelo jogo. Mal começou a partida, um daqueles "pentelhos", de nariz empinado, com pinta de corretor da Bolsa de Valores de Wall Street, perguntou a Sandro:

"Quem é o Garrincha?"

O mala tinha deixado a bola quicando na cara do gol, do jeito que ele gostava. Sandro apontou Carbajal, o goleiro adversário, e disparou:

"É aquele ali."

Onde faiscava fumaça que rendesse graça, lá estava Sandro e suas chapuletadas. Na Copa de 86 burilou em sua coluna:

"No Denny's, onde vamos comer pela madrugada, travando uma luta inútil para que não nos sirvam papas fritas e pedaços de abacate em qualquer prato pedido, um canarinho brasileiro, desanimado e já parco de grana, pede uma fruta. A moça sugere mamão:

'Que tal papaya? Le gusta papaya?'

Mais tristonho ainda, o canarinho responde:

'Si, gostava mucho de mi papa. Pero desgraçadamente ele já es muerto'"

Perdia, ou melhor, corria o risco de perder os amigos, mas não perdia a piada.

– Era um perigo – como recorda o repórter Antero Luiz, hoje advogado.

– Certa vez, escalado numa emergência para cobrir um treino do Botafogo, o Luarlindo Ernesto, outra figuraça, repórter de polícia tarimbado, me procurou:

"Não sei nada desta merda, não manjo chongas de futebol, me explica."

– Eu falei: procura o Sandro.

Luarlindo, macaco velho, acostumado a descer de bonde andando, ficou irado, com a pulga atrás da orelha e reagiu:

"Está louco! Esse cara é um 'filho da puta'. Com certeza vai achar que sou carne nova no pedaço e vai querer me sacanear."

O flamenguista e portelense Lan, um dos grandes amigos de Sandro, que trabalhou 39 anos no JB, era uma de suas principais vítimas de mangações entre os colegas de redação, quando a pauta era o Flamengo.

– Nascimento Brito era botafoguense, e fez uma equipe de jornalistas na seção de Esportes só de botafoguenses. Sandro Moreyra, Oldemário Touguinhó, João Saldanha, Armando Nogueira, Luiz Carlos Mello, Antônio Maria Filho e sei lá que outros mais. O primeiro time era todo Botafogo. E aí você pode imaginar a época em que o meu Flamengo era vítima do Garrincha, do Nilton Santos e companhia. Sempre sobrava pra mim. Cada vez que o Flamengo jogava contra o Botafogo, eu saía com dores na úlcera. Até mesmo nas vésperas do clássico, quando Manga, para provocar o adversário, dizia que fazia a feira antes do jogo, pois o bicho era certo. E era mesmo. O Sandro dizia: "Melhor você não ir a jogos contra o Botafogo. É muito chato ver um amigo passando mal." E ele, sedento pra me sacanear, acertava porque na verdade eu passava mal pra cacete.

Sandro Moreyra conhecia a vida de cor e salteado, era cabeça feita, descolado e escolado. Era maravilhosamente cínico, com aquele estilo que era só dele; um debochado do bem, gozador de mão-cheia. Nunca era possível ter certeza se as coisas que contava realmente aconteciam ou se eram fantasias da cabeça dele. Pelo menos parte delas ou a forma como contava. Parecia seguir uma das máximas de Millôr Fernandes: "Jamais diga uma mentira que não possa provar." Se mentia era na hora exata da mentira. Afinal, "a mentira é uma verdade que se esqueceu de acontecer", como decretou o poeta gaúcho Mário Quintana. PhD em sacanagem, dava sempre um jeito de apimentar as histórias que vivenciava ou que lhe passavam. Alguns companheiros garantem que Sandro justificava a célebre frase de Luis Fernando Verissimo de que "a única coisa verdadeira no jornal é a data". Ou a fala do narrador do romance *Borges e os orangotangos eternos*, também do escritor gaúcho: "*Sempre escrevemos para recordar a verdade. Quando inventamos, é para recordá-la mais exatamente.*"

Ele não estava nem aí. Afinal, como afimou o Dom Casmurro de Machado de Assis: "a mentira é muita vez tão involuntária como a respiração". Seus amigos, que pareciam adotar outra máxima de Millôr, "É inútil chamar alguém de mentiroso. Todo mundo é", eram solidários com aquele repórter faminto por histórias. Juntavam a fome com a vontade de comer. Não à toa colaboravam dando uma mão de tinta nos causos envolvendo o colunista, colorindo e transformando a realidade em um mundo do faz de conta. Antonio Antenor Soares, o célebre *maître* Garrincha, da Churrascaria Plataforma, no Leblon, conta uma história com a cara e o jeitão de Sandro.

– Ele gostava de comer maminha fatiada. Mas, às vezes, geralmente tarde da noite, preferia algo mais leve. Pra não perder a pose pedia uma espécie de plano B e os garçons já sabiam pela sua forma de olhar. Em vez de maminha traziam fatias de manga envoltas em inúmeras pedras de gelo. Comia como se fosse uma suculenta carne.

Adorava massas e desafios. Lan jura que devorou na frente do colega cinco lasanhas em um jantar na saudosa Cantina Tarantella, na Barra da Tijuca.

– O Sandro, que não era de tirar o time de campo, só de pirraça comeu seis.

Ettore Siniscalchi, filho de Emílio, dono do restaurante, prefere não contrariar, dá guarida à história contada pelo amigo com uma pergunta, rindo:

– É mesmo? Será que ainda pediu tiramisu de sobremesa?

"(...) Quando Camelo Lamprêia, ministro de Portugal no Brasil, esteve em Pôrto Alegre, em 1901 ou 2, perguntou ao cônsul do seu país qual era o patrício mais velho de lá. O cônsul foi ver nos livros e respondeu: – É o senhor Manuel Pinto da Fonseca. – Pois previna à família dêle que irei visitá-lo amanhã. O cônsul, José Nunes, preveniu meu pai, genro do português mais velho de Pôrto Alegre. No dia seguinte, à tarde, a casa se encheu de convidados. O ministro chegou. Conversas. Cerimônias. Doces. Vinho do Porto. Champanha. De taça na mão, diante do meu avô, Camelo Lamprêia disse: – Senhor Manuel Pinto da Fonseca, tenho a honra de saudar em Vossa Excelência o mais antigo representante da nossa pátria na bela capital do Rio Grande do Sul. E em nome de Sua Majestade, El-Rei Dom Carlos é com orgulho que lhe ofereço o título de barão! E meu avô, incontinenti: – Quanto é que me custa isso? – Estupor. Silêncio. Constrangimento. No meio de tudo, o homenageado concluiu: – O Rei o que quer é o dinheiro. Diga quanto é que eu dou. Quanto ao título, que o ensope com batatas. (...)"

(**Álvaro Moreyra**, pai de Sandro, no livro As amargas, não).

CAPÍTULO 1
As amargas, não

"Se eu jogar a bola aqui pode quebrar a Mona Lisa esquisita" (**Francisco**, *bisneto de Sandro, para a avó Sandra e a para mãe Cecília. Os três jogavam uma bola enorme, um em cima do outro, diante do quadro de Eugênia Álvaro Moreyra, mãe de Sandro, avó de Sandra, bisavó de Cecília, trisavó de Francisco, na sala do apartamento de Sandra, uma das filhas de Sandro).*

Em nome da mãe
Eugênia Álvaro Moreyra

(Juiz de Fora – MG – 6/3/1898
Rio de Janeiro – 16/6/1948)

"Alvinho, quanta saudade. Fazem hoje 40 dias que estou longe de casa (...) precisava de um pyjama, o vermelho, linha verde e um retalho para cortar o que estou usando. Eu preciso de um advogado que possa vir para cá, se entender comigo. Só eu mesma poderei indicar como deve ser feita a minha defesa. É um trabalho muito simples mas que pede uma pessoa activa. Vão muitos beijos e muita saudade para ti e para as crianças (...) da tua Eugênia" (Trechos de uma das três **cartas de Eugênia** enviadas para o marido Álvaro Moreyra durante o período em que passou na prisão em 1936 por causa de sua militância no Partido Comunista).

"Eugênia já se preparava para dormir no célebre endereço da Rua Xavier da Silveira, 99, em Copacabana, quando alguns "tiras cariocas" foram cumprir as ordens de realizar uma batida na casa da família. Álvaro dormia. Sua mulher atendeu, entreabrindo a porta.
– Somos da polícia!
– Eu já sabia!

A cretinice transbordante dos perdigueiros sem pedigree não engana mesmo ninguém. Qualquer mané ceguinho conhece com facilidade os nossos pobres cherlóques.

Eugênia não disse isto mas pensou.

– Que é que os senhores querem?

– Nós viemos buscar as armas e os boletins subversivos que a senhora tem aí.

– Mas a estas horas?

– Abra!

Eugênia pensou um minuto. Entrar eles entravam mesmo. Era preciso desarmar os brutos. O melhor era representar. E assim fez.

– Os senhores não entrarão aqui! Isto é uma violência! Não sabem que o domicílio é inviolável?!

– Que domicílio, que nada! Vamos deixar de conversas!

– As minhas armas eu não entregarei! O Álvaro está dormindo, é um crime perturbar-se o sono de um poeta.

– Senhora! Estou perdendo a paciência.

– Não entregarei as minhas armas. Com elas defenderei o Brasil.

Aí é que os tiras espumaram de raiva. Empurraram a porta, e aos trambulhões foram entrando. Eugênia foi se afastando até se colocar, de braços abertos, à porta de um quarto, tentando interceptar a passagem dos policiais.

– Aqui os senhores não entrarão. Estas armas são para defender o Brasil!

– Segurem esta mulher!

E os perdigueiros não esperaram por mais tempo. Empurraram Eugênia. Mal, porém, a porta se escancarou, os tiras começaram a se entreolhar, estupidamente.

Um encarava o outro meio apalermado. Não há bruto completamente bruto. A cretinice volumosa cobria os policiais de cabeça aos pés. O mais façanhudo cabelo raspado, tipo nazista, ainda aventurou uma pergunta:

– Onde estão as armas, senhora?

Eugênia não deu a sua risada clara. Falou séria, apontando os berços, onde dormiam os três netinhos:

– Estas são as minhas armas. Eles é que vão defender o Brasil.

Os policiais pareciam medir, em silêncio, a grande estupidez.

Eugênia cheia de brandice, dominava os brutos.

– Vejam bem como eles dormem tranquilos...

Os tiras não tiravam os olhos das crianças. A inocência do quadro avolumava ainda mais a estupidez dos policiais. Eugênia arrumou o cobertor de um, o

CAPÍTULO 1: AS AMARGAS, NÃO   57

travesseiro de outro, fixando os meganhas com uma candura desnorteante. Os tiras foram saindo em silêncio. Era a única saída mesmo que tinha. Eugênia os levou até o portão. Não há bruto completamente bruto. O mais façanhudo entregou os pontos:
– A senhora me desculpe, se tivesse falado...
– Nada, filho. Não tem nada que pedir desculpas. Só quero pedir um favor: quando vocês voltarem novamente, não façam tanto barulho. Nem sei como as crianças não acordaram!...
E lá se foram os policiais.
De dentro da casa uma voz cansada, a outra metade de Eugênia, chamava:
– Eugênia, Eugênia, que barulho é êste aí?
– Nada, Álvaro. Nada não, são os amigos que me vieram visitar."[1]

Essa *"feminista de franjas negras, sufragista e ativista de esquerda"*, como era rotulada, voltou a ser importunada, em um sábado à tarde; dessa vez pela 'Segurança Social'. Logo depois de receber o "convite" para ir até a Polícia Central, se muniu de "rouge" e alguns charutos cubanos. Álvaro Moreyra, que se recuperava das consequências de um acidente de automóvel em que ambos tinham sido vítimas[2], quis acompanhar a esposa, mas Eugênia se opôs. Decidiu ir sozinha. Na Segurança Social, o delegado Seraphim Braga a ouviu demoradamente. Antes, porém, de começar o interrogatório, a "leader" feminista acendeu um dos charutos e começou a tragar o fumo, "em longos haustos." A cada pergunta, correspondia com uma baforada, e o som forte das suas frases incisivas se confundia com as "volutas" do fumo que subia em aspirais, saturando o ambiente.

Declamadora e poetisa, negou que fosse comunista. Declarou que não tinha nenhuma ligação com as intentonas do 3.º R. I. e da Escola de Aviação. Não desmentiu, entretanto, que mantivesse relações de amizade com "muitos *leaders* vermelhos". Mas apenas de amizade...

"E a senhora não fazia parte da Alliança Nacional Libertadora?"

---

1   A história foi contada em julho de 1948 por Wilson Alves de Carvalho no *Jornal de Debates* e em *O Panfleto*.
2   No dia 6 de novembro de 1935 Álvaro e Eugênia, ao saírem da redação do jornal A Manhã, foram vítimas de um acidente no centro do Rio de Janeiro, quando dois carros colidiram e atingiram o casal que esperava condução na calçada.

O charuto de D. Eugênia estava por um fio. Era a derradeira baforada... e também a ultima resposta:

"Não, mas eu estou plenamente de accordo com o seu programma..."

Quando terminava de ser inquirida, acabava também o seu estoque de cubanos. O comandante Dias, que também participou do interrogatório, lhe ofereceu um cigarro "Abdula", mas Eugênia agradeceu, acrescentando que iria refazer o seu estoque de cubanos[3].

O envolvimento de Eugênia com a política se iniciou após a Revolução de 30, quando começou a flertar com a esquerda, juntamente com o próprio Álvaro e a turma do Modernismo – Oswald de Andrade, que anos mais tarde escreveu que "o que se deve a ela será calculado um dia" e Pagu (Patrícia Rehder Galvão) principalmente – participando ativamente da Aliança Nacional Libertadora, e sendo, consequentemente, uma pedra no sapato do governo. Em 1935, Eugênia e Álvaro filiaram-se ao Partido Comunista Brasileiro (PCB), e ela passou a integrar o grupo de fundadoras da União Feminina do Brasil, organização promovida por mulheres filiadas ou participantes do Partidão.

Em novembro, após a Intentona Comunista, Eugênia foi presa e passou cerca de quatro meses na Casa de Detenção da Frei Caneca, onde dividiu cela com militantes comunistas como Olga Benário Prestes, Maria Werneck de Castro, Nise da Silveira e Eneida de Moraes. Foi solta por falta de provas na madrugada de 1 de fevereiro do ano seguinte. Retornou ao ativismo político e se envolveu na campanha para libertar Anita Leocádia, o bebê de Olga que nascera após a deportação da companheira de Luiz Carlos Prestes para um campo de concentração na Alemanha de Hitler.

Quando Eugênia esteve presa em 1936, Sandro trocava cartas com a mãe, mania que iria adotar anos depois com a filha Sandra e a família. À época do seu aniversário, mandou a mensagem:

"Mamãe, amanhã faço 18 anos. Mas só quero um presente: você."

Um dia depois Eugênia escreveu:

"Sandro, hoje é dia dos teus anos e eu não posso te mandar este bilhete. Mas quero que, quando for possível, nem que sejam levadas por mim, estas palavras te contem a minha mágoa de não estar aí no dia dos teus 18 anos. Muitos, muitos beijos da mamãe."

---

3   Recorte de jornal avulso sem identificação do periódico (Acervo Casa de Rui Barbosa)

Quem era essa "serva que fumava charutos, que usava botas, que falava alto, que não escondia nada, fazia o outro polo de Álvaro, manso, terno, tímido?", como indagou José Lins do Rego em O Jornal, de 19 de junho de 1948. Segundo o escritor "havia burgueses que se apavoravam com o charuto arrogante de Eugênia".

"A vida de Eugênia Álvaro Moreyra foi toda ela uma servidão voluntária: um desesperado servir a filhos, a marido, a netos, a ideias e, mais do que tudo, ao seu destino de mulher livre, a mais livre e mais corajosa mulher de sua geração, e mesmo do seu país", destacou ainda Zé Lins, contando que Eugênia *"subia morro atrás de amigos que passavam necessidade, comeu cadeia sem medo e sempre com a mesma disposição para a luta, para os seus combates"*.

Quando ainda era a "mineirinha" Eugênia Armond Gomes Brandão, antes de se casar com Álvaro Moreyra, essa mulher que viveu apenas 50 anos (1898-1948), surpreendeu a redação do jornal A Rua, no Rio, ao trabalhar como repórter com apenas 16 anos de idade. No século XIX mulheres só tinham espaço nos jornais como cronistas, folhetinistas e poetisas. Eugênia, que escrevia artigos dizendo que "a mulher será livre somente no dia em que passar a escolher seus representantes", foi a primeira "reportisa" (neologismo criado na época para definir a sua função). A revista Careta registrou a novidade em linguagem caipira:

"Apareceu aqui no Rio/Um jorná que se chama Rua/Um jorná que sae à noite/Quando está nascendo a lua/(...) Tem um (sic) moça bonita/que o cabelo traz cortado/Usa chapéo como os home/Tem cada um oio danado."

A carreira de Eugênia como "reportisa" deslanchou quando emplacou uma matéria de capa no jornal A Rua usando uma estratégia que hoje se chama de "Jornalismo Investigativo". Anunciou que entraria para um convento, o Asilo Bom Pastor.

A "linda rapariga que precisava ser lançada como repórter e que, para isto, relacionou-se nos centros de imprensa, fez amizades, consentiu que a admirassem" surpreendeu até seus próprios colegas de jornal e de outros jornais que ficaram de queixos caídos. A revista Fon-Fon registrou assim:

"(...) um belo dia declarou que ia para o convento. Quase toda a gente acreditou, talvez por preguiça, e os jornais lamentaram com adjetivos nostálgicos o triste fim de Eugeninha. Mas Eugênia se fora para o Asilo Bom Pastor, em todo o caso não levava ideias tristes; nem tristes nem monásticas, mas simplesmente uma grande curiosidade nervosa – a curiosidade de surpreender o que o público não

conhece, mas surpreender tudo isso como um repórter do Rio. Agora anda ela a contar o que viu e o que soube lá dentro. Foi a reportagem sensacional da semana."

Eugênia contou o que viu e escreveu na célebre reportagem: "A tragédia da Rua Dr. Januzzi, 13"[4], após entrar no convento e entrevistar a irmã de uma mulher assassinada. Na capa do jornal, a manchete "UMA NOITE NO ASYLO BOM PASTOR" e as chamadas "Flagrantes apanhados ao apagar das luzes: Algumas histórias tristes, A loucura de uma noiva, O gato bravo que foge, A triste história do gato bravo, A fuga da asylada Isabel, A carta mysteriosa e Da perdição ao Asylo!."

No dia em que Eugênia morreu, Álvaro escreveu:

"Eugênia morreu. Nossa vida durou trinta e quatro anos. Foi uma vida grande. Tivemos oito filhos. Dois não cresceram: Valdo e Maria da Graça. Os outros estão juntos de mim: Ysia, Sandro Luciano, João Paulo, Álvaro Samuel, Rosa Marina e Colete. Nossos netos: Ana Maria, Elizabeth, Paulo, Álvaro José, Maria Beatriz, Wladmir e Mário."

Quatro meses depois voltou à tona:

"Eugênia, companheira, esta é a primeira carta que te escrevo depois daquela tarde fria. Foi ontem? Quando foi? Ainda não sei, não sei. Sei que a tarde caía e era uma tarde fria. Tôdas as flores da cidade se juntaram sôbre o teu corpo que era frio como a tarde. Ias dormindo, mas não com a cabeça deitada no meu ombro. Ias sozinha e tão triste! Que sono longo! Que sono imenso e teu último sono!

---

4   Na madrugada do dia 24 de janeiro de 1914, Edina Nascimento da Silva, de 24 anos, esposa do tenente Paulo Nascimento da Silva, foi encontrada morta em sua residência, na rua Dr. Jannuzzi, 13, com um tiro na cabeça, após descobrir que o marido a traía com sua própria irmã, Albertina. A princípio não foi possível estabelecer se foi suicídio ou assassinato. Albertina foi confinada então ao Asylo Bom Pastor, um internato para jovens, enquanto Paulo foi preso. Então repórter do jornal *A Rua*, Eugênia Brandão anunciou que se retiraria da vida pública para se internar no asilo. Os leitores passaram a acompanhar o mistério daquela "aposentadoria" prematura, até o jornal revelar que o ato na verdade fora uma estratégia da repórter para tentar entrevistar Albertina e descobrir com outras internas se ela deixara escapar algum detalhe sobre seu envolvimento com o crime. Eugênia não conseguiu nada de significativo, mas percebeu ali a oportunidade de relatar o cotidiano restritivo da clausura. A série resultante de reportagens, publicada em capítulos durante cinco dias seguidos, conquistou um grande número de leitores, rendendo à sua autora o reconhecimento dos colegas, dos jornais concorrentes e do público, que passou a defini-la como a "a primeira repórter do Brasil".

Levaste no teu sono meu sono também. Nunca mais, sem nós dois, pude dormir, Eugênia. A vida sem nós dois é uma noite de insônia. Eu lembro de ti como de um sonho bom."

Em nome do pai
Álvaro Moreyra

(Porto Alegre – RS – 23/11/1888
Rio de Janeiro – 12/9/1964)

"Nunca inventei, assisti..." (**Álvaro Moreyra**, *"As amargas, não"*)

Quando foi eleito, em 1959, para a Academia Brasileira de Letras (ABL[5]), dez anos após a morte de Eugênia, que era contra a candidatura, Álvaro tinha três sonhos. Dois acabaram sendo realizados: admitir mulheres na Academia e arregimentar Jorge Amado para concorrer a uma cadeira. O outro continua impraticável até hoje: transformar o chá da tarde em uma feijoada popular.

Na primeira tentativa antes de ser eleito, reagiu com o jeitinho carioca de fazer piada até em situações desfavoráveis, ao saber que, no último momento, um determinado acadêmico, seu eleitor, resolveu votar no candidato Martins Napoleão:

"Martins eu não temo, mas Napoleão é fogo na roupa."[6]

Perdeu por um voto.

Nos anos 70, em entrevista ao repórter Jorge de Aquino Filho, da revista *Manchete*, Sandro Moreyra explicou o motivo da aversão da mãe à Academia:

"Enquanto mamãe foi viva, ele não entrou. Mamãe considerava a instituição muito conservadora. E não admitia ver papai tomando chá com um monte de velhos. Só depois da morte dela, seus amigos apelaram e ele aceitou. Mas ficou meio

---

5 Álvaro foi eleito em 13 de agosto de 1959 e tomou posse da cadeira 21 de Olegário Mariano em 23 de novembro. Foi sucedido por Adonias Filho. A vaga hoje é ocupada por Paulo Coelho.
6 A história é contada no livro *De Copacabana à Boca do Mato – O Rio de Janeiro de Sérgio Porto e Stanislaw Ponte Preta*, de Cláudia Mesquita. No site oficial da ABL não consta o nome do escritor piauiense Martins Napoleão como membro da Casa. Os únicos Martins que constam são Martins Júnior e Martins Pena. Álvaro deve ter se confundido ou feito troça. Martins Napoleão era da Academia Piauiense de Letras.

sem jeito para nos comunicar a decisão e que teria que sair como mendigo atrás de votos de acadêmicos muitos dos quais ele não concordava politicamente. Hoje ele teria, por exemplo, que ir na casa de José Sarney. O que não precisa dizer mais nada."

"O que mudou então no Álvaro imortal?", perguntou o repórter.

"Ele ficou tal qual um almirante sem esquadra quando vestiu aquele fardão, doado pelo governo do Rio Grande do Sul. Ele não gostava daquelas formalidades. E, na saída da posse, já num restaurante famoso, a fim de iniciar as comemorações, ele comentou comigo: 'Estou igual a um porteiro de edifício'."

Disponível no Acervo de Álvaro Moreyra na Casa de Rui Barbosa, em Botafogo, no Rio de Janeiro, o recorte de uma entrevista com o título "Eugênia Moreira *(sic)* salvou o esposo de ser 'imortal'" retrata bem o desprezo da mãe de Sandro pela ABL.

"Certa vez, em palestra com Coelho Neto, Álvaro declarara, textualmente, que entraria para a Academia se a votação fosse unânime. Deu-se uma vaga. Morreu um 'imortal' e a cadeira ficou vazia, esperando, naturalmente, o 'nosso homem'. Paulo Barreto (João do Rio) procurou-o, aconselhando-o a apresentar a sua candidatura. Que ele receberia os 39 votos integrais, que apenas quatro acadêmicos estavam no estrangeiro e que, mesmo estes, se solicitados, votariam a favor. Que ele prometera entrar nestas condições e que 'palavra era palavra', Álvaro via o terreno ceder a seus pés. Mas Eugênia Moreyra – mulher admirável essa – salvou-nos o marido, muito simplesmente, com o argumento decisivo: 'Se entrares para a Academia, eu me divorcio de ti'. E Álvaro confessa que foi a ameaça do divórcio que o salvou de ser imortal. "O que me desagradaria profundamente", diz-nos. "A Academia de Letras é o Asilo da Inteligência Desamparada. Quem se recolhe ali fica desde logo separado do contacto humano – única coisa que importa para mim. A eleição acarretaria, além disso, outras consequências não menos graves. Para cada vaga, apresentam-se pelo menos, oito candidatos. Em cada vaga, portanto, seriam oito a pedir votos. E como eu nunca neguei nada a ninguém, e como são só quatro escrutínios que se realizam, isto traria grande confusão para mim."

Assim falava o pai de Sandro, cujo nome completo era imperial, e "vagamente" comprido como ele próprio dizia: Alvaro Maria da Soledade Pinto da Fonseca Velhinho Rodrigues Moreira da Silva. Coisa de príncipe. Decidiu reduzir para Álvaro Moreyra, "com um Y encarregado de representar as supressões", apenas "perante o público." Na intimidade, escreveu ele, "fiquei sendo o Alvinho."

CAPÍTULO 1: AS AMARGAS, NÃO

A origem do Y no sobrenome em vez de I tem uma explicação curiosa:
"Quando apareceu o meu livro de versos Legenda da luz e da vida, *em setembro de 1911, João Luso, numa crônica do* Jornal do Comércio, *escreveu: 'Álvaro Moreyra... A implicância dêsse 'Y' e a vontade que se tem de errar êsse nome!'*

Dez anos depois, na Revista do Brasil, *a propósito d'*Outro lado da vida, *disse Monteiro Lobato: 'Álvaro Moreyra... Já neste 'Y' grego começa o trabalho de estilo de Álvaro...'.*

Com menos simpatia, muita gente tem implicado com o meu 'Y'. Eu podia lembrar aos amigos e ao público em geral que, descendendo de portugueses, encontrei no passado numerosos Vieyras, Ferreyras, Silveyras. Não lembro. Conto-lhes que eu me chamava mesmo com 'I' e que, certo dia, um jornal de Pôrto Alegre trouxe uma notícia assim: 'Meliantes. Ontem à noite, pela cidade baixa, Álvaro Moreira e o seu costumado grupo andavam oferecendo à venda um gramophone. A polícia desconfiou da origem do instrumento e meteu os meliantes no xadrez'. Eis aí por que aconteceu o meu 'Y'. Porque eu sempre tive medo das confusões... Isso, aliás, não evitou que surgissem, mais tarde, dois novos Alvaros Moreyras, fazendo coisas que nunca fiz... Um, roubou um guarda-chuva no Ministério da Agricultura. O outro tratou casamento no Meier."

Essas historietas são contadas no seu livro mais conhecido, *As amargas, não*, lançado em 1954. O bacharel em Ciências e Letras e poeta Álvaro, que quando desembarcou no Rio com seu pai, em 1910, vindo de São Leopoldo, no Rio Grande do Sul, graduou-se pela Faculdade de Direito do Rio de Janeiro, colaborou como jornalista com as publicações *Bahia Ilustrada, A Hora, Boa Nova, Ilustração Brasileira, Dom Casmurro, Diretrizes* e *Para Todos*, entre outras. Nas décadas de 1910 e 1930 publicou os livros de crônicas *Um sorriso para tudo* e *Tempo perdido*. Entre 1924 e 1958 produziu várias obras, entre as quais *Cocaína* e *Havia uma oliveira no Jardim*. Em 1937 criou a Companhia de Arte Dramática Álvaro Moreyra, com a mulher Eugênia. Escreveu ainda *Casa desmoronada* (1909), *Elegia da Bruma* (1910), *Legenda da luz e da vida* (1911), *Lenda das rosas* (1916), *Circo* (1929) e o póstumo *Cada um carrega o seu deserto* (1994). Tentou uma vaga no Senado pelo PCB, mas não se elegeu. Em 1939 ainda sobrou tempo para ser preso por motivos políticos durante o governo Vargas.

Em outra das narrativas contadas por Álvaro em *As amargas, não*, duas mostras de onde Sandro herdou o estilo irreverente e sacana. Em uma delas, Álvaro conta a história de como concordou que arrancassem dois de seus dentes que estavam "fora do lugar, trepados na frente":

"Meu pai prometeu, se eu deixasse, que me dava duas moedas de dois mil réis."
"Dá mesmo?"
"Dou."
"Então eu deixo."
"Deixei e ganhei duas moedas de dois mil réis. O primeiro salário. Desde aí, os dentes não me renderam mais nada."

E o pobre do seu Calêia, o gago inventor do 'Óleo de Capívara – poderoso fortificante', que tinha uma farmácia na rua Voluntários da Pátria, perto da casa onde morava, e sofria *bullying* antes mesmo que essa palavra viesse a ser incorporada ao nosso vocabulário?:

"Quando eu passava pela farmácia e via o dono na porta, tirava o meu gorro com o maior respeito, só para ouvir seu Calêia gaguejar: 'Como vais... Mo... Mo... Mo...' Até êle concluir: 'Mo... reirinha?' Eu ficava parado. Depois punha o gorro e seguia, sério. Seu Calêia me achava um menino muito bem educado."

No seu livro de reminiscências em que relata diversos casos da família Moreyra, o jornalista Fernando Pedreira descreve "Alvinho" como "escritor, homem de teatro, jornalista, cronista, figura querida na cidade e no país, gaúcho de boa cepa naqueles tempos getulianos, era um cidadão baixote, rechonchudo, com uma cabeça de pássaro, um rosto bonito, uma alma generosa e tolerante." Na sequência conta que recorda-se dele especialmente em dois momentos: "Um dia em que, de braço quebrado e engessado, não podendo ir trabalhar na cidade, varria a calçada da rua, em frente da casa, com a vassoura enorme, maior do que ele, segura debaixo do outro braço ainda inteiro." Pedreira escreve que admirou "sua destreza, seu alegre empenho, seu cuidado de bom varredor, de amador das coisas limpas." Lembra também dele, "frequentemente, sentado numa cadeira de lona, num recanto que ele chamava de 'Petrópolis', e era a varanda verdadeira da casa, embora fosse apenas a entrada de automóveis (que ele nunca teve) coberta e pela qual passava sempre um ventinho agradável. Tinha o hábito, nessas horas de usar o dedo polegar como uma chupeta enfiada na boca."

O estiloso neto de portugueses e filho de João Moreira da Silva e de Rita Pinto da Fonseca, que lembrava de Dona Luiza Azambuja, sua professora de português e de francês, como uma mulher "feia como um homem" que "usava os maiores peitos que, com certeza, houve no mundo", narrava assim a lembrança de suas primeiras mulheres.

"*Vovó Glória era bonita. Eu me lembro sempre dela. Minha Mãe era bonita. Eu me lembro sempre dela. Lá na igreja do Rosário morava Nossa Senhora com sete espadas no peito. Era a imagem mais bonita lá da igreja do Rosário. Eu me lembro sempre dela. Mas dona Amália, com quem aprendi a ler, era feia com certeza. Eu nunca me lembro dela...*"

Álvaro Moreyra sabia ser lírico também ao narrar uma historinha acontecida numa viagem a Portugal..

"*Passei em Portugal, com Felippe d'Oliveira e Araujo Jorge, uma semana contente. João de Barros não nos abandonou um instante. Apresentou-nos a tudo e a todos. Um programa, claro, foi o passeio à Sintra. Sintra! Mas João de Barros exorbitava na hospitalidade. Protestamos. Inutilmente. Não permitia que se gastasse nada. No momento de pagar os carros que nos levaram ao castelo, fiz o que apenas fazem portugueses e brasileiros: barulho para pagar.*

– Não, senhor! – Sim, senhor! – Ora, João! – Ora, Alvaro! – Gritei: – Pois quem vai decidir é Portugal! – Dirigi-me a Portugal:

Portugal dos meus avós!
Portugal de João de Barros!
Dize tu qual é de nós!
Quem deve pagar os carros!
Silêncio. João de Barros quebrou o silêncio:
– Portugal fêz-se de mudo.
Portugal não respondeu.
Sou eu cá quem paga tudo!
Quem paga os carros sou eu!"

E pagou.

Meu pai, Álvaro Moreyra

No final dos anos 70, Sandro Moreyra concedeu uma longa entrevista para o repórter Jorge de Aquino Filho[7] da revista *Manchete*. Em formato pingue-

---

[7] Participou a repórter-fotográfica Gilda Estelita.

-pongue (perguntas e respostas), descreveu Álvaro como pai, escritor, político, poeta e autor do clássico *As amargas, não* e outras obras.

Falou da educação que recebeu do pai:
"Era inteiramente liberal. Não era de dar ordens. Sabia orientar sem impor sua vontade. Jamais obrigou seus filhos a ter as ideias políticas dele. Eu segui o seu caminho porque o considerei correto. Em suma, jamais foi um ditador em casa. Basta dizer que ele era Flamengo e eu sou Botafogo."

"Ele lhe deu algum tipo de orientação sexual?", perguntou o repórter:
"Não interferia nesse negócio de mulheres. Além do mais, eu pertencia a um grupo enorme de praia juntamente com Sérgio Porto, João Saldanha, Renato e Arquibal Estellita e havia muita troca de informações. Papai ensinava que os vitoriosos não viviam aquela vidinha regrada, cheia de horários e de livros. Na nossa casa da Xavier da Silveira, 99, no Posto 4, em Copacabana, a liberdade era a regra da vida. Essa foi a infância que ele me deu."

Dono de uma biblioteca com mais de mil volumes, Álvaro, segundo Sandro, "não era de chegar com um livro nas mãos, e daí impor uma leitura". Mas não há dúvidas de que o que tinha naquela estante inspirou Sandro a juntar letras no futuro.

"O que mais me impressionou foi o livro de John Reed, *Os Dez Dias Que Abalaram o Mundo*. Depois li *Os Miseráveis*, de Vítor Hugo. Quando descobri Eça de Queirós, ele me disse algo muito curioso: 'Meu filho, você é feliz porque pode se deslumbrar com os grandes autores'."

O pai também não influenciou a carreira de Sandro:
"Até meus 20 anos eu era um boa-vida. Vivia solto na praia, gastando o dinheiro que ele me dava de mesada."

Um cara desses, com uma eterna e juvenil energia, tinha que deixar como legado uma admirável lição de vida.

"Ele era meio chegado a uma malandragem. Não gostava de tomar ônibus todo dia. Era um homem de extremo bom humor. Encarava a vida com muita alegria. Nunca estava aborrecido. Nunca teve um rompante. Nunca o vi berrando com ninguém. Era um bonachão que gostava de contar histórias. Sua grande lição foi levar a vida sem dar importância às adversidades. Ele dizia em alusão a um provérbio chinês: 'Quando um aborrecimento entrar na sua porta, não ofereça cadeira'."

CAPÍTULO 1: AS AMARGAS, NÃO

Com a perseguição política ao pai, o bicho pegou e o menino levado teve que ir à luta. Acabou indo descolar um troco no jornal *Imprensa Popular*, para cobrir o buraco na página de esportes, por causa do pedido de demissão da maioria dos repórteres, também perseguidos. Era chegado o momento de dar tratos a bola. Literalmente.

"Nunca tinha entrado num jornal. Fiquei empolgado, e não saí mais do jornalismo. Foi assim que comecei. Mas ele tinha horror a futebol. Um dia, voltando de São Januário, comentava em casa uma jogada feita com inteligência. Ele parou de escrever um dos seus artigos e disse: 'É a primeira vez que a inteligência entra em campo.' Pra ele, futebol era o ópio do povo."

Sandro disse que seu pai não era muito de puxar conversa sobre política em casa.

"O que ele tinha que falar sobre política escrevia nos seus artigos. Assim fui me formando. Foi um contato altamente espontâneo. Só a partir de 1935 eu passei a ouvir mais sobre política porque ele e vários dos seus amigos como Aporelli, Hermes Lima e Graciliano Ramos se reuniam lá em casa para falar do período em que todos estiveram presos por suas posições políticas. Este período de 35 foi realmente drástico para nossa família porque até minha mãe foi presa. Ficamos – eu e mais cinco irmãos – sozinhos em casa durante 42 dias. Se não fossem os amigos, nós morreríamos de fome. No Estado Novo, veio outro período de dificuldades devido à censura, que o impediu de escrever. Foi quando ele, Samuel Wainer, Rubem Braga e Carlos Lacerda resolveram criar a revista Diretrizes*, com o auxílio de alguns banqueiros progressistas."*

A censura também era assunto corriqueiro na casa do casal politizado.

"Ele sempre foi marcado pelos censores. Achava a censura burra e sem sentido. Ele gostava de contar uma das mais curiosas joias da censura no Estado Novo. Numa das edições de Natal, Diretrizes *preparou para a capa uma foto de Jesus Cristo com trechos do Sermão da Montanha ao lado. A capa voltava do DIP com o carimbo da censura. Pois chegaram ao cúmulo de censurar Jesus Cristo dizendo que 'bem-aventurados os que têm fome e sede de Justiça, os que não têm terra...'. Outras vezes, os censores chegavam à redação com ordens de prisão para 'agitadores' como Monteiro Lobato e Machado de Assis. Papai ria muito."*

Sandro falou da admiração do seu pai por Marx e Lênin; e pela Revolução Cubana.

"No fim da vida, teve simpatia por Che Guevara, que largou tudo pela liberdade de um povo."

Ele morreu frustrado com a política?

"Não só morreu frustrado, como a política foi a causa da sua própria morte. Papai viveu sempre uma vida de lutas, com mamãe ao seu lado também, muito combativa, fazendo discursos e participando mais de comícios do que ele. E, no momento em que ele esperava o aprimoramento democrático, uma vida sem medo, tudo veio por água abaixo. Essa foi a maior frustração da sua vida. Antes de morrer, ele me disse: 'Lutei a vida toda por uma democracia neste país, pelos direitos humanos, para no fim da vida cair nessa ditadura.' Era um homem muito sensível e pacato. Aquelas notícias sobre torturas e desaparecimento de vários de seus amigos causaram-lhe o agravamento do seu estado de saúde e a morte – conforme admitiu o médico que o tratava. E, cinco meses depois da tentativa de prendê-lo, ele morreria."

Partiu sem ver realizado o sonho do Brasil que tanto ansiava.

CAPÍTULO 2
Viver para contar

"Tenho um filho que é do Botafogo, tenho outro filho que é do Fluminense, ainda tenho outro filho que é do Flamengo. Como é que um pai assim pode saber a verdade?"
(Álvaro Moreyra)

João Paulo Moreyra, de 96 anos de idade[1], o filho tricolor de Álvaro, chegou frenético, no melhor estilo do sobrenome:

– É sobre o meu pai que vamos falar?

– Não. Sobre o seu irmão Sandro.

– Ih! Chamaram o cara errado. Não lembro de nada. Não meto o nariz onde não sou chamado.

Um doce porra-louca que nem o irmão.

João Paulo, que lembra de cor e salteado alguns dos grandes times do Fluminense, e Rosa, irmã de Sandro, estão vivos para contar. A entrevista com os dois foi realizada no apartamento de Rosa, na Barra da Tijuca, na presença de sua filha Valéria, que viabilizou o encontro. Rosa, botafoguense que nem Sandro, conta:

– O Sandro era danado. Alucinado pelo Botafogo. Tarado mesmo. Chorava quando o time perdia. Lá na casa da Xavier da Silveira, 99, a gente tinha um rádio grande. Uma vez durante um jogo em que o Botafogo estava perdendo, ele jogou o rádio pela janela. Eu sou Botafogo, mas não assim desse jeito. Não vejo jogos. Nem televisão quando o Botafogo está jogando. Só quero ver no dia seguinte pra saber quem ganhou.

A quem Sandro puxou? Ao pai ou a mãe?

– Aos dois. Tinha um pouco de um, um pouco de outro. Podemos dizer que puxou mais papai porque escrevia. O meu pai também era muito engraçado, contava anedotas, criava histórias. A gente morria de rir.

João Paulo intervém:

---

[1] João Paulo Moreyra morreria em 1 de julho de 2015, aos 96 anos. A entrevista que concedeu ao autor aconteceu numa quinta-feira do dia 19 de março do mesmo ano.

– O Sandro era mais notívago e sempre foi um senhor importante. Quando criança, já se achava adulto. Conviver com ele era difícil. Eu tinha minhas regras. O Sandro era gozador, mulherengo. Só gostava dessas coisas de marca. Cheio de roupa boa, vivia na maior maré mansa.

Rosa, mais moderada, lembra:

– Sandro era vaidoso, alinhado. O João Paulo sempre foi esculachado.

João percebe que a irmã está falando dele e indaga:

– O quê?

Rosa responde:

– Nada, não.

João Paulo complementa:

– Sandro fazia parte da turma do Pirica, Neném Prancha...

Intervenho:

– Sérgio Noronha...

E ele:

– Esse ainda existe?

Indago: o Sandro perturbava muito o senhor?

– Que nada. Tinha a turma dele. Era pouco mais velho do que eu. Eu ia pro Posto 6, o Sandro era do Posto 4. Tempo do futebol de areia. Eu era beque, Sandro era atacante.

Durante a conversa, João Paulo mudou diversas vezes de assunto. E passou quase todo o tempo brincando com o cachorro Bombom. Em determinado momento, cobrou da filha Valéria uma festa de aniversário.

– Mas fizemos a de 95 anos no ano passado. Agora só nos 100 anos... – diz a filha.

João Paulo interrompe:

– Que nada! Velho tem que ter festa todo ano.

Valéria intervém:

– Veja só. Cismou que a festa de 100 anos tem que ser no Castelo de Itaipava. E com a Valesca Popozuda!

João Paulo pergunta pelas mulheres de Sandro. Valéria explica que Milu e Marta estão vivas, e que Lea morreu.

– A Milu está viva? Deve ter mais de 100 anos, né? Está muito velha.

Valéria ralha:

– Que nada, papai. Ela tem mais ou menos a idade de vocês.

João não se dá por vencido:

CAPÍTULO 2: VIVER PARA CONTAR

– É muita idade!

Rosa comenta:

– Sandro sempre teve outras mulheres, mesmo com a Lea. Era muito cara de pau.

E complementa:

– Mas não há como negar. Éramos seis levados.

Lembra dos apelidos dos irmãos:

– Ysia, a mais velha, era a Abelha Mestre. Tia Colette era o Curupinho, Vivinho era o Touro Bravo.

Pergunto:

– E a senhora?

– Não lembro.

Rosa pergunta ao irmão:

– Qual o apelido do Sandro?

João Paulo responde:

– Dente de cavalo.

E o seu?

– Não tinha.

A meu pedido, Valéria faz uma pequena "árvore genealógica" da família.

– Meu pai teve dois filhos, eu e Álvaro Moreyra Neto; Ysia teve três: Álvaro José, Beatriz e Vladimir (Vavá), Colette teve o Mário, que é membro da Academia Carioca de Letras, Felipe e Rita; Sandro teve Sandra e Eugênia; Álvaro Samuel (Vivinho) não teve filhos e a Rosa Marina teve Elizabeth, Ana Maria e o Paulo; e mais sete netos, sete bisnetos e dois tataranetos.

João Paulo intervém de novo:

– É muito Álvaro!

Quase ao final da conversa, os dois lembram do "moço" que ia na casa vender frutas e passava um perrengue com os fedelhos.

João Paulo relembra:

– A casa tinha uma janela grande, na sala de jantar. O rapaz ia até a porta da cozinha levar as frutas. Da janela apanhávamos algumas sem ele ver. O Sandro não participava.

Rosa interrompe:

– Participava sim. Está esquecido, hein?

João Paulo repete:

– Eu não disse? Não me lembro de nada.

Entre sem bater

"Não vi. Vieram me contar: demoliram o 99. Penso no dia em que o deixamos. Todos para as suas casas. Vim morar com o único filho solteiro, Álvaro Samuel, no apartamento que compramos com o que nos tocou depois da venda da velha casa, dividida por sete. Olhei, aquela tarde, e foi a última vez, as salas, os quartos, a... escada...lá fora as mangueiras, e o lugar do jardim antigo, que teve rosas, magnólias, uma fonte, crianças e pardais... De lá partiu mais um neto, nascido sem a 'Vovó Gem': Felipe, de Colette. Ficaram no 99 trinta anos da minha vida"
(**Álvaro Moreyra**, em As amargas, não...

Habituado às constantes prisões, Álvaro estava quase sempre à espera dos policiais que viviam batendo na sua casa. O jornalista Cláudio Figueiredo conta no livro "Entre sem bater", biografia de Apparício Torelly, o Barão de Itararé, que era amigo do casal, um dos muitos incidentes tragicômicos que aconteceram no lugar:

"Vestido e com uma valise pronta, (Álvaro) ouviu soar a campainha. Ao abrir a porta, deparou-se com um sujeito circunspecto, em terno e chapéu escuros, com um aspecto inconfundível.

– Estou à sua disposição – disse o jornalista, apanhando a mala num gesto resignado.

– Mas... Eu é que estou à sua disposição – disse o homem, confuso, quase se desculpando.

Rapidamente o mal-entendido se desfez, quando o visitante explicou não ser policial.

– Sou do Maranhão. Lá me contaram – disse, olhando para confirmar o número da casa – que aqui o pessoal da literatura almoça e janta."

– É verdade mesmo que a casa ficava de portas abertas e a família recebia todo mundo, Rosa?

– Tinha um camarada que toda noite aparecia lá. Mas teve um dia que todo mundo ficou cismado, pois via aquele homem e ninguém sabia quem era. A mamãe perguntou pra ele: 'Escuta aqui, quem é o senhor?" Sou fulano'. 'Mas eu não lhe conheço. Como é que o senhor frequenta a minha casa?'. 'É que eu cheguei no Rio, do Norte, e me disseram que eu fosse pra casa do Álvaro Moreyra, pois ele recebia todo mundo'. Verdade mesmo. Não era mentira. Mamãe construiu uma espécie de apartamentozinho nos fundos da casa e quando as pessoas chegavam ficavam e moravam lá até se firmar.

A história se parece com a contada pelo Barão de Itararé, mas não duvidem se os personagens fossem pessoas diferentes. A casa, reformada pelo então jovem arquiteto Oscar Niemeyer, era uma espécie de salão literário dos anos 30 e 40.

O casal Moreyra costumava fazer o que se chama hoje de *open house*[2]. Na entrevista nos anos 70 ao repórter Jorge de Aquino Filho, da revista *Manchete*, Sandro falou dos regabofes que aconteciam na casa.

"Falava-se desde política até futebol. Toda uma geração de intelectuais desabrochou nessas conversas. Papai dirigia a revista Paratodos *e o jornal literário* Dom Casmurro. *E através desses órgãos lançou talentos desconhecidos como Josué Montello, Dalcídio Jurandir, Graciliano Ramos, Rubem Braga, Paulo Mendes Campos e até o Jorge Amado, que já possuía algum nome. Esse pessoal chegava com carta de apresentação. E passava o dia lá em casa almoçando e jantando. (...) Na hora de comer, não havia cadeiras. Eram enormes bancos de madeira em volta da grande mesa ao ar livre."*

O jornalista Fernando Pedreira conta no seu livro que morava perto da casa que frequentava "desde as calças curtas".

"No quintal do 99, criamos galos de briga (mas não muito a sério), matamos morcegos com compridas varas de bambu, comemos sapotis e tangerinas; na mesa da sala de jantar, construímos imensos balões de São João, ainda inocentes, então."

Outros vizinhos de Álvaro, ali perto na Rua Leopoldo Miguez, eram Américo e Dulce, pais de Sérgio Porto.

O fina flor Sérgio Porto, para quem Alvinho era apenas o pai dos amigos Sandro, Vivinho e João Bibanca, era então um fedelho gordinho de calças curtas apelidado pela turma do 99 de "O Boi". Mas ele nem ligava para isso. Estava

---

2   O escritor mineiro Aníbal Machado fazia algo parecido na casa da Visconde de Pirajá, 487, em Ipanema, onde recebia intelectuais como Paulo Mendes Campos, Leandro Konder, Barbosa Lima Sobrinho, Otto Maria Carpeaux, Jorge Amado e José Olympio. Juscelino Kubistchek e o então estudante Ivo Pitanguy, além da bailarina Tatiana Leskova, também frequentavam o lugar, onde Aníbal morou de 1937 a 1964, quando morreu. Em frente à casa, ficava a Sorveteria Moraes e ao lado, o bar Zepelin, redutos tradicionais do bairro. A casa foi imortalizada no livro *Visconde de Pirajá 487, as domingueiras do Aníbal*, da historiadora Celina Whately. Perto dali, em Copacabana, ficava a casa de Eugênia e Álvaro Moreyra.

mais preocupado com os "galos de briga, o jogo de bola (o gol era a porta da garagem), as partidas de gude."

No livro *De Copacabana à Boca do Mato – O Rio de Janeiro de Sérgio Porto e Stanislaw Ponte Preta*, a historiadora Cláudia Mesquita escreve que o cara do Febeapá[3] recordava com ternura de Álvaro Moreyra como um "homem bom, lírico, engraçado, simples", um vizinho especial, "não um vizinho apenas, um amável vizinho, desses que, no dia posterior à festa, nos manda um pedaço de bolo, ou que nos deixa usar o telefone quando o nosso está quebrado, um desses, enfim, que nos cumula de gentilezas, mas que nunca entra na nossa intimidade." Ainda de acordo com Cláudia, para Sérgio "o 99 foi muito mais que a casa ao lado", foi um modelo de atitudes e o seu primeiro contato com a efervescência intelectual carioca, observada, inicialmente, apenas de longe.

"Nós não tínhamos ingresso na sala, nosso reino era lá fora, nos fundos. Mesmo assim, recordo as pessoas lá dentro, conversando. Alvinho sentado a um canto, mais ouvindo do que falando, Manuel Bandeira risonho, dona Eugênia pontificando. Os rapazes eram muitos: Mário Cabral, recém-formado, tocando piano e rindo a cada piada de Otávio Tirso ou Lúcio Rangel. Carlos Lacerda era mais alegre. Rubem Braga, mocinho e sempre sério. Às vezes um hóspede era novidade... Quando Di Cavalcanti aparecia, a conversa animava, tomava-se vinho. No Natal havia uma ceia grande para quase uma centena de pessoas."

A historiadora revela:

"Mais tarde, já rapaz, Sérgio começou a tomar parte dos encontros na casa de Alvinho e dona Eugênia que, da sala, passaram para a varanda, local que costumava frequentar diariamente após o jantar. Sérgio lembra-se da generosidade do anfitrião em dar 'igual atenção a todos', recebendo manuscritos para apreciação que ele 'não lia, mas opinava (...) repetindo: 'Persevere, rapaz, que você vai longe'."

E foi.

---

[3] O Febeapá, Festival de Besteiras que Assola o País, foi uma criação de Stanislaw Ponte Preta, pseudônimo do jornalista e escritor Sérgio Porto para gozar políticos, milicos, policiais e assemelhados em plena ditadura militar. Uma das notas noticiava a decisão dos militares de mandar prender o autor grego Sófocles (496-406 AC), por causa do "conteúdo subversivo" de uma peça encenada na ocasião. Devem ter confundido "Antígona" com antigona.

CAPÍTULO 3
Em nome do pai e da avó

"O meu relacionamento com ele aconteceu porque morávamos no Conjunto dos Jornalistas. Um dia meu filho, à época com 18 anos, chegou e disse: 'O Sandro quebrou a perna'. Dois ou três dias depois ele me cobrou: 'Você não vai visitar o Sandro? Quebrou a perna'. Cheguei lá e estava meu filho com a Sandra. Eu bem que desconfiei. Sandro fazia gosto da filha com os amigos."
(**Wilson Figueiredo**, pai de Rodrigo, marido de Sandra).

"O Sandro estava meio preocupado, pois a Eugênia estava se envolvendo com gente de teatro. Era a época do balacobaco, de Leila Diniz, de Ipanema em polvorosa. Lembro perfeitamente que o Sandro fez um almoço na casa dele quando era casado com a Lea e eu fui com o (Fernando) Calazans. O objetivo dele era me apresentar a Eugênia. Provavelmente para eu namorá-la e desviá-la daquele caminho do teatro. Mas não aconteceu nada, não rolou. Ela já tinha namorado. Casou com o Luizinho e somos amigos até hoje."
(**José Trajano**, jornalista)

Fã número 1

"Minha primeira matéria assinada foi para a capa do Caderno B, quando houve aquele incêndio horrível do Museu de Arte Moderna (MAM). Eu fiz uma matéria sobre a perda do acervo. No dia seguinte, saí de casa para comprar o jornal. Quando abro o jornal, estava lá: 'Sandra Oliveira'. Depois me explicaram que, na revisão, disseram: 'Não tem Sandra Moreyra. Tem Sandro Moreyra". E tacaram um Oliveira! Assim, eu aprendi que não dá para ser muito vaidosa com essa coisa de jornalismo." (**Sandra Moreyra**)

"Uma das cenas que mais curiosidade provocava na Copa do Mundo era a da entrada em campo de Paulo Isidoro ou qualquer jogador brasileiro para substituir um companheiro. Nas equipes dos outros países, essa substituição não *passava, como era natural, de uma simples troca de jogadores. O que ia entrar se apresentava ao fiscal competente, ficava dando pequenos saltos para se movimentar enquanto aguardava o outro sair. Feito o quê, entrava em campo e tratava de fazer as coisas melhor do que o que saíra.*

Na Seleção do Brasil essa simples troca se transformava numa operação complicadíssima. Assim que Telê chamava Isidoro – cito Isidoro, porque era ele quem entrava em todo jogo – dava as instruções e lá se ia ele para a pista, mas levando consigo o preparador físico Gilberto Tim.

E começava então a chamada operação-troca. Assim que chegavam à pista, Gilberto Tim se apossava de Paulo Isidoro e fazia dele um boneco de molas. Puxava seus braços para cima, para baixo, para os lados, para trás. Pegava depois suas pernas e torcia ambas em todos os sentidos e com toda a força.

Para minha netinha Cecília, de 2 anos, era esse o melhor momento do jogo. Sentada diante da televisão, ela ria e batia palmas, vendo aquele crioulo sendo desengonçado pelo homem alto, forte e de cabeça branca. Era o seu desenho animado. Depois que o Brasil saiu da Copa ela sempre reclamou da mãe nos outros jogos: "Cadê o homem grande e seu boneco preto?"

O Sandro Moreyra, que contou a história acima para o JB, não era realmente um pai comum. Também não era um avô igual aos outros. A filha Sandra sabia bem disso. E se amarrava naquele pai cheio de chamegos:

– Eu contei a história do "boneco preto" pra ele logo depois que acabou a Copa de 82. Minha filha achava engraçado quando puxavam o Paulo Isidoro para aquecer. Os caras levavam horas fazendo aquilo. Aos dois anos, ela não prestava a menor atenção ao jogo, mas aquilo ela achava engraçado pois, para ela, o cara estava fazendo ginástica. Agora esse "Quando acabou a Copa ela sempre cobrava: 'Cadê o homem branco e seu boneco preto?'" nunca existiu. Ele conta uma história imensa, faz uma crônica maravilhosa, espetacular, super bem escrita. Como ele montava e armava aquilo era uma arte, um jeito único de fazer.

A generosidade e o estilo bonachão do pai mão aberta sobravam para as outras crianças.

– Quando era minha mãe ou a mãe delas que ia nos buscar no colégio, a gente gostava, mas quando víamos papai era uma festa; alguma coisa ia acontecer. E eu falo no plural porque eu voltava do colégio com mais duas amiguinhas do prédio. Ele era capaz de, no caminho de casa, passar numa loja de brinquedos e comprar um pra cada criança. Como se não houvesse amanhã. Chegava em casa e minha mãe falava: "Mas preciso pagar tal conta assim assim." E ele respondia: "Agora não tenho mais dinheiro." Uma vida louca. Minha mãe, que era toda certinha, ficava pirada com isso; eu, que era criança, achava o máximo. Aquele pai que fazia tudo, tudo; absolutamente tudo por nós.

Sandra só foi saber da existência da irmã Eugênia quando tinha de quatro para cinco anos de idade.

– Naquela época ainda não existia divórcio; era desquite. Quando meu pai e a Milu se separaram, Eugênia era bebê; acho que não tinha nem um ano de idade. Eu ainda não havia nascido. Houve a negociação entre papai e Milu pra Eugênia passar fins de semana lá em casa. A Milu sempre teve uma relação carinhosa com ele. Deve ter sido um péssimo marido pra todas elas, mas era envolvente, sedutor. Nossas famílias eram muito próximas. Quando tinha festa na casa da Milu, ela convidava; ia todo mundo.

Pintava ciúme da Eugênia?

– Quando a gente saía junto, papai fazia compras pra Eugênia e eu não tinha o menor ciúme. Ele me dava tanta coisa! E o engraçado é que até hoje não existe essa coisa de ciúme entre a gente. Ele conseguia ter uma relação única comigo e muito individual com ela, mesmo, no caso dela, sendo um pai ausente. No meu caso ele era completamente presente, completamente carinhoso. Se você perguntasse pra mim com cinco anos de idade o que eu queria ser quando crescesse, eu responderia que gostaria ser jornalista que nem meu pai. Eu sentava e batia à máquina. Eu queria viajar que nem ele pra conhecer os lugares. Queria fazer o que ele fazia.

Sandra lembra do pai sempre amoroso e da química perfeita que existia entre os dois.

– Ele não brigava. Nunca ralhou comigo. Quem me educou foi minha mãe. Papai não era um educador. Ele era capaz de dar acesso aos livros, de comentar comigo o que eu lia, mas educador no sentido de botar filho no trilho, de jeito nenhum. A gente podia fazer o que quisesse. Ele dava aquele exemplo que do mundo nada se leva.

E como você tornou-se botafoguense?

– Ele me levava pro Botafogo desde criancinha. Imagina se eu ia ser outra coisa que não o Botafogo? Eu peguei um Botafogo muito vitorioso. Mané Garrincha, Manga, Nilton Santos, Didi... todos frequentando minha casa. E minha mãe fazendo almoço pra essa galera toda. Era muito fácil ser Botafogo assim.

Sandra conta que, tempos atrás, encontrou com o primo Flávio, filho de Mauricio Porto e botafoguense.

– Ele me disse: "meus filhos foram ser não sei o quê. Um deles virou Fluminense." E eu perguntei: ué, você deixou? Disse a ele que lá em casa nunca teve isso. E eu nunca deixei meu filho ser outra coisa. Se Sandro estivesse aqui, isso não aconteceria. Ele convenceria os garotos a torcer pelo Botafogo.

Mais elogios ao pai:

– Papai era uma pessoa adorável; encantadora. Era aquela pessoa que chegava num lugar com aquele jeitinho dele e juntava gente. Onde fosse. Na praia, no Botafogo, no *Jornal do Brasil*. Meu programa predileto quando criança era assim: dia do meu aniversário a gente saía, ia almoçar na Colombo, no centro da cidade e depois ia pro jornal. Pra ver como eu queria ser jornalista. Era minha felicidade ir pro JB na Rio Branco e comer na Colombo. Passava o dia com ele, era uma maravilha e eu ficava feliz.

Sandra não chegou a conhecer a casa da Xavier da Silveira, 99, mas lembra de duas histórias contadas pelo pai.

– Na época em que viviam prendendo intelectuais, tinha sempre batida policial na casa do vovô Álvaro. Um dia chegaram lá com a denúncia de que havia bombas escondidas na casa. Papai e João Paulo (um dos irmãos de Sandro) subiram com os policiais para o quarto em cima da garagem. Tinha uma caixa de vinhos em um canto. Um dos tiras perguntou: "O que é isso?." Sempre desaforado, papai pegou uma garrafa e disse: "Não sei. Vamos experimentar?" Atirou a garrafa no chão, que, claro, "explodiu". Um dos policiais se jogou pela janela achando que era uma bomba.

Outra vez, meu avô foi avisado pela empregada da casa:

"Doutor Álvaro, tem um general lá embaixo."

Meu avô pensou: *"Um general! Devo estar muito importante. Agora estão mandando general me prender."*.

Ele pegou a malinha dele, botou dentro escova de dente, pijama e uma muda de roupa, achando que ia ser preso. Quando chegou na porta era um vendedor da General Electric.

O que é mentira, o que é verdade, o que é fábula, Sandra não sabe.

– Mas são boas histórias contadas em família – diz, rindo.

E quem bancava aquilo tudo?

– Jorge Amado contava que nos tempos de vacas gordas, dava-se festa, recebia-se todo mundo e podia rolar o que fosse. Quando as vacas estavam magras, davam-se festas, mas aí pintava uma cartola que eles botavam virada de boca pra cima, num canto da casa. Era pra passar o chapéu. Quem chegava botava algum pra contribuir com a festa seguinte.

Algumas molecagens de Sandro tinham um sabor dos tempos das calças curtas e se enquadrariam em qualquer antologia de recordações infanto-juvenis.

– Serginho Cavalcante, amigo de papai, dono da boate Jirau, em Copacabana, nos convidava pra jantar de vez em quando. Papai adorava picadinho de boate. Um dia estamos lá eu, meu marido Rodrigo e papai, naquelas mesinhas pequenininhas, quando entrou Dona Iolanda Costa e Silva, célebre primeira-dama do mais desastrado presidente da história do Brasil. Viúva, conhecida por sua devoção à cirurgia plástica e pela fama de de gostar de garotões. Ocupou uma mesa em frente à nossa. Toda vez que ela olhava pro lado, Sandro botava o polegar na bochecha, balançava os dedos e, com a língua de fora, fazia careta, que nem criança. A gente queria rir e não podia. Eu devia ter 20 e poucos anos, e ele se divertindo com aquilo. Não levava nada a sério.

Como era ser filha de um pai com fama de cascateiro, chamado até de inventor do jornalismo ficção, "Rei do Caô"? Incomodava?

– Não. Eu até curtia. Sempre curti. E ele sempre falava: *"O que eu falo, a pessoa faria. Isso poderia ter acontecido."* E ele sempre tornava a história melhor.

E quando a filha do peixe virou peixinho? Qual foi a reação dele quando você passou a aparecer na televisão?

Antes de responder, Sandra mostra um bilhete datado de 15 de abril de 1983.

"Oi Sandra, filha querida, com todo o bem querer desse pai, que fica todo prosa quando te vê brilhando na tevê (tem graça?). Um beijo carinhoso do pai e fã."

E comenta docemente:

– Ele adorava. Achava a coisa mais linda do mundo qualquer coisa que eu falava na televisão. Não fazia críticas. Ele via, me ligava e dizia apenas: eu vi, eu vi. Sempre foi muito ligado.

O que você herdou dele?

– Acho que a coisa do humor. Tenho um humor parecido com o dele. De vez em quando eu falo uma coisa, minha irmã olha e diz: "Isso é tão Sandro."

Encontro marcado

"Um dia fui fazer uma entrevista com o Hélio Silva (ex-conselheiro da ABI), e quando entrei na sala disse: 'Muito prazer, eu sou Eugênia Moreyra'. Então ele disse: 'Ah, não, minha filha, você morreu!'."
(**Eugênia Moreyra**, *filha de Sandro*)

O encontro com a jornalista Eugênia Moreyra, irmã de Sandra por parte do pai, filha do primeiro casamento, com Carmem Lúcia, a Milu, começou assim:

– Quando marcamos a entrevista, falei com o Paulo Marcelo Sampaio[1]: 'O que eu vou falar? Eu tive tão pouca convivência com meu pai!' E Paulo disse: 'Conta aquela história.'

A história que Paulo Marcelo sugeriu a amiga Eugênia contar aconteceu quando ela cobriu a Copa do Mundo de 1986, no México, pela Tele Monte Carlo (canal de televisão que a Globo tinha na Itália). Sandro estava lá fazendo a cobertura pelo *Jornal do Brasil*.

– Éramos só nós dois. A gente saía de noite pra jantar. Tenho bilhetes que ele me escrevia: 'Não me fuja'. Às vezes eu tinha mesmo vontade de fugir, pois pensava sobre o que poderia falar. Mas foi muito gostoso. Percebi como ele era admirado, como os meus colegas de trabalho curtiam meu pai. Olhavam pra mim e falavam 'Nossa, você é filha do Sandro! Ele é um homem incrível'. Aí eu respondia: é mesmo? Até meu marido Luizinho[2], com quem sou casada há mais de 30 anos, achava o meu pai a coisa mais maravilhosa do mundo. Se aproximou de mim por causa disso: "Você é filha daquele homem espetacular?"

Além de Paulo Marcelo, Eugênia teve outra conversa importante antes de falar sobre Sandro Moreyra:

– Ontem, já pensando na nossa conversa, perguntei pra minhas filhas: e o vovô Sandro? Só recordam de coisas legais. Brincalhão, generoso. A caçula lembrou que um dia ele ligou para a escola e perguntou o que ela queria de aniversário. Foi interrompida na aula. Ela achou a coisa mais maravilhosa do mundo atender o telefone do vovô na escola. Ele tinha muito mais coisas boas do que ruins.

---

1 Jornalista e escritor botafoguense, trabalha com Eugênia Moreyra na GloboNews.
2 Luiz Antônio Nascimento, jornalista, diretor do programa "Fantástico", da Rede Globo.

CAPÍTULO 3: EM NOME DO PAI E DA AVÓ

Eugênia admite que tinha pouca convivência com Sandro. Na verdade, quase nenhuma.

– Quando a minha mãe se separou do Sandro, eu era bebê. Ele me via aos domingos e a gente saía; às vezes ele levava a Sandra, que era pequenininha, e a minha mãe ia junto. Uma relação muito tênue e esporádica. Meu pai era o Sandro, um cara que eu via de vez em quando, e que não chamava de pai. Teve uma época em que, quando estávamos as duas juntas, Sandro nos apresentava assim: 'Essa aqui é minha filha, a Sandra; essa aqui é a outra'.

Já com o padrasto[3], a quem chamava de pai, a relação era diferente:

– Minha mãe, filha do Roquete Pinto, que fez a primeira rádio do Brasil, é química e casou de novo. Um homem admirável, que me encantou. Gostava muito de mim. Me orientou em coisas que são importantes até hoje. O fato de eu ser uma boa editora, por exemplo, tem a ver com o rigor estético, com o tipo de filme que ele levava pra eu ver em casa.

E como era ter "dois pais"?

– Eu pensava: tenho dois meio-pais. Isso não faz um pai inteiro. Meu padrasto, embora muito amoroso, não era meu pai. Ele era pai dos filhos dele. E o meu pai era o pai da Sandra.

E a relação com Lea, mãe de Sandra?

– Era mais intensa. Na adolescência, a Lea ficou muito próxima de mim e eu dela. Passei a ter uma relação com o Sandro e a Sandra mais constante. Lea era uma pessoa especial, afetuosa, amorosa. Delicada, muito acolhedora. Importantíssima na minha vida. Ela fazia a comida que eu mais gostava, filé recheado à milanesa com queijo e presunto. Eu sou uma pessoa, sou 'vó Lea'. Minhas filhas ficavam indignadas de eu falar assim, pois a 'vó Lea' era delas. Uma vez eu tive dengue e minha mãe não conseguiu liberação do trabalho. Vó Lea ia lá pra casa todos os dias e me dava comida na boca. Ela dizia que eu era filha dela também. E ela veio pelo Sandro. Se não fosse o Sandro não teria a vó Lea.

E Sandra?

– O fato de ela realmente ser minha irmã eu também devo a Lea e ao meu pai, pois a gente podia não ter relação nenhuma. Na minha geração, quando as famílias se separavam, se separavam mesmo. Cada um fazia a sua família fora. E a nossa família não foi assim. A Sandra realmente é minha irmã. Uma irmã querida com quem eu tenho uma relação próxima. E ela de mim.

---

3   Salomão Tandeta, arquiteto, falecido.

Em algum momento você sentiu ciúmes da Sandra com seu pai?

– Eu tenho outros três irmãos: duas irmãs e um irmão por parte de mãe. E uma das minhas irmãs, Marília, ficou muito amiga da Sandra[4]. E saíam a Marília, a Sandra e o meu pai. A Sandra era muito mais próxima do meu pai do que eu. Muito mais. Até porque fui morar fora do Rio. Minha irmã morava aqui, e eles saíam todo domingo. A Sandra tem várias coisas que meu pai deu a ela: discos, livros ... Eça de Queirós. Ela me conta isso. Mas era natural. Ele não tinha essa relação comigo. Tive muito mais ciúmes dos meus irmãos com a minha mãe, com o meu padrasto, do que propriamente da Sandra. Minha irmã sempre foi muito legal comigo. Quando eu fiz vestibular, já tinha mais de 20 anos e a Sandra já estava na faculdade. Eu fazia teatro, o Oficina. E a Sandra tirava o domingo inteiro pra me dar aula. Era de uma generosidade! Podia estar na praia, namorando, mas estava ali comigo. E fazia isso com o maior prazer. Passei em sexto lugar no vestibular.

Eugênia acha que a relação entre ela e Sandro foi ficando mais forte depois que foi fazer terapia após o nascimento de sua primeira filha.

– Fui ter essa convivência quando minha filha Carolina nasceu. Depois veio a Francisca. Fui ficando mais próxima dele. E profissionalmente também, pois vim trabalhar no Esportes da TV. Eu me lembro muito do meu terapeuta falando: "Olha, seu pai não é esse; seu pai é aquele. Você tem que olhar para aquele pai que é o seu pai. Ele nunca desistiu de você." E aí eu comecei a olhar para aquele pai que era o meu pai. No começo eu não sentia nada. Pra mim era apenas um homem, não sentia nada. E era fato. Ele estava sempre ali. Eu tinha que procurar, mas ele estava sempre ali. Ele era muito doido. Falava assim: "Vou te buscar no colégio." E não ia. Eu ficava lá. E aí dava 8 horas da noite e a minha mãe ia me buscar. Ele perdeu um apartamento porque esqueceu de pagar, gastava dinheiro com outras coisas. Sei lá, mas depois, no fim das contas, quando você espreme tudo, o que sobra é a pessoa. Hoje em dia eu sou avó e penso muito no que os meus netos vão falar de mim. Então fico pensando. O que eu vou falar do meu pai hoje? O que eu vou contar dele pros outros?

E a Marta?

– Sempre foi legal.

Uma das histórias de Sandro que Eugênia mais gosta foi contada a ela pelo jornalista Teixeira Heizer durante o lançamento de um livro.

---

4   Os outros três irmãos são André, Marília e Letícia.

— O Teixeira Heizer fechava a primeira página de um jornal. Em um fim de semana sem manchete alguma, ficou desesperado e ligou pro meu pai pra saber se tinha alguma coisa de esportes. Eram 11 horas da noite: "Sandro, me ajuda aí. Tenho que fechar a primeira página e não tenho nada, não está acontecendo nada. Preciso de uma manchete" . E o Sandro falou algo assim como se fosse hoje: "O Botafogo vai comprar o 'Messi'." Isso é uma manchete?" Teixeira perguntou: "Posso botar na primeira página?" E meu pai: "Pode." Aí o Sandro acordou o presidente do Botafogo e disse: "Olha só, você vai comprar o 'Messi' porque eu acabei de vender essa manchete. Vai acordar amanhã e convocar uma coletiva dizendo que vai comprar o 'Messi'." E o cara fez isso. No dia seguinte de manhã o cara avisou pra imprensa que ia comprar o 'Messi'. Claro que o negócio não foi adiante porque o Botafogo não tinha como comprar o Messi da época, que eu nem sei quem era.

Você gosta de praia?

— Quando era adolescente era praieira, sim. Depois nunca mais.

E de cachorros?

— Não gosto. Ele adorava, a Sandra adora.

Apesar de todas as divergências, de todas as diferenças, Eugênia confessa que tem um lado Sandro Moreyra.

— O que eu acho que tenho do meu pai é um bicho carpinteiro. Inquietação, curiosidade, vontade de saber o que eu não sei. Outra coisa é a vontade de chutar, de improvisar...

De mentir?

— Minto demais (risos). Nossa. Como eu minto. Essa coisa de blefar eu tenho muito. E faço muito bem. Muito parecida com ele.

Eugênia tem outra característica do pai. Ou pelo menos uma vez teve. Cochilar em restaurantes. Seu marido Luizinho Nascimento lembra, rindo:

— Na Copa da Espanha, em que os dois cobriram juntos e se aproximaram bastante, Eugênia saiu com Sandro e Pelé pra jantar e dormiu na mesa porque achou o Pelé muito chato.

E como Eugênia sentiu a morte do seu pai?

— Meu pai morreu no colo do meu marido. Isso foi uma coisa. Eu sempre que lembro disso sinto vontade de chorar. Morreu muito moço. Com 69 anos. Fiquei muito indignada com a morte dele. A gente tinha acabado de se reencontrar. Eu estava usufruindo de um pai muito pouco tempo. Não era pra ele morrer ali. Foi um erro. Na época foi muito difícil pra mim. Depois a gente acaba superando. É da vida morrer. O melhor é que ele não ficou doente, não teve decadência, decrepitude... acho que ele não suportaria. Meu pai foi um pai conquistado. Foi um pai adulto. Só fui ter esse meu pai adulta. No finzinho de tudo deu pra gente ter um encontro. Demorou pra caramba, mas hoje em dia eu tenho muito orgulho de ser filha dele.

CAPÍTULO 4
Querida filhoca

"Sandra, Rodrigo, Cecília. Cá estou em Portugal, a gozar os portugueses que nasceram para isso. Ao comprar xales, vi uma meia grossa de linha e perguntei para que servia. 'Para os pés', respondeu o homem. Todos são assim. Há um grupo musical que se chama 'Quarteto mais um'. Por que não quinteto? Muitas saudades. O cartão é da Cecília. Estou aqui com todos retratos dela. Beijos e abraços, Sandro." (**Sandro Moreyra**, *Lisboa, 2-5-82*)

"Guadalajara, 7 de junho de 1986. (...) Os novatos em México, como seu colega Osmar Santos, estão se dando mal com a comida mexicana, muito picante. O Osmar teve rebentadas todas suas hemorróidas e nem transmitiu o jogo com a Argélia. O Joaquim, da Sandra pequenino, borrou-se três dias e ..."

O "Joaquim, da Sandra pequenino", era o jornalista e escritor Joaquim Ferreira dos Santos, e a história foi contada no meio das muitas cartas e cartões postais que Sandro enviava à família, em especial a Sandra, a quem chamava de "Filhoca" – com c mesmo. Quase 30 anos depois, Joaquim ainda se recorda do desagradável piripaque:

– Foi *guacamole*[1]. E aconteceu logo no primeiro dia. Assim que cheguei, pensei: vou comer legal, uma comida bem legal, num restaurante legal. Perto do hotel, recomendado e tudo. Quase morri. Lá tem aquele negócio da "Maldição de Montezuma"[2], contra os espanhóis que dominaram o México. Não aconteceu só comigo, aconteceu com vários outros jornalistas. Muita gente

---
1 Iguaria típica da culinária do México, servida com uma grande variedade de pratos, muitas vezes acompanhada com pico-de-gallo e nata azeda.
2 Diz a lenda que quem vai ao México sofre do chamado Mal de Montezuma. Essa maldição foi proferida pelo imperador Moctezuma II, quando o conquistador espanhol Hernán Cortés invadiu a Cidade do México (naquela época Tenochtitlán), depois de ter sido recebido de braços abertos pelo imperador, que acreditava que o espanhol era a reencarnação de um Deus. O cara não tinha nada de Deus e destruiu todo o império asteca. Montezuma se arretou e rogou a praga, que diz que quem pisa em solo mexicano é acometido de um mal-estar horroroso.

voltou, por falta de condições de continuar trabalhando. Passei uns três dias trancado no hotel, vomitando e com diarreia. Não lembro por que não procurei um médico. Fiquei muito mal, foi uma coisa dramática, lutando pra não voltar. Sandra Chaves, minha mulher, era repórter de Esportes. Estávamos todos no mesmo hotel. Não lembro quem dividia o quarto comigo, numa daquelas economias que o JB costumava fazer. E lá dentro tinha um cara da equipe quase morrendo, que era eu. Fui pra fazer uma matéria diferente. Aquele negócio do repórter que não precisa ficar olhando pra bola. Eu não era garoto, mas eram caras da pesada, que me impressionavam. Luis Fernando Veríssimo, Sandro, (João) Saldanha, Villas (Boas Corrêa), (Oldemário) Touguinhó, Rosenthal (Calmon Alves)...

Era de praxe que Sandro, que cobriu dez Copas do Mundo (de 1950 a 1986) e viajou com o Botafogo por quase todos os continentes, costumasse escrever cartas para a família quando estava em um dos seus périplos pelo exterior. Herdou a mania do pai, que falava "eu digo que não gosto de escrever cartas e, afinal, só escrevo cartas", e da mãe. Mesclava o carinho pela mulher, filha e neta com a irreverência e o estilo gozador que usava no dia a dia. Sandra guardou algumas dessas cartas. Algumas manuscritas, outras datilografadas na Olivetti Lettera 35 bege de teclas brancas (que ela conserva entre as relíquias do pai). Todas assinadas à mão com a letra caprichada.

Como a que foi escrita em Guadalajara em 29 de maio de 1970 e encaminhada a Sandra e Lea, em que fala da ralação que é cobrir uma Copa do Mundo, sem chances de dar uma escapadinha da labuta se enfurnando num dos 78,4 quilômetros de praia do Rio, só na capital:

"(...) O trabalho de todos nós tem sido intenso e pouco tempo sobra para outras coisas. A diferença de horário nos obriga a mandar telex de manhã e à tarde. Estou cobrindo o Brasil e também a Romênia e vou de uma concentração e de um treino a outro e dali para o telex. O calor é grande, com um sol de montanha que chega a doer na pele. Se continuar assim, devemos levar vantagem contra os europeus da nossa chave. Os jogadores estão animados e querem ganhar, mas os tchecos e ingleses também estão em ponto de bala. A parada vai ser duríssima."

Mas, em se tratando de Sandro, descreve também as "mordomias":

"Nosso motel é ótimo, parece que estamos em uma casa de campo. Já somos donos do ambiente, com suítes uma ao lado da outra e o Alberto Ferreira, excelente cozinheiro tem feito pratos ótimos. A comida daqui não é má, mas tem gordura em excesso e custamos a fazer a digestão. Por isso, compramos fora e co-

*zinhamos nas suítes, que têm uma boa cozinha. Estou junto com o Araújo Netto, ótimo companheiro. Comecei a ler os 'Cem anos'.*³"

E dá *gracias a la playa*, outro dos principais assuntos que sempre dominou:

"*Quanto ao sol, que os outros não aguentam muito, tiro de letra. É a vantagem de passar o ano todo na praia. Aliás, estou mais queimado do que estava aí. Na verdade é o segundo verão que pego este ano.*"

Manda um recado "enigmático" para a mulher, talvez já prevendo algum fuxico ou bisbilhotice de alguma mexeriqueira de língua comprida:

"*Que a Lea não se meta em fofocas e evite aborrecimentos para mim. Só me mandem boas notícias.*"

Fala dos presentes, sempre comentados nas cartas:

"*Já vi o colete de camurça da Sandra, vou comprar, é muito alinhado. Não há calças Lee, mas outras muito moderninhas que também levarei. Sapato aqui é barato, mas não sei o número de vocês(...).*"

Se despede falando de novo das mordomias. Padrão FIFA, como se diz hoje.

"*Muito chic é que ando pela cidade dirigindo um Dodge Dart que alugamos ou um WV 1500 também nosso, alemão autêntico.*"

Cinco dias depois nova carta, dessa vez destinada apenas a Sandra. Fala das duas cartas que recebeu, diz que sente saudades, volta a falar do árduo trabalho, elogia o hotel onde está hospedado e avisa sobre os presentes:

"*Já vi muita coisa para levar, inclusive o casaco de camurça, que é uma beleza. Vou comprar calças, blusas, colares de prata e tudo que puder.*"

Diz que comprou lembrança até para o cachorro:

"*E o Biluca? Aqui tem muita loja com coisas para ele, que será também devidamente presenteado. Coleiras e um osso com cheiro que não acaba e que ele pode se divertir roendo a vida toda. Ele sente minha falta?*"

Volta a falar que sente saudades, que adora a filha e conta a novidade:

"*Estou trabalhando tão bem, que vou ter outro aumento quando chegar ao Rio. O (Carlos) Lemos prometeu.*"

Garante:

"*Tomamos conta do hotel. Todos gostam da gente, e torcem fervorosamente pelo Brasil. A estreia é hoje e vamos torcer para ganhar. A parada é dura. Dei o recado ao Paulo Cézar, Rogério, Roberto e Jair. Eles estão animados e vão dar tudo para vencer. O Didi brilha com o Peru. Torço também por ele.*"

---

3   *Cem anos de solidão*, clássico do escritor colombiano Gabriel García Márquez.

Lamenta:

"Pena o Nilton (Santos) não estar aqui."

Depois de dedicar mais oito linhas demonstrando carinho pela "filhoca", "filhinha querida" e "filhinha adorada", Sandro avisa:

"Agora que você já é uma mocinha, não posso mais comprar bonecas, mas olho todas as lojas em busca de coisas que te agradem. O diabo é encontrar com o número certo. As medidas aqui são diferentes. Mas levarei coisas bonitas, pra frente, que vão fazer sucesso."

Sandra também guardou cartas da Alemanha quatro anos depois. Como a de 24 de junho, enviada de Hannover, em que Sandro se dirige à filha como "Minha Sandrinha". Conta que tem viajado pelas cidades onde se concentram a seleção brasileira e seus adversários, que sai do hotel às 8 ou 9h da manhã e só volta depois das 6, quando começa a escrever cerca de 250 linhas de matérias.

Mas...

"Mas, graças a Deus, estou bem, satisfeito e gozando todo mundo, como você pode ler na coluna do Hélio Fernandes."

Sobre a seleção, diz que os brasileiros continuam os melhores do mundo, mas alerta que os europeus estão encontrando um jeito de barrar "a nossa arte com uma velocidade só possível em quem tem saúde há várias gerações."

"Marcam o campo inteiro e não deixam espaço para se jogar. Mas não há de ser nada, e se ganharmos dos alemães orientais quarta-feira, o time ganha moral e embala. Nosso Marinho é que está brilhando, e tem sido o único brasileiro a ser escolhido como o melhor da rodada na sua posição, pela imprensa e televisão."[4]

Antes de dizer que nunca trabalhou tanto na vida, Sandro se despede:

"Lembranças a Lea e cócegas no Biluca (o cachorro). Ainda não tive tempo de ver o comércio e fazer compras, mas já me informei sobre a máquina Pentax. Não deverei ir a Paris, acho que acabou aqui."[5]

---

4   O Brasil venceu a Alemanha Oriental por 1 a 0, gol de Rivelino. Quatro dias depois, ganhou da Argentina por 2 a 1, também em Hannover, com gols de Rivelino e Jairzinho, mas perdeu pra Holanda, em Dortmund, por 2 a 0, com gols de Johan Neeskens e Johan Cruijff, terminando em segundo lugar no quadrangular. Na disputa de terceiro lugar, foi derrotado pela Polônia por 1 a 0, gol do Grzegorz Lato, em Munique. Em compensação, Marinho foi eleito o melhor lateral-esquerdo da Copa.

5   Sandro não foi a Paris, mas Sandra ganhou sua primeira Pentax SP 500, sua primeira câmera semiprofissional.

CAPÍTULO 4: QUERIDA FILHOCA

Doze anos depois, de volta ao México, a carta que abre este capítulo, enviada de Guadalajara. Começa assim:

"As coisas nunca são iguais ou se repetem como a gente desejaria. Guadalajara de hoje pouco tem da cidade de 16 anos passados. Meu hotel fica bem em frente ao que estive em 70, mas onde havia uma enorme praça, existe agora um shopping-center gigantesco, uma enorme torre, pronta para cair ao primeiro temblor[6], e o pomposo Hotel Plaza del Sol, de cinco estrelas por fora e nenhuma por dentro. Completam o novo ambiente, automóveis engarrafados, buzinas, poluição, Júlio Iglesias, Roberto Carlos e José José que esbravejam o dia inteiro pelas lojas de discos, com pequenos intervalos, onde, então, agem os terríveis mariachis. Essa é a Guadalajara de 86."

E continua:

"Juntem-se a tudo isso a Seleção, que joga mal, mas faz gol e ganha, os torcedores do interior paulista, que infestam nosso hotel, insistindo em tocar um samba que não sabem e que tem ritmo de tarantela ou toada sertaneja mais acelerada. Felizmente alugamos um salão, que transformamos em redação, e lá nos refugiamos. Tem ar condicionado, uísque, cerveja, máquina de escrever (estou escrevendo aqui) telex, jornais do Rio e telefone. Acabei de ligar para você, mas só a Nelma estava em casa. Falei com a Cecília, de quem morro de saudades, lá na Lea."

No verso da carta, Sandro volta a falar da questão da comida mexicana com toda a sua irreverência sacana:

"Falei nas hemorroidas que deram de estourar em quem as possuía. É a pimenta, o excesso de molhos. Aqui na televisão existe um programa diário, com uma hora de duração, só sobre hemorroidas. Pra mantê-lo no ar, assim diariamente, o mexicano cultiva dois hábitos importantes: come muita pimenta e não usa bidês. Ambos fazem muito bem às hemorroidas."

No final, suaviza, literalmente, e demonstra a sua paixão pelo futebol-arte:

"Acabei de ver a Dinamarca esmagar o Uruguai. Maravilhoso futebol. Estou contente, porque já pensava que o futebol como expressão de arte e talento tinha acabado. Os dinamarqueses reabilitaram esse jogo espetacular. Foi a vitória do futebol-arte. Amanhã tem a União Soviética, que também está jogando uma enormidade."

Entre as relíquias guardadas por Sandra, há cartas manuscritas como a enviada do Motel de Las Americas e também endereçada a Lea.

---

6   Tremor de terra.

"São duas da madrugada. Acabei de lavar cueca e camisa, acho que mal. Fora de casa sou quase zero. Felizmente no trabalho vou bem. Consegui duas notícias importantes logo de cara, graças a meu faro e minha camaradagem com Zagalo e os jogadores. No mais, calor de dia, noites agradáveis. Fiquei até domingo na capital e vim na segunda para Guadalajara. Estou bem, graças a Deus, sem sentir problemas de altitude."

Há uma, endereçada a Sandra, com o timbre do Hotel Castel Plaza del Sol, de 3 de maio de 1986.

"Estou dando o duro habitual de quatro em quatro anos. Muito trabalho. Estive com a Eugênia, almoçando, ela está magrinha e também dando enorme duro. Mas Copa é sempre atraente. Vale a pena. O Brasil meio ruinzinho, só pode ganhar se o calor matar os europeus. O sol aqui é brabo. Fui ver Plácido Domingo, uma parada. Muita gente do Circo Voador me conhece e fala comigo como íntimos. Bagunçaram Guadalajara."

150 milhões de beijos

Além de cartas, Sandra guarda dezenas de cartões postais enviados por Sandro de Paris, Milão, Gênova, Londres, Bogotá, Viena, México, Hannover, Munique, Gotemburgo, Zurique, Lisboa, Coimbra, Cascais, Madri, Valência, Sevilha, Bruxelas, Lima, Cuzco, Argentina, Panamá... Ufa! Alguns datados dos anos 50 e 60, quando era moda mandar postais. Alguns destinados à "filhoca" Sandra, outros para Lea.

* De Paris para Lea com a foto colorida da ponte da l'ile de Saint-Louis: "Lea querida. Recebi hoje duas cartas tuas. (...) Tudo bem, mas saudades cada vez maiores. Como vai a Sandra? Não force ela andar para não ficar com as pernas tortas."

Em tempos em que o Botafogo justificava a fama de Glorioso e excursionava pela América do Sul e Europa, e Sandra já podia ler, uma enxurrada de postais.

Um deles com a imagem de um vaqueiro argentino a cavalo e a mensagem: "Sandra. Não é o seu papai que está a cavalo. Ele só anda a jato."

No mesmo dia, outro postal em que mostra três peruanos com roupas típicas sendo fotografados por turistas, o recado: "Vou levar bonecas vestidas assim." Assinado: "papai querido".

CAPÍTULO 4: QUERIDA FILHOCA

Em outro a foto de um hotel no Panamá e uma curiosa mensagem em que afirma que agora os empresários estavam obedecendo a ele. Diz que fez muitas compras, e que Sandra foi premiada. Sandro sempre avisava que estava comprando presentes.

Na Copa de 70 no México, quando a disputa nem havia começado, avisa que está com "muitas saudades." Quase um mês depois fala da vitória de 4 a 1 sobre a Tchecoslováquia na estreia, diz que está vibrando, que Gérson, Pelé e Jairzinho foram "magníficos"[7] e prevê: "*Vamos dar uma sova nos ingleses*"[8].

Três anos depois, outro postal do Vaticano com a imagem da *Pietá*. Como de hábito, avisa que segue comprando presente, mas manda um recado no melhor estilo Sandro: "*Agora vou visitar uma loja de cane*[9]. *Coisas para o Biluca. Vocês já estão presenteadas.*"

Um ano depois, um cartão com a paisagem de Frankfurt, que os leitores paulistas deste livro não vão curtir muito: "*(...) a cidade é feia e com jeito de São Paulo.*"

A coleção de Sandra volta a ser completada com diversos postais com data de 1982.

Em 2 de maio avisa pra Sandra, Rodrigo e Cecília que está em Portugal "a gozar os portugueses que nasceram pra isso", e conta a história dos xales (que abre este capítulo).

Um mês depois, já em Sevilha, na Espanha, véspera da Copa, o velho e atrevido Sandro gozador está de volta: "*Espanhol é um português com menos bigodes. Duros de entender.*"

Com data de 15 de junho, um debochado cartão de Sevilha com mensagem para Cecília, Sandra e Rodrigo em que diz que "ganhamos roubado dos

---

[7] A seleção brasileira começou o jogo levando um susto: Petras fez 1 a 0 para a Tchecoslováquia e comemorou com o sinal da cruz. Jairzinho, que disse que tinha pensado antes na mesma forma de comemoração, transformaria o gesto em marca registrada do Brasil naquele mundial. O Brasil virou o jogo e bateu os tchecos por 4 a 1 – gols de Rivelino, Pelé e Jairzinho (2). Foi o jogo em que Pelé tentou pela primeira vez na história do futebol um gol do meio de campo para o desespero do goleiro tcheco.

[8] Não foi uma sova, mas o 1 a 0, gol dele, Jairzinho, foi o suficiente para a seleção seguir em frente. Nesse jogo o goleiro inglês Gordon Banks fez uma das defesas mais lindas da história das Copas em uma testada de Pelé.

[9] Cachorro em italiano.

soviéticos. Mas vamos em frente." Conta que saiu do frio português para a caldeira sevilhana, mas lamenta que não tem praia. E fala dos presentes.

Sete dias depois enche a bola de Maradona, diz que o Brasil melhorou, joga melhor do que todos, "mas tem aquilo do subnutrido, submundo etc. O terceiro mundo foi se meter a besta e foi devidamente roubado".

No dia 28 uma história que se não foi contada em sua coluna deveria ter sido quando fala do bololô que armou para encontrar o urso de Cecília: "O Carlinhos (Niemeyer) viu um com um garoto, mas o menino não sabia onde comprara e foi chamado por ele de babaca."

Garante:

"Mas vou achar."

Oito dias depois Sandro avisa que comprou o ursinho, que é um panda "e lindo". Diz que falta pouco para o Brasil ganhar a Copa.

"Se não houver excesso de máscara, ela é nossa."

Houve[10].

E vem 6 de junho de 1983 e um cartão dirigido à neta Cecília dizendo que *"o vovô está com muita saudades"*. No mesmo dia outro para Cecília e Sandra informando que viajou na primeira classe para Lisboa, que o tratamento foi vip e que teve caviar, champanhe e vinhos franceses.

"Fartei-me."

Em 9 de junho pergunta a Cecília, Sandra e Lea como está indo sua coluna e suas histórias. Em 20 de junho comemora de Gotemburgo:

"Até que enfim calor."

Sandra tem outros cartões sem datas. Muitos da época em que era criança. Em um deles Sandro pergunta pela aula de natação, e quer saber se ela já sabe nadar. Em outro, brinca com as *llamas* do Peru.

"Quis tirar retrato perto de uma, mas ela se assusta à toa e foge. São engraçadas, de pelo bonito, mas precisam tomar banho ou então usar desodorante."

Em outro postal, enviado de Basileia, na Suíça, fala que a seleção é boa de conviver, mas é "fraquinha".

---

10 A seleção de Zico, Falcão, Sócrates e Cia venceu as três partidas da primeira fase: 2 a 1 na União Soviética, 4 a 1 na Escócia e 4 a 0 na Nova Zelândia. Nas fase seguinte, derrotou a Argentina por 3 a 1 e, com isso, precisava apenas de um empate com a Itália. Entretanto, perdeu por 3 a 2 naquela falha mortal de Toninho Cerezo que resultou no gol de Paolo Rossi. Mais de 30 anos depois, o atacante Serginho Chulapa, que destoava do nível técnico daquele timaço, detonou: "Individualmente era espetacular, mas coletivamente, uma desgraça."

"Já não se fazem mais craques como antigamente."
E assina:
"Do seu papai que é o melhor do mundo."
Em outro datilografado diz que as bonecas estão doidas para conhecer Sandra. Que até aquele momento andam dentro de caixas, "mas breve, se Deus quiser, estarão nas tuas mãos." Termina com "você continua boazinha? Tem estudado bastante e comido muito? Saudades".

De Viena, a imagem de uma roda gigante e a mensagem:
"Esta roda gigante é perto do meu hotel. Se você estivesse aqui, eu te levava lá. Mas você está longe e tem que ver só a figura."

Em um postal, enviado da Colômbia, o entusiasmo pelo Botafogo, que arrebentava a boca do balão na excursão:
"Minha filhoca: Neste estádio o nosso Botafogo ganhou de 4 a 2, passando invicto pela sexta partida. É uma façanha e papai está satisfeito."
E finaliza:
"150 milhões de beijos."

CAPÍTULO 5
Cria fama e deita-te na cama

"Estávamos na Colômbia e ele arrumou uma namorada que queria certeza de que ele não era casado. Sandro levou a moça aos pés de São Jorge e jurou. Ao sair, piscou para o santo e disse: 'Vê lá, entre nós esse juramento não vale, hein Santo!'" (**Romero Estelita**, *filho do ex-dirigente Renato Estelita em entrevista ao JB publicada um dia após o lançamento do livro de histórias de Sandro*).

Chile, Copa do Mundo de 1962. Um garboso repórter do *Jornal do Brasil*, bom de lábia e aparentemente bem-posto na vida, arrasta asa para uma mocinha de família de Santiago. Um colírio para os olhos, uma verdadeira perdição; enfim, um piteuzinho de primeira. Vai além. Namora, é apresentado aos pais e fica noivo. Resolve pedi-la em casamento e, pra todos os efeitos (e bota efeito nisso!), leva junto um colega de jornal que é exibido como padrinho. Volta ao Brasil, se corresponde através de cartas; a família dá um xeque-mate e cobra o casamento. Era chegada a hora de picar a mula. Uma providencial excursão do Botafogo e a ajuda dos cupinchas do jornal livra o jovem da enrascada. O time foi fazer um jogo num dos antigos países da chamada Cortina de Ferro, e uma carta foi enviada ao pai da moça dizendo que o noivo tinha desaparecido e parado de se corresponder. A possibilidade de um sequestro foi levantada. Era o salvo conduto que precisava. A última notícia que se teve é que o pai da moça decidiu dar parte na embaixada. Não se sabe até hoje se da Hungria, da Tchecoslováquia, da Iugoslávia ou de algum outro país vizinho. Só queria o genro de volta. Sandro deve ter levantado as mãos para o céu ao não ouvir falar mais da moça e, principalmente, do pai.

A história é contada pelo jornalista Carlos Leonam, que garante que a moça "era muito da gostosa por sinal" e a mãe uma "tremenda duma megera". Não é preciso dizer quem era esse jovem repórter sem juízo, que sentiu literalmente na pele, bronzeada, que toda donzela realmente tem um pai que é uma fera.

Sandro gostava de futebol, de samba, de comida... Boa pinta, estiloso, era um incorrigível e fogoso mulherengo de topo e marca maior. Um "matador". E, pelo jeito, tinha borogodó e pegada. Gostava de brincar com fogo e não estava nem aí para futricas. Vivia fazendo xixi fora do penico. Embora filho de uma mineira, não era do tipo come-quieto. Seu colega dos primeiros tempos de JB, de viagens e de noitadas, Carlos Lemos, lembra de uma festa com a presença de duas mulheres: a legítima e a amante.

– Puta sacanagem contar, mas é verdade. Teve uma época em que ele tinha duas mulheres. A legítima sabia da amante, mas deixava rolar. Numa festa na própria casa convidou a outra, que ficou ajudando na cozinha. Coisas do Sandro.

Ettore Siniscalchi, filho de Emílio, amigo e dono das cantinas Sorrento, em Copacabana, e Tarantella, na Barra, frequentadas por Sandro, fala de uma Lilian, "escandalosamente bonita e boazuda", que gostava de transar com aquele gatão de meia-idade em Petrópolis:

– O pessoal mexia muito com ele. Tinha a carne fraca, não podia ver um rabo de saia que logo se enrabichava. Parecia viver permanentemente no cio. Quando ele dizia que ia dar uma escapada em Petrópolis, tinha sempre um sacana que zoava:

"Vai rolar um lesco-lesco com aquela teteia?"

Amor à primeira vista

Sandro passou de passagem pela fase masturbatória e de brincar de pera, uva ou maçã ou de médico na garagem de casa e deve ter manuseado muito pouco os "catecismos" de Carlos Zéfiro, como era comum entre os jovens da sua geração. Desde rapazola pegou o gosto pela azaração e poucas vezes ficou no vermelho em matéria de mulheres. Todas belas. Para ele todas eram para o seu bico, areia para o seu caminhão. Nunca sossegava o facho. Durante grande parte da vida sempre teve uma mulher para chamar de sua. Menino criado na zona Sul, emérito galanteador, teve muitos namoricos com algumas moçoilas e sassaricou muito por aí. Teve as mulheres que quis e todas também o quiseram. Antes, depois e... durante os três casamentos: com Carmem Lúcia Roquette--Pinto, a Milu; Lea de Barros Pinto e Marta Helga. Duas estão vivas: Milu, mãe de Eugênia, e Marta. Lea, mãe de Sandra, morreu em 2008, aos 83 anos.

Aos 20 anos de idade Milu ficou de queixo caído ao bater os olhos naquele boa-pinta trintão levado pelo jornalista Maurício Vinhas à casa dos seus pais, Noêmia Álvares Salles e o radialista Edgar Roquette-Pinto.

Há controvérsias.

O jornalista Fernando Pedreira garante em seu livro que Sandro conheceu Milu, sua "quase namorada", numa festinha que ele próprio improvisou em um apartamento no Lido.

"A festa era para Milu, de quem eu na minha impaciência de menino, achava que seria mais fácil me aproximar mais na hora da dança."

Milu tinha muitos outros admiradores como "um especialmente assíduo e apaixonado; rapaz alto e elegante, chamado Bernardo, bem-falante e culto, também membro do nosso grupo", conta Fernando.

Mas mesmo sabendo que Sandro já acumulava milhagens como conquistador e namorador, foi o amigo quem "levou de roldão; arrebatou a princesa num átimo, sem que nós soubéssemos como", conclui Fernando.

Milu explica:

– Sandro era muito inteligente, bonitão, charmoso, atraente, envolvente, simpático... sedutor. E ainda por cima mais velho. Eu era solteirinha da silva e ele me conquistou. Piscou o olho na hora certa. Chegou, viu e venceu. Foi mais ou menos amor à primeira vista. Mas eu também não era de se jogar fora. Jovem, bem tratada. Não existe mulher feia com 18 anos.

O que Milu não sabia é que tinha bububu naquele bobobó. Sandro não estava fora do mercado e namorava firme uma moça conhecida como Gracinha. Os dois já tinham ultrapassado o limite das mãos dadas no portão.

– Sou do tempo que tinha que se casar virgem, e isso não era muito a praia dele. Usando a expressão da época, Sandro tinha feito mal à moça, e as famílias esperavam que eles se casassem de papel passado.

Sandro chegou a ficar noivo de Milu e de Gracinha ao mesmo tempo. Na morte da mãe de Sandro, apareceram as duas no enterro.

– Minha mãe era muito avançada para a época, pois foi viver com meu pai que era desquitado, não viu nada demais na nossa relação.

Como o casal não tinha condições de alugar um apartamento, os dois foram morar na garagem da casa da sogra de Milu, na Xavier da Silveira.

– Eu estudava e ele trabalhava num jornal comunista depois de sair da praia por volta de 5 horas da tarde. Quando o Álvaro vendeu a casa e dividiu o dinheiro com os filhos, minha mãe deu mais uma parte e compramos um apartamento na rua General San Martin, no Leblon.

Milu lembra de ter vivido um período bem interessante com Sandro e não esquece a viagem que os dois fizeram à cidade mineira de Araxá, onde a Seleção Brasileira realizou os preparativos para a Copa de 1950.

– Sandro, como sempre, perdeu o horário e não conseguimos chegar a tempo pra pegar a condução do jornal. Tivemos que alugar um táxi e saímos de casa à noite. Nessa época o caminho até Araxá era horrível e perigoso. Chegaram a alertar à gente pra que não parássemos caso avistássemos algum tronco de árvore no chão. Poderia ser assalto. Mas como gente jovem não tem medo de nada, fomos em frente. Foi uma aventura, mas foi uma delícia. Ficamos num hotel cinco estrelas. Conforto, sauna, piscina, massagem. Eu, pobrinha, vivia da mesada que papai me dava, Sandro ganhava pouquíssimo e estava sempre apertado de dinheiro. Seu jornal vivia sendo empastelado pela polícia. Lá estavam aquelas mulheres ricas, lindíssimas, roupas caríssimas. Araxá era o clímax. JK era o governador de Minas e ia sempre pra lá. Numa das noites ele apareceu com dona Sarah e as duas filhas pequenas e todo mundo cantou o *Peixe vivo*. Ficamos 15 dias. Naquela época Sandro não era nem um pouco chato, era bem adaptável. Eu o amava muito, era apaixonada.

Qual seu time?

– No tempo do Sandro eu era Botafogo.

Mudou?

– Claro.

Pra que time?

– Hoje em dia eu sou Vasco.

Por quê?

– Nunca fui apaixonada por futebol. Meu pai não era, minha mãe idem. Mas tenho uma neta que chora quando o Vasco perde. O Luizinho, marido da Eugênia, fica triste. Deve ter sido por causa disso.

Depois de quase quatro anos de casados, a relação azedou entre o casal, o caldo entornou e veio a separação.

– Eu sabia que ele era muito mulherengo. Mas não me separei por causa disso. Ele deve até ter tido outras mulheres, mas eu nunca soube. Deixei de me apaixonar por causa das grosserias. Quando não era contrariado, era uma pessoa agradabilíssima. Mas quando era, perdia as estribeiras, era grosseiro. Nosso casamento acabou. Se fosse agora, o Sandro seria um excelente amante. Para casamento ele não era muito confiável. Não dava pra ser marido. Não tinha vocação. Marido tem que ter o dinheiro pro pão de cada dia, do leite das crianças; e ele era meio desligado com isso.

Quando Eugênia tinha três anos de idade, Milu foi morar com o arquiteto Salomão Tandeta, com quem viveu 50 anos e teve mais três filhos, Marília, Letícia e André.

– Ele tinha a mesma idade que eu. Recebeu Eugênia como filha. Não tinha ciúmes do Sandro. Meu marido era um homem muito especial, muito bom, muito inteligente. Trabalhou com Lúcio Costa. Era o oposto do Sandro, completamente diferente. Filho de poloneses, não era de praia.

Letícia, a caçula, que tinha 4 para 5 anos na época, 10 anos mais moça que Eugênia, perguntou um dia pra Milu:

"Esse moço que vem buscar a Nena[1] nos fins de semana é o quê?"

Milu contou:

"É o pai da Nena de verdade."

E ela:

"Ué! Não é o papai?"

A mãe respondeu:

"Seu pai é pai da Nena de coração. Esse moço é o pai de verdade"

E contou a velha historinha da sementinha, como se fazia antigamente.

Letícia não se deu por vencida e... cobrou, daquele jeitinho que só as crianças sabem fazer:

"Então ela tem dois pais? Então, eu também quero ter dois pais."

E foi o que fez. Escolheu Raimundo, marido de uma empregada doméstica da família.

Milu lembra:

– Gostava muito dele. Morava perto da gente. Ela adorava ele. Motorista de ônibus, trazia sempre um bolinho pra Letícia. Morreu moço, aos 50 e poucos anos.

Depois de um certo período, Milu, Salomão, Sandro e Lea tornaram-se amigos.

– Lea sempre boníssima pra Nena. Fazia roupinha pra Sandra e pra ela, que a chamava de "boadrasta." O Sandro, depois que ela ficou adulta foi excelente pai. Eu sou uma pessoa muito feliz. Do Sandro sobrou muita coisa boa. Especialmente a filha. A vida com ele também foi boa. Pra mim tudo que é do bem vale. Só não vale pro mal. Só não vale torturador.

Milu conta que até bem pouco tempo ainda encontrava com admiradoras do primeiro marido.

– Deixou várias fãs. Fãs mesmo, nem digo namorada. No velório havia muitas mulheres. Algumas, coroas bem razoáveis, choravam discretamente a morte dele. Tempos depois de sua morte fui comprar uma roupa em Ipanema numa

---

[1] Apelido familiar de Eugênia.

pequena loja de roupas finas. A dona era uma louraça balzaquiana, bem arrumada, toda empetecada, plastificada, toda chique. Eu devia estar com 60, ela também. E ela disse: "Acho que conheço você. Você foi mulher do Sandro Moreyra, né?." Respondi: Por pouco tempo, mas fui. Ela desandou a elogiar o Sandro, dizendo que ele era maravilhoso, charmoso, pintoso; que era isso, que era aquilo.

Mais uma evidência de que aquele coroa enxuto deixou saudades e rastros de suspiros entre o mulherio. Até mesmo no highsociety. E é bem possível que, se ainda estivesse por aqui, aos quase 100 anos, ainda estivesse dando no couro.

Playboy gostosão

Como Sandro não era de viver solteirices prolongadas, assim que percebia que estava na hora de "sartar de banda", pegava as suas tralhas, dava umas pirulitadas no varejo e logo logo já estava partindo para uma próxima estação, dividindo um novo itinerário e endereço. O segundo casamento foi com Lea de Barros Pinto, mãe de Sandra, e durou quase 20 anos. Quer dizer: mais ou menos. Após fazer questão de destacar que o pai teve três mulheres excepcionais, Sandra lembra:

– Minha mãe era filha de português. Quando ela e Sandro resolveram ficar noivos, meu avô foi contra. Logo depois, quando ela teve apendicite, meu pai foi visitá-la no hospital e disse ao meu avô que queria casar com a minha mãe. Meu avô disse não. Achava que Sandro não era um bom partido pra pedir a mão de sua filha. Dizia: "Filha minha não vai casar com desquitado, mau elemento." Sandro queria levá-la pro Uruguai, pra casar lá. Meu avô disse: "Se você insistir com essa coisa, já que está no hospital, não precisa nem voltar pra casa." Foi o que minha mãe fez. Foi pra casa da Hilka e do Mauricinho, recém-casados, e depois foi morar com o Sandro.

Logo nos primeiros dias de casamento, Sandro já dava as cartas. Tinha casa, comida e roupa lavada. Dono do próprio nariz, chegava da praia, tomava banho e sentava para almoçar.

– Mamãe perguntava: "Sandro, vai querer o quê?" Geralmente ele pedia um bife com dois ovos. Ela ia pra cozinha e preparava filé na manteiga malpassado do jeito que ele gostava, com salada. Comia pudim de leite de sobremesa. Acabava de comer, apontava dois dedos em forma de V e dizia: "Lea, Lea...." Ela já sabia. Era o tradicional cafezinho.

CAPÍTULO 5: CRIA FAMA E DEITA-TE NA CAMA

Depois saía todo perfumado porta afora a caminho do jornal. Segundo Sandra, a mãe era totalmente dedicada e servil a Sandro e não era muito de botar o pé fora de casa.

– Minha mãe era completamente do lar. Foi professora a vida inteira, chegou a dirigir escola pública, especialista em dar aula a pessoas com síndrome de Down. Muito amorosa, fazia tudo pra ele. Mas na hora de sair com os amigos, ele simplesmente dizia *tchau* e não dava a menor satisfação. Não convidava mamãe pra sair junto e ponto. Vivia em rodas masculinas. Ia muito à Plataforma, onde se encontrava com aquela galera do esporte para contar histórias e piadas, tomar chope... Aquela coisa bem carioca daquela geração machista.

Sobre o que chama de "coisa mulherenga" do pai, Sandra diz que não havia limites para as puladas de cerca de Sandro naquele constante rodízio feminino.

– Mas mamãe era louca por ele, embora tivesse muito ciúme. Separava, voltava e estava sempre ali em torno dele. Aquela história de quando ficou noivo na Copa do Chile (*ver início do capítulo*), ele contava pros amigos na frente dela. Ele estava com ela, eu já era nascida. Ele não tinha o menor respeito. Era um moleque, completamente moleque. Não tinha o menor sentimento de culpa. Mamãe sacava e dizia: "Seu pai é impossível. É moleque, é debochado, mas é o cara; o meu cara. Ruim com ele, pior sem ele." E ficava com ele assim mesmo. Bastava Sandro fazer cara de cachorro vira-lata, de bebê desmamado, que ela se derretia toda.

Existia troca de carinhos entre os dois na sua frente?

– Muito pouco da parte dele. Era um péssimo marido. Era o gostosão, playboyzão. Sempre. Mas quando se desentendiam, ele saía de casa e não dava margem para briga. Ela ficava doida pra ele voltar. Aí ele voltava e, pimba: trazia uns bombons, adoçava a boca, e, na maior lábia, levava ela pra jantar fora; e pronto, tudo certo. Ganhava um puxão de orelhas, e nem precisava dormir no sofá da sala. Mas foi assim com todas as mulheres. Todas eram apaixonadas por ele. Ele devia ser gostoso, bom de cama. Certamente uma boa trepada. Não teria tantas mulheres se não fosse assim. Tinha carisma, simpatia; era envolvente. Até hoje rola nostalgia na Marta. Outro dia me mandou um recado pelo Facebook falando dele. Quando escrevo textos para a Globo, ela lembra do "amado Sandro". Todas as ex-mulheres eram amigas do papai. Ele fazia poucas e boas, mas elas perdoavam tudo. Jogava aquela conversa mole e fazia aquela cara de cão sem dono que sabia usar como ninguém.

Lea morreu em 2008, aos 83 anos, 21 anos após a morte de Sandro. Não teve outro marido.

Mulher e musa

Rua Fonte da Saudade, Lagoa, último endereço de Sandro. É lá que mora até hoje a ex-jogadora de basquete do Fluminense e do Botafogo, Marta Helga, a última mulher do jornalista. Cercada de cachorros, que aprendeu a gostar depois que conheceu Sandro, guarda ainda em pastas meticulosamente organizadas e encadernadas recortes originais de matérias e colunas, fotografias e outros babilaques que lembram Sandro.

– Nos conhecemos num ensaio da Portela, em 1972. Ele tinha sofrido o acidente[2] e estava separado da Lea. Fomos morar juntos. Ele era metódico. Levantava por volta de 11h, 11h30. Com chuva ou sol ia à praia. Ficava até 3 h da tarde, e depois ia pro jornal. A vida dele era o jornalismo, o futebol e a Mangueira. Alucinado.

Se com Lea, Sandro não era muito de ficar em casa e de sair junto, com Marta, que, segundo os amigos tinha "um verdadeiro corpo de miss", e tentou botar o marido "nos eixos", era diferente, como ela garante:

– O Sandro era bem caseiro. Caseiro que eu digo era que gostava de casa. Sandro não ia a lugar algum se não fosse comigo. Me tornei Botafogo por causa dele. À noite, tínhamos que sair sempre pra encontrar com os amigos e jantar fora ou ir pro ensaio da Mangueira. Gostava de música. Tanto as clássicas como os samba-enredos. E se metia a cantar. Só não tinha boa voz. Mas cantava. Não ia muito ao cinema e teatro, mas gostava também. Ele tinha ciúmes de mim. Não deixava eu ir ao basquete. Eu só via futebol e... Sandro. E eu tinha ciúmes dele. Todo mundo gostava dele. Não existia uma pessoa que não tivesse carinho por ele. Aparecia sempre rindo nas fotos.

Marta costumava acompanhar Sandro no roteiro gastronômico do qual ele não abria mão: Bella Roma, em Botafogo; Plataforma, no Leblon, e Tarantella, na Barra.

---

2   O acidente de Sandro aconteceu no início de 1971. Ele estava voltando de uma festa, bebeu além da conta, dormiu no volante do carro e bateu numa árvore em frente à sede do Vasco, na Lagoa Rodrigo de Freitas. Com a batida quebrou um braço, algumas costelas e a perna. Teve de colocar uma prótese trocando a cabeça do fêmur. Em razão disso passou a mancar o resto da vida.

CAPÍTULO 5: CRIA FAMA E DEITA-TE NA CAMA

– Sandro comia bem. Quando chegava na Tarantella, o dono, Emílio Siniscalchi, sempre pedia: "conta aquela". Não bebia muito. Só gostava de coisa fina. Muito amigo do Carlinhos Niemeyer, que zangava quando ele fumava. Uma vez disse: "não vou mais fumar." E nunca mais fumou. Tinha disciplina.

Como tem coisas que só acontecem com o Botafogo, embora muitos botafoguenses reneguem essa máxima, tinha coisas que só poderiam acontecer com Sandro Moreyra.

– Uma vez, quando foi fazer uma palestra num presídio, roubaram o carro dele, em frente de casa. Procura dali, procura daqui e nada. Ele botou na coluna que enquanto ele prestigiava os lá de dentro, os aqui de fora levaram o carro dele. Deu número da placa tal e tal. O carro foi roubado na segunda, na terça ele escreveu, na quarta saiu a historinha na coluna. Nesse mesmo dia à noite, na pizzaria, o mâitre se aproximou e perguntou: "Seu Sandro, o senhor vendeu seu carro?." Ele respondeu: "Não. Roubaram." E o mâitre respondeu: "Ué! Seu carro está ali, em frente." Logo em seguida roubaram o meu carro também. Ele não colocou na coluna e o carro nunca apareceu.

Embora gostasse de uma boa mordomia, Sandro não se entendia direito com as operações de crédito e débito e era adepto da filosofia do dinheiro pra quê dinheiro? Viveu momentos de bonança, momentos de "durango kid".

– Sandro não se tocava em dinheiro. Saía com um cheque avulso e a carteira de identidade. Uma vez parou o carro por falta de gasolina no túnel Rebouças. Não tinha um tostão, só o cheque. Tiveram que empurrar o carro até quase em frente à porta de casa. Me ligou para que eu fosse encontrar com ele para dar um dinheirinho pros caras que ajudaram. Pra tirar ele do desconforto, como me disse na época. Me dava os cheques pra eu pagar as despesas de casa. Outra vez fui fazer uma fiscalização em Volta Redonda e deixei cair a carteira com o cheque dele assinado, em branco. Felizmente estava cruzado. Foi uma correria pra cancelar o cheque. Acabaram achando a carteira. Dinheiro pra ele não prestava, não tinha amor ao dinheiro. Dizia que era um material que não lhe atraía. Por isso fui muito companheira dele. Cuidava de tudo. Tenho esse apartamento graças a isso. Mas foi um bom homem, honesto. Fazia parte do Clube dos Cafajestes, mas não era um cafajeste. Quando os cafajestes se reuniam nos grandes bailes de Carnaval, ele ia. Nos desfiles das escolas de samba na Presidente Vargas, quando ainda não existia o Sambódromo, ele ia com um banquinho. Sempre foi do samba, desde menino. Quando a Mangueira decidiu homenagear Chiquinha Gonzaga, o enredo foi escolhido lá em casa. No último ano de vida ele não participou do desfile. Quis ir pra casa do Rui de Freitas, cunhado dele, na Boca do Mato, perto de Friburgo. Ele chorava quando as escolas passavam. Foi a primeira e única vez que vi Sandro chorar.

Na base do casa e descasa, casa e descasa, o relacionamento dos dois durou quase 20 anos.

– Brigamos sério uma vez e nos separamos. Nem lembro exatamente por que. Talvez pelo fato de levantar cedo quando fui trabalhar como inspetora federal do MEC. Ele só pensava em sair, sair e sair e eu precisava trabalhar. Ficamos três anos sem nos falar. Daí ele foi morar com a Lea e a Sandra no Leblon. Mas um dia voltamos, embora não desse mais pra morar junto. Diariamente a gente saía e um não perguntava nada para o outro.

Sandro detestava hospitais. Com o acidente do carro passou a sentir fortes dores na coluna. Passou a mancar, mas se recusava ir ao médico.

– Dizia: "quer me arranjar doença?" Se cuidava pra não ter diabetes. Não lembro dele doente, morreu sem ficar doente. Como todos sabem, a morte dele foi por erro médico. Sandro sentia dores, mas não estava doente. Até mesmo ao ser internado, ele estava bem.

Sandro morreu aos 69 anos, quando Marta tinha 54.

– Morreu muito cedo. De teimoso.

Aos 80 e poucos, ainda firme e forte dando aulas de natação no Clube Militar, no Jardim Botânico, meio sem graça, mas orgulhosa, Marta conta que até hoje continua sendo paquerada por um amigo comum dos dois.

– Ele vive botando as manguinhas de fora e me enche o saco. Sempre diz que vai casar comigo. Mas eu não quero nada com ele.

E garante:

– Depois do Sandro, eu nunca mais tive ninguém. Nunca mais.

O bem-amado

Como você convivia com a fama de "galinha" do seu pai, Sandra?

– Incomodava. Ele apresentava as mulheres pra gente. Às vezes casado, às vezes não. Pô, eu era a filha e o cara estava pegando outra pessoa! Eu ficava naquela posição do que vou fazer agora. Ele nunca ficava sozinho. Quando ficava, ficava com a mamãe. Ele voltava pra casa da mamãe e ela abria todas as portas, feliz da vida. Reclamava, mas aceitava. Ela sempre foi completamente louca por ele, a vida inteira. A primeira vez que eles se separaram foi quando ele teve o acidente de carro na Lagoa e ficou todo quebrado. Nessa época ele estava separando, namorando uma moça chamada Lígia, e foi pro hospital. Minha mãe ficou com ele e a outra apareceu. Mamãe falou: "Se ela entrar, eu saio." Entrou, minha mãe saiu e ela ficou com ele. Mas era época de Natal. E ela tinha marido e filhos e não podia ficar. Aí ela saiu. Eu passei a noite de Natal sozinha com papai no hospital. Mas ele precisava voltar pra casa depois da operação. Voltar pra casa de quem? Ninguém queria aquele *trambolho* que era uma pessoa acidentada. Nova Monteiro operou Sandro e encheu ele de pinos. Era todo cheio de parafusos em uma das pernas. Mancava por causa do acidente.

E como vocês resolveram isso?

– Foi uma comissão de amigos na casa da mamãe. Diziam: "Lea, não vai ter jeito, tem que aceitar o Sandro enquanto ele ficar de molho. Ele não tem pra onde ir. Tem que ter tratamento, precisa de enfermeiro." Minha mãe concordou. E lá foi ele de volta pra casa, todo quebrado, com andar de beque aposentado. Nessa ocasião, Pirica, que foi jogador do Botafogo, ia todo dia lá em casa ajudar a cuidar dele. Impressionante a dedicação dos amigos dele. Tinha um massagista do Vasco, um negão, o Pai Santana, que estava sempre lá em casa. Quando Sandro tirou o gesso e precisou de massagem, o Santana ia todo dia com a tal da banha de carneiro que resolvia tudo. Por amizade. Um negócio impressionante.

Sandra conta que, pouco antes dele morrer, Sandro estava com a mãe e com Marta ao mesmo tempo.

– A mamãe falava: "Não sei o que eu faço com o seu pai, está com a Marta de novo. Fica aqui, fica lá." Ele tinha 69 anos. Minha mãe, que era alguns anos mais nova do que ele, tinha 62 ou 63. E a Marta devia ter uns 56, 57. Ele já tinha saído de casa, já tinha separado da mamãe, já tinha casado com a Marta, já tinha se separado da Marta, já tinha morado sozinho, já tinha voltado a morar com a mamãe... Aquelas coisas dele. E a mamãe no meu ouvido. Claro que isso não é agradável. Mas na minha relação com ele isso passava batido.

Eugênia, que não conviveu tanto com Sandro quanto Sandra, também se sentia incomodada com esse lado do pai:

– Pra mim batia. Algumas vezes ele ia me buscar na escola. E na verdade me usava de álibi pra ficar com uma namorada. Eu gostava muito da vó Lea e isso era muito chato. Foi uma coisa muito ruim, um lado dele irresponsável. Muito criança, mimado.

CAPÍTULO 6
O dorminhoco

"Quando eu estava escrevendo este livro, fiquei uns dias hospedado na casa de amigos em Itaipava. Eles tinham dois cachorrinhos. Um malhado de preto e branco que resolvi chamar de Biriba e outro marronzinho que passei a chamar de Sandro Moreyra. Quando falei pra Sandra, ela perguntou: 'Sandro por quê? Ele é preguiçoso?'. Respondi: 'Não. Brincalhão'."
(Paulo Cezar Guimarães).

Quase nada de importante escapava da observação aguda do olhar de Sandro. Como na vez em que o técnico Paulinho de Almeida, que tinha fama de disciplinador durão, resolveu botar o time do Botafogo nos eixos. Num quadro-negro que existia em General Severiano escreveu:
"Treino: 9h30 da manhã."
Xisto Toniato, dirigente que tinha uma relação paternal com os jogadores, não gostou e questionou:
"Nãããâooo... os meus meninos não vão treinar às 9 e meia da manhã. Isso é hora de missa."
Apagou o que estava escrito e amenizou: 17h30.
Antero Luiz, então um jovem repórter cobrindo o Botafogo pelo jornal *O Dia*, conta que, quando Sandro, sempre de olhos e ouvidos atentos, percebeu aquilo, berrou de longe:
'Seu Xisto, põe às 18, que é mais tranquilo'.
Xisto apagou e colocou 18h.
Sandro ainda estava no *Diário da Noite* quando começou a fazer uns bicos para o *Jornal do Brasil*. Hoje setentão, o diagramador Laerte Gomes, então contínuo do *Diário* quando tinha 15 anos, lembra com detalhes:
– Eu saía da Sacadura Cabral, 103, e levava as laudas com a matéria de Sandro, exclusiva pro JB, pra Rio Branco, 110. Tinha contínuo que chamava o Sandro de doutor. Como eu sempre fui meio folgado, chamava de você mesmo.
Quando começou a pesquisar o mercado para reformular sua equipe no JB, Carlos Lemos, que exercia a dupla função de pauteiro e chefe do Esporte, já havia ouvido falar daquele jovem e despachado repórter esportivo do *Diário*

da Noite que cobria o Botafogo, e ainda arranjava tempo para descolar uns frilas no JB. Decidiu apostar na promessa.

– No início, ele não ia à redação. Ia ao Botafogo, escrevia, telefonava e passava a matéria.

Quando saiu do Esporte e foi para outra editoria, Lemos recebeu uma queixa do seu substituto, Fernando Horácio da Matta.

"Há uma semana que ele não aparece e passa as matérias por telefone pra alguém pegar. Assim fica difícil."

No seu melhor estilo, Lemos ligou para Sandro e cobrou:

"Porra, Sandro, tem que vir todo dia."

Mas como não era de fugir do batente, respondeu:

"Eu não sabia que precisava ir. Eu vou. Pode deixar."

Até ser alertado de que teria que ir ao jornal escrever suas matérias diariamente, Sandro teve dois redatores de luxo: Sérgio Noronha e Marcos de Castro. Noronha cita uma frase célebre de Armando Nogueira para definir Sandro: "Não leva a vida na flauta quem vive de fazer a pauta":

– Quando o conheci, eu era repórter passando pra redator. Ele cobria o Botafogo. Ia aos treinos e ficava lá. Não ia ao jornal escrever porque o treino terminava muito mais tarde e o JB tinha que fechar cedo. Na época, os telefones não funcionavam direito. Os recursos não eram os que são hoje. Ele telefonava, e o redator pegava o que ele mandava e escrevia – lembra Noronha.

Marcos garante que, em matéria de trabalho, Sandro não era folgado e muito menos era de ficar de pernas para o ar:

– Fiquei muito tempo sem conhecê-lo pessoalmente, tratando só por telefone. Porque ele não ia ao JB, onde eu trabalhava na ocasião, na editoria de Esportes. Mas trabalhava muito. Não sentava ao lado e ditava, como faziam alguns repórteres. Ele redigia a matéria, escrevia bem. Primeiro eu era apenas redator, ou, como se chamava antigamente, reescrevedor ou *copydesk*, que hoje tem um sentido inteiramente diferente. Antigamente os redatores escreviam as matérias para alguns repórteres, alguns até excelentes, mas preguiçosos ou sem capacidade de escrever – recorda Marcos.

Ainda molecote na redação, o repórter José Trajano não chegou a redigir os textos de Sandro, mas lembra que passou longo tempo no jornal ouvindo falar no colega, mas sem ter a menor ideia de como ele era.

– Na redação criou-se a imagem do como seria aquele cara. Naquela época tinha ainda o Armando Nogueira, que também não ia à redação. Esses dois nomes bem fortes eram meio fantasmas pra mim. Com o tempo, não sei o motivo, o Sandro começou a frequentar mais a redação. Foi então que me enturmei com ele, que não tinha frescura e era muito generoso.

Márcio Guedes é um dos amigos que recorda do hábito de Sandro de ir à praia todos os dias antes do trabalho:

– Mesmo quando já estava sessentão, chegava bronzeado na redação. No tempo em que o Botafogo treinava às 18h, ele dizia que era o treino da Ave Maria.

Dos sete pecados capitais (luxúria, avareza, ira, soberba, inveja, gula e preguiça), Sandro tinha fama de ter apenas os dois últimos. Era conhecido entre os amigos por cochilar nos bares e restaurantes que frequentava.

Márcio Guedes lembra:

– Ele dormia com muita facilidade à mesa. Mas não era aquele sono que incomodava, em que o cara roncava e caía. Quando algum assunto discutido era importante, ele não dormia no ponto. Despertava e entrava no papo como se estivesse normalmente participando. Uma coisa realmente rara de ver numa pessoa. Era um desliga-liga quase instantâneo.

Renato Maurício Prado reforça a fama de dorminhoco do colega.

– Eu era "foca" no JB e fui com o Sandro e o Roberto Porto entrevistar o Márcio Braga e o Francisco Horta, em um restaurante em Copacabana. Fui só pra anotar. Os papos com o Horta costumavam ir até quatro da manhã. Nesse dia, por volta de duas da manhã, Sandro já estava tirando a tradicional soneca, quando Horta disse:

"Não acorda que daqui a uma hora ele vai despertar e vai ser o mais lúcido da mesa."

Não deu outra.

– O mais engraçado é que vivi isso com ele umas quatro ou cinco ocasiões diferentes. Ele acordava e começava a conversar como se não tivesse dormido. Pegava o fio da prosa e ia embora. Impressionante.

O jornalista Antero Luiz lembra de outra história pessoal com Sandro quando escreveu uma matéria para o *Jornal do Brasil* sobre Febrônio, o preso mais antigo do Brasil[1].

---

[1] Febrônio Índio do Brasil, autodenominado "O Filho da Luz", o preso mais antigo do Brasil, interno número 000001, morreu aos 89 anos de idade, em 1984, depois de passar 57 anos em um hospício.

– Sandro tinha uma rixa com o (José Inácio) Werneck por causa do tal Teste de Cooper que o Zé defendia e ele odiava. Sandro odiava ginástica. Alguém imagina o Sandro caminhando do Leblon a Ipanema? Ele iria preferir a eutanásia. No dia em que a matéria foi publicada, Sandro encontrou-se comigo na Praça Nossa Senhora da Paz, em Ipanema, e começou a berrar: "Antero, você é meu ídolo." Quando chegou perto, me deu um abraço e disse: "Você me redimiu. O Zé Inácio fica com essa babaquice de Teste de Cooper e os caras morrem de enfarto. Febrônio nunca fez esse teste, nunca pegou sol e está com quase 90 anos. Quero que o Zé Inácio se foda."

CAPÍTULO 7
Isso é coisa daqueles 3

> *"(...) muita gente duvida da existência de Neném Prancha. Mas, posso jurar a vocês, leitores, que o homem existe, mora em Copacabana, respira futebol há 45 anos, trabalha de zelador no Botafogo, é técnico de um time de praia e tem mãos enormes – enormes como duas pranchas."* (**Armando Nogueira** *no capítulo "O pensamento vivo de Neném Prancha" no livro O homem e a bola*).

"Se macumba ganhasse jogo, o Campeonato Baiano terminava empatado", "O pênalti é tão importante que devia ser cobrado pelo presidente do clube", "O goleiro deve andar sempre com a bola, mesmo quando vai dormir. Se tiver mulher, dorme abraçado com as duas", "Jogador de futebol tem que ir na bola com a mesma disposição com que vai num prato de comida", "Se concentração ganhasse jogo, o time do presídio não perdia uma partida", "Jogador bom é que nem sorveteria: tem várias qualidades."

Assim falava Antonio Franco de Oliveira (16/06/1906-17/01/1976), o Neném Prancha, uma mescla de técnico, juiz e filósofo do futebol[1]. Que falava também que "Futebol é muito simples: quem tem a bola ataca; quem não tem defende", "Jogador brasileiro não vai ter problema no México, não. Tudo já morou em favela e não pode se queixar de altitude", "Futebol moderno é que nem pelada. Todo mundo corre e ninguém sabe pra onde", "Joga a bola pra cima, enquanto ela estiver no alto não há perigo de gol", "O Didi joga bola como quem chupa laranja, com muito carinho" e "Futebol é uma caixinha de surpresas".

Falava? Fernando Calazans era um dos que desconfiava. Tanto que no capítulo "Neném Prancha e Telê: por amor ao futebol", no livro *O nosso futebol*, ponderou:

---

[1] João Saldanha, que no livro *Meus amigos* chama Neném pelo "nome completo", *Neném Pé de Prancha*, definia assim o folclórico personagem: "Um mulatão grande, do tamanho de um guarda-roupa e cujo apelido era devido ao respeitável ponto de apoio que quando 'funcionava' era como ele mesmo dizia: 'Dô pernada num, cai os onze'. Com o 'Prancha' os jogos terminavam tranquilamente e sem reclamações."

"Bem sei, caros leitores de esporte, que vocês já conhecem uma variedade de histórias do Neném Prancha, cheias de humor e sabedoria, contadas por mestres da crônica esportiva como Armando Nogueira e os saudosos Sandro Moreyra e João Saldanha. E tão bem contadas que a gente já não sabia, no fim, se as histórias eram mesmo do Neném, ou se eram do Armando, do Sandro ou do João. Ou de todos eles ao mesmo tempo. Melhor para a literatura do futebol brasileiro."

O jornalista Antônio Henrique Lago, um dos filhos do saudoso ator e compositor Mário Lago, foi conferir ao vivo.

– No início da minha carreira no jornal *Última Hora*, do Samuel Wainer, fui entrevistar Neném Prancha pra uma das reportagens de uma série sobre "Personagens do Rio." Fui pra praia, achar o Neném. Sentamos pra conversar e nada. Eu esperando uma capa, uma matéria de, sei lá, 10 laudas, e o cara não falava nada interessante. Ficava numa enrolação do cacete. Cadê as frases geniais? E não vinha nada. Eu conversava e nada. Eu perguntava:

– E como é que você vê a questão do...?

E nada.

Não saía aquelas frases, não saía nenhuma tirada. Que coisa! Aí eu falei:

– Neném, o que que é? Você é o homem das frases no futebol.

E ele:

"Não, isso é coisa deles."

– Deles quem?

"Dos três; eles gostam de mim."

E eu:

– Que três? Quem?

"O João (Saldanha), o Armando (Nogueira) e o... Sandro (Moreyra)."

Rolou apenas cinco linhas de matéria.

O jovem foca abordou outro jornalista botafoguense, Maneco Muller, então editor de Esportes do jornal, que depois viria a se consagrar como o colunista Jacinto de Thormes, que confirmou:

"Claro, os três é que criavam aquilo tudo, quando faziam matérias e crônicas. Precisavam de uma frase e alguém dizia: 'Bota uma frase do Neném aí'. E, então, um deles soltava. Eram muito criativos, criaram um personagem. Neném Prancha era coisa deles. Nada melhor do que um cara da praia que tinha tiradas filosóficas."

Lago foi direto na fonte:
– Fui falar com o Sandro e ele só riu. E gracejou com aquele jeito sarcástico que ele tinha:

"Foi mesmo, é?"

Palpite infeliz

"Quando Didi foi vendido ao Real Madrid, logo no início de 1959, seu substituto natural no time titular seria o mineiro Osvaldo Rossi, que, ao lado de Neivaldo, Amoroso, Ronald, Amarildo e Édson Praça Mauá – para citar apenas estes seis, só faltavam fazer chover no time de aspirantes de General Severiano. E Sandro, num dia de treino, trabalhando para o Jornal do Brasil, chamou Rossi à parte e, para o fotógrafo, vestiu no jogador a camisa número oito que pertencera a Didi. Na cabeça de Sandro, o novo ataque do Botafogo seria Garrincha, Rossi, Paulo Valentim, Quarentinha e Zagalo – e, obviamente, não estava muito longe da verdade e da técnica de todos eles. Afinal, sob o comando do próprio João, Rossi fora o substituto de Didi – que operara as amídalas e ficara ausente do time um bom tempo – durante a vitoriosa campanha do Campeonato Carioca de 1957. Principalmente a final. Mas não foi exatamente isso o que aconteceu."

A história foi contada por Roberto Porto em seu blog, garantindo que, quando João Saldanha viu a intromissão de Sandro em seu trabalho, foi curto e grosso.
'Quem foi que lhe disse?', disse João a Sandro, em tom autoritário,
'que Rossi será o titular de agora em diante?'
Surpreso, mas querendo evitar uma polêmica maior,
Sandro apenas argumentou:
'Ora, João: se Rossi é o titular dos aspirantes,
na falta de Didi a vaga agora é dele. Ou não?'
João foi lacônico e misterioso:
'Domingo, você e os outros, metidos a escalar meu time,
verão quem será o titular. E vão ter uma grande surpresa...'
No jogo seguinte, a camisa oito passou a pertencer ao polêmico
Tião Macalé (que veio da Portuguesa), dotado de um futebolzinho
curto e sem um único e escasso toque de genialidade.

Por sinal, a insistência da escalação do Botafogo com Tião Macalé, para não contrariar o faro jornalístico de Sandro, acabou derrubando João do cargo de técnico para a temporada seguinte. Com Macalé, positivamente, não dava nem para a saída."

CAPÍTULO 8
"Pola, João!"

"Sandro qual é a sua idade? Sou um ano mais novo do que o João."
(Sandro Moreyra).

"O que é que você está escrevendo aí tão concentrado, Roberto?"

Roberto Porto respondeu que era um resumo da passagem do Botafogo por General Severiano, e já ia seguir adiante quando Saldanha voltou a interrompê-lo:

"Você tem que contar aí que quando o ministro da Saúde, Miguel Couto, cedeu o terreno ao Botafogo, em 1912, havia um português que não queria sair de lá. Ele tinha uma oficina de consertos de carruagens, tílburis[1] e caleches[2] e estava duro na queda. Uma noite, eu, Sandro e uma turma boa nos juntamos, penetramos mato adentro e tacamos fogo em tudo... Foi a única maneira de expulsar o cara..."

Antes de encerrar a história, João virou-se para o fundo da redação e perguntou a Sandro:

"Foi ou não foi, Sandro?"

Sandro Moreyra limitou-se a assentir com a cabeça, mas ficou atento. Quando João, que à época estava morando em Maricá e costumava sair mais cedo, foi embora, Sandro se aproximou e perguntou a Roberto:

"O que é que João estava lhe contando sobre o Botafogo?"

Roberto relatou a história e explicou que estava achando "tudo muito estranho, desde a presença do português até a data do evento, 1912". Sandro disse:

"Olha aí, Roberto, a matéria é sua e não tenho nada a ver com isso. Mas acontece que eu nasci em 1918 e o João em 1917. Como é que nós poderíamos estar expulsando um português em 1912?"

Os Moreyra e os Saldanha vieram do sul do Brasil. Na metade da década de 30, Sandro e Saldanha jogavam pelada no posto 4 de Copacabana com outras

---

1 Pequena carruagem para duas pessoas puxada por apenas um animal.
2 Carruagem com dois pares de bancos virados um para o outro, normalmente puxada por dois cavalos.

figurinhas carimbadas como Heleno de Freitas, Sérgio Porto e outros companheiros comandados por Neném Prancha.

Como diria Roberto Porto, parodiando o ex-craque e comentarista Gérson, o "Canhotinha de Ouro", que costuma exagerar em suas contagens: "João Saldanha e Sandro Moreyra foram aparentemente amigos pelo menos durante uns 300 anos."

Afinal de contas:

"Os dois eram botafoguenses, frequentavam o mesmo pedaço de praia em Copacabana, foram jornalistas (João um pouco mais tarde), politicamente votavam na esquerda (João sempre bem mais radical) e durante bom tempo trabalharam juntos no JB, no prédio da Avenida Brasil. Mas apesar de tantas supostas afinidades eram rivais."

O colunista Fernando Calazans lembra de um arranca-rabo envolvendo os dois:

– Aconteceu no antigo bar Jangadeiro após sairmos da praia eu, Sandro, Marta (Helga), (João) Saldanha e o pianista (Luís Carlos) Vinhas, que na época morava no México. Bebíamos um chopinho quando o Saldanha, após falar da sua relação com o Mao Tsé-tung, começou a cantar o hino chinês. Demorado, longo... todos nós em silêncio. O Vinhas ficou boquiaberto, encantado. E o que o Sandro fazia? Por debaixo da mesa, em frente a mim, me cutucava. Sério. Não falava nada. Não sei se o hino que o Saldanha cantava era falso. Mas ele cantava como se fosse chinês. Eu sei o que o Sandro queria fazer. Queria me sacanear. Queria que eu risse ou coisa parecida. Contive o riso. Saldanha acabou de cantar e ninguém falou nada. Nem ele. Todo mundo ouviu e todo mundo ficou sério. Tínhamos acabado de ouvir o hino da China, ou do Saldanha, ou dos dois; não sei, longo pra burro. E o que você faz numa hora dessas? Como é que você vai adivinhar quem é que estava sacaneando quem? Não foi possível saber se aquilo era ou não era o hino chinês. Ouvimos quietinhos. Menos o Sandro.

Quando ainda era jogador, Gérson, vivenciou uma pilhéria de Sandro com Saldanha durante uma mesa-redonda com os dois e mais Doalcey (Camargo) e Carlos Marcondes.

– Saldanha contava aquelas histórias dele quando, de repente, o Sandro virou pra mim e disse: "Gérson, te prepara que nós vamos ter que confirmar isso." Não deu outra. Lá pelas tantas o Saldanha falou: "Olha aqui, ó, o Gérson e o Sandro lembram disso."

CAPÍTULO 8: "POLA, JOÃO!"

O ex-presidente do Fluminense e Juiz de Direito Francisco Horta lembra de uma conversa franca que teve com Sandro sobre o antigo parceiro:

– Jantando num restaurante da Barra, que frequentávamos com assiduidade, perguntei ao Sandro sobre o Saldanha: "Você gosta do João?" Ele respondeu: "Eu suporto o João. Ele tem momentos insuportáveis. Quando ele é insuportável, eu ignoro, quando está suportável eu converso com ele."

– Perguntei por que. E ele: "Porque o João exagera muito às vezes. O João conta pra mim o mesmo fato de formas diferentes. Por isso divirjo, embora reconheça no João uma figura importante no futebol brasileiro. Mas é uma pessoa difícil."

– E aí me contou umas historinhas que prefiro não contar.

Atrevido como era, Sandro, quando dava na veneta, também botava lenha no fogo naquela interminável pinimba com Saldanha. O repórter Márcio Tavares, que cobriu diversas Copas com os dois, relata:

– Durante um jantar no Bella Roma após o Bola na Mesa, eu, Sandro, Saldanha, Tedesco, Alberto Léo e Paulo Stein. Sandro fala baixinho pra mim e pro Léo:

'Vou dar uma sacaneada no João".

– Eu ainda alertei que ia dar merda. Ele riu e puxou o assunto.

"O Brasil vai jogar contra a Irlanda naquele estadinho bonitinho em Dublin."

Saldanha, gato-mestre, emendou:

"Naquele que o trem passa na porta?".

Sandro provocou:

"Não, naquele que o trem passa nos fundos".

Pra quê? João, que não gostava de ser contrariado, pois conhecia a maioria dos estádios pelo mundo, mandou:

"Não, Sandro. O trem passa na frente".

Sandro não resistiu e falou:

"João, esse estádio eu inventei agora e quero que o trem passe nos fundos. O estádio é meu.'.

Saldanha que costumava dizer "eu não brigo pra ganhar, eu brigo porque tenho razão", surtou. Ficou putíssimo, falou grosso e passou um tempão, quase um ano, sem sequer cumprimentar o Sandro.

Para Roberto Porto, a picuinha entre os dois jamais parou por aí. Ultrapassou o futebol, atravessou o oceano. Sandro contou a Roberto que certa vez os dois estavam sozinhos na Praia do Arpoador e João, olhando para o horizonte, fez o seguinte comentário:

"Olha, Sandro. Estou vendo o horizonte e me lembrando da força-tarefa comandada pelo general inglês Montgomery desembarcando na África na Segunda Guerra Mundial. Lá, naquela praia do Continente Negro, eu já sabia que o final de Adolf Hitler estava chegando. Como chegou em 1945, com a força da União Soviética, invadindo Berlim e provocando o suicídio do ditador nazista. Foram tempos difíceis e heroicos aqueles na África."

Sandro achava que a história de Montgomery era pura invenção de João.

"Ora bolas. Naquela época estávamos juntos, aqui mesmo no Arpoador, pegando um bronzeado. Como é que ele estava na África?"

Outra história sobre Segunda Guerra é contada pelo jornalista André Iki Siqueira em *João Saldanha, uma vida em jogo*.

"A Segunda Guerra Mundial também deu a João boas histórias. Para outro grupo de ouvintes, dessa vez jornalistas estrangeiros, ele contou:

'Eu fui correspondente de guerra. Era bomba caindo, e eu com a máquina de escrever dentro da trincheira. E bomba caía ali, bomba caía aqui, e eu escrevendo. Nunca parei. Estava lá fazendo.'

Sandro Moreyra estava ao lado, lendo jornal. João pediu confirmação do amigo: 'Não é, Sandro?'.

O tiro saiu pela culatra. Sandro fechou o jornal e disse:

'Ô Saldanha, me tira dessa guerra, que eu nem servi o Exército. Eu não fui lá e não vi nada disso'."

A mania de Sandro de dormir à mesa de restaurantes durante as conversas quase provocou o maior rebu em uma noite em que Saldanha falava de suas peripécias certo de que comandava o espetáculo, como costumava ocorrer. Lá pelas tantas, Sandro acordou e deu um espirro.

"Mentira!"

Meio de porre, cruzou os braços, cambaleou a cabeça e voltou a dormir.

Saldanha continuou. Sandro mudou de posição, abriu os olhos rapidamente e voltou a espirrar.

"Mentira!"

João, que vivia de orelha em pé com as sacanagens do amigo, olhou pra ele, meio cabreiro. Quando espirrou pela terceira vez, Saldanha, irado, brigou com Sandro:

"Tá pensando o quê? Eu não estou mentindo não."

Saldanha levantou, virou as costas e foi embora. Sem sequer bocejar, Sandro apenas riu e voltou a dormir. Não esquentava a cabeça.

CAPÍTULO 8: "POLA, JOÃO!"

O apresentador Paulo Stein lembra que um dia antes do jogo Brasil e Paraguai, nas eliminatórias da Copa da Argentina, Sandro e Dácio de Almeida vinham andando pela rua quando encontraram João. Paulo diz que, ao ver Sandro, Saldanha atravessou para o outro lado. "Não vou cruzar com esse filho da puta", esbravejou.

Mas a história que teria sido, segundo alguns amigos, o verdadeiro motivo do rompimento entre os dois acabou tornando-se um clássico da rivalidade entre eles. João costumava espalhar a quatro ventos que entrou vitorioso em Pequim (Beijing) lado a lado com as tropas do líder comunista Mao Tsé-tung, botando para correr as tropas de Chiang Kai-Shek, aliado dos Estados Unidos, durante a Revolução Chinesa de 1949. Quando soube disso, Sandro não perdoou o que chamou de "negócio da China" e passou a contar a seguinte versão:

"O João, quando entrou em Pequim, estava tão colado, mas tão colado em Mao Tsé-tung que, sem querer, acabou pisando no pé do grande líder chinês. E Mao, sentindo o pisão, reclamou com ar de quem sentiu dor e exclamou:

'Pola, João!'"[3-4]

Roberto Porto, que conhecia bem a história, escreveu em seu blog que não se discutia que João esteve na China "perto desse período supostamente, embora a 12 de dezembro de 1948 ele tenha me confessado que ajudou a misturar as cadeiras dos sócios do Vasco em General Severiano, na véspera da histórica final do Campeonato Carioca conquistado pelo Botafogo".

---

3   Em seu livro sobre João Saldanha, João Máximo conta que anos depois Saldanha mudou a história para um "relato mais modesto". Ele só teria estado com Mao em 1950, em Pequim, no primeiro aniversário da revolução. "Apertara-lhe a mão, convencera-se de que ele fizera muito bem em mandar executar 120 mil bandidos que viviam saqueando aldeias, incendiando casas, matando gente ('Perto deles, Lampião não pegava nem juvenil...')."

4   O jornalista André Iki Siqueira conta em seu livro *João Saldanha, uma vida em jogo* que o comentarista esportivo Alberto Helena Júnior, amigo de João, "ficou de boca aberta" quando ouviu de Rui Viotti, também locutor e comentarista esportivo, que este vira uma foto de João ao lado de Mao. "Era o Mao ou o Chu, um desses dois, com aquela roupinha de chinês. Quer dizer, alguma verdade há! Pode ser que ele não tenha andado do lado do Chu En-lai e pisado lá no calo dele, como contava o Sandro Moreyra, mas certamente esteve lá na China e certamente tirou essa foto ao lado de uma daquelas duas grandes personalidades da Revolução... Se era tudo verdade, se era um pouco de verdade, se era um pouco de mentira, isso ninguém sabia direito. Porque eram experiências que João tinha vivido e ninguém tinha testemunhado."

Em quase 30 páginas do livro *Futebol e outras histórias*, publicado em 1988, um ano após a morte de Sandro, João Saldanha conta detalhes da sua ida à China para acompanhar com outros jornalistas a entrada do exército de Mao em Pequim. Diz que se atrasou "um pouco", que o grupo tinha três intérpretes muito bons e que viu Mao Tsé-tung "umas quatro vezes".

"*Mao era alto e nada tinha de 'amarelo'. Era bem rosado, com as maçãs do rosto bem salientes e até avermelhadas.*"

Depois de escrever que no período esteve no Brasil "só para ver a Copa de 50", conta que voltou para a China, via Europa, para fazer "a cobertura jornalística do final da Guerra".

"*Mao Tsé-tung já havia tomado Chan-chung e se dirigia para Tien-tsin, onde começa a Grande Muralha. Dali a Pequim era um pulo. Além do mais, as tropas de Chiang Kai-chek estavam se retirando velozmente. Se eu quisesse acompanhar Mao antes de chegar a Pequim, teria de ir muito depressa.*"[5]

João Saldanha ficou um bom tempo sem saber da zoação de Sandro por causa de Mao. Mas um dia, por volta de 1984, alguém fez a fofoca, João soube e as coisas quase ficaram negras. Roberto conta:

– *Irritadíssimo, João entregou uma carta ao companheiro José Antônio Gerheim, então no* Jornal do Brasil, *fazendo sérias ameaças a Sandro. Segundo me recordo, falava até em tiro. Gerheim, assustado, não sabe onde guardou o histórico papel. Mas que o ambiente na redação ficou pesado, isso ficou. E muito pesado. Os dois, João e Sandro, nem se olharam a partir daí. Os dois ficaram brigados.*

Segundo João Máximo no seu livro sobre Saldanha, este criticou na carta o fato de o amigo "usar muitas de suas frases e anedotas nas saborosas historinhas com que Sandro sempre concluía sua coluna no *Jornal do Brasil*, inclusive as que tomou emprestadas a Neném Prancha". Segundo o escritor, "Sandro, naturalmente, ficou magoado. E fez do incidente seu último desapontamento com João Saldanha".

---

5   Há controvérsias. Os comunistas conquistaram o poder e proclamaram a República Popular da China em 1º de outubro de 1949, sendo instalada a Conferência Consultiva do Povo, que elaborou o programa do novo governo, presidido por Mao Tse-tung, sendo Chu En-lai Presidente do Conselho e Ministro do Exterior. No livro *Mao, a história desconhecida*, os autores Jung Chang e Jon Halliday escrevem que nesse dia "Mao apareceu de pé no alto do Portão de Tiananmen (...) em sua "primeira aparição pública diante de uma grande massa de centenas de milhares de pessoas (...)" onde "pronunciou o único discurso que fez do portão em todo o seu reinado de 27 anos (...)."

CAPÍTULO 8: "POLA, JOÃO!"

Gerheim confirma ter recebido a carta:

– Acho que João já estava num processo de esquizofrenia. Brigão, querendo reagir. Sandro com aquele espírito dele, debochando de tudo. Saldanha chegou pra mim e disse:

"Agora pra mim é definitivo. Não quero mais conversa com esse indivíduo. Quero que você entregue a carta pra ele."

"Mas logo eu?", perguntei.

"Sim, Você é o editor."

Gerheim fez a carta chegar a Sandro.

– Soube depois do teor pelo próprio Sandro. Dizia que era inadmissível um comunista ter o tipo de comportamento que Sandro costumava ter. Saldanha criticava o "brizolista" Sandro pelo fato de ter apoiado em 1985 a candidatura do senador pedetista Saturnino Braga a prefeito, em vez dele próprio, Saldanha, que concorreu contra Saturnino, chegando em segundo lugar. Essas coisas João não perdoava no Sandro. Achava que tinha que marchar com ele.

O próprio Saldanha, no livro *Meus amigos*, revela um quiproquó ocorrido entre ele e Sandro, quando João foi convidado para ser técnico do Botafogo. Começa contando que, ao sair de casa, "filosofando", perguntou à "patroa" e aos filhos "Joãozinho e Rutinha" se ele era mesmo João Saldanha. "De amargar", né?

"Claro, às vezes a gente fica em dúvida. Pombas, eu trabalho em rádio e jornal e quando leio o jornal ou ouço o rádio lá estou metido em coisas que não sabia. A turma que trabalha comigo, olha enviesado pensando que estou escondendo leite. O José Dias, que é meu chefe na Rádio Guanabara e o Aparício, que está substituindo o Laurence por uns dias, me interpelam desconfiados: 'Não vai me passar para trás. Que negócio é este? Todo mundo sabe e eu vou ser o último?' E eu com cara de besta. Como não posso comprar todos os jornais, vou na coleção e fico sabendo o que há comigo (todos os jornais têm coleção de todos os jornais). Foi por isto que fiz aquela pergunta à turma lá de casa e, embora eles tivessem me olhado de um jeito meio esquisito, confirmaram que eu era a pessoa por quem perguntava. Paciência..."

O motivo disso tudo? Saldanha explica:

"O Sandro Moreira (sic) sacou na TV-Rio, com ar misterioso, que eu estava no Fluminense. Depois o Heron Domingues embarcou na canoa e confirmou o Sandro."

E continua:

"*Tudo com tanta seriedade, que meu vizinho, que tinha escutado no rádio que eu assumira a vaga do Marinho (Rodrigues)[6] no Botafogo, entrou porta adentro pela minha casa, depois da meia-noite, e não sei se meio brabo ou se era a pouca luz existente, terminou com uma frase que eu não gostei: 'É por isso que os técnicos se avacalham. Querem jogar com pau de dois bicos...' e não sei mais o quê."*

Irritado, Saldanha conclui:

"*Eu não tinha visto a TV nem escutado o rádio, quase engrossei com o amigo e respondi: 'Pau de dois bicos é o melro[7]'.*"

José Antônio Gerheim entende que João começou a implicar com Sandro quando Borer foi presidente do Botafogo.

– Obrigado a conviver com Borer, lá pelos idos de 1977, Sandro deu sozinho a notícia de que o Botafogo ia contratar o Orlando, lateral-direito do América, que acabou indo para o Vasco. Quase perdi o emprego no *Globo* por causa disso e o João não perdoou, dizendo que ele estava se bandeando pro lado do Borer, que era um cara que tinha matado gente do Partido Comunista. Saldanha misturava um pouco as coisas. Achava que esse tipo de atitude era traição ao comunismo, que Sandro não podia ter relação com um sujeito que nem o Borer. Os dois retratavam muito bem o preto e o branco da história do Botafogo. Como dizia o poeta botafoguense Augusto Frederico Schimdt a respeito da desavença entre os dois: "O Botafogo tem a vocação do erro."

Em seu livro sobre Didi, Roberto Porto reforça a versão de que *"Sandro e João tinham uma diferença não resolvida"*.

– *Sei que companheiros de imprensa vão tentar polemizar, mas, para mim, João Saldanha, do ponto de vista político, condenava, no íntimo, digamos assim, uma certa festividade no esquerdismo de Sandro Moreyra. Posso estar errado, mas não vejo outra explicação para tantas avenças e desavenças, tantas briguinhas inúteis entre os dois.*

Roberto conta que teve sorte em conviver bem com os dois. Tinha "certeza quase absoluta que João não perdoava em Sandro o espírito galhofeiro, brinca-

---

6   João, que confiava muito na memória, deve ter sido traído por ela. No livro ele escreveu que substituiu Geninho e não Marinho Rodrigues, pai do zagueiro Fred e pai adotivo de Paulo Cézar Caju, que treinou o Botafogo depois de Saldanha.

7   O melro-preto, vulgarmente conhecido como melro ou mérula, é uma ave que, dependendo da latitude, pode ser residente, migratória ou parcialmente migratória. O dicionário Aurélio classifica também como "indivíduo sagaz, finório; espertalhão".

CAPÍTULO 8: "POLA, JOÃO!"

lhão, e Sandro não aturava em João o fato de ter parentesco com dono de cartório e de não ter necessidade de trabalhar duro para se sustentar. Isso eu posso garantir". Garante também que tentou quebrar o gelo e botar tudo em pratos limpos.

"(...) De minha parte, como botafoguense e respeitador do passado e do presente de ambos, sempre fiz uma espécie de papel conciliador. Houve até uma vez, antes da famosa carta, que consegui juntar os dois em minha casa, em Laranjeiras, então na Rua Ribeiro de Almeida, pertinho da Rua Pereira da Silva e a pouquíssimas quadras do Fluminense. Os dois, mais Nílson Dentinho Damasceno e Fernando Calazans, fartaram-se de beber do bom uísque escocês. Nílson e Fernando continuaram conversando comigo, mas João e Sandro apagaram. E só voltaram do sono de madrugada, aí então com toda a corda. Sei que a reunião foi até umas seis da manhã. E todos saíram na paz de São Carlito Rocha das Gemadas. Mas para mim, João e Sandro morreram brigados."

Há controvérsias.

Galvão Bueno conta que, em 1987, quando João fez 70 anos, durante a Copa América da Argentina, que durou muito pouco para o Brasil após tomar de 4 a 0 do Chile, Sandro preparou uma surpresa para Saldanha:

– O Sandro deu um jeito de fazer uma feijoada em Mendoza, na terra do vinho. Ele levou feijão, os pertences de feijoada e a cachaça para fazer a caipirinha. Ensinou o cozinheiro a preparar tudo e comemoramos o aniversário do João comendo feijoada na Argentina. Esse era o Sandro. Que grande coração.

O apresentador Paulo Stein garante que foi ele quem promoveu a reconciliação entre os dois:

– Passado um tempo, dois ou três meses antes de o Sandro morrer, fomos jantar na Bella Roma, eu, Areosa, Márcio Guedes... Éramos uns oito na mesa. O João sentado de um lado e o Sandro de outro, cada um comandando a conversa. Era uma disputa clara pra ter a palavra. Não aguentei aquilo. Levantei e perguntei:

"João, você tem alguma porra contra o Sandro?."

Saldanha respondeu:

"Não."

"Sandro, você tem algo contra o João?"

"Não."

Aí eu disse: "Por que não vão os dois tomar no cu e acabam com essa viadagem?"

Um mês depois Sandro morreu.

CAPÍTULO 9
Adiós, micrófono

"Quando eu comecei a fazer o Estrela Solitária e, por acaso, uma das primeiras pessoas que entrevistei foi a Sandra Moreyra, minha amiga, ela me falou: 'Olha, toma cuidado com as coisas do papai, hein! Não vai na onda do que ele escreve, pois ele inventava a maior parte.' Disse a ela que estava sabendo disso porque sou leitor dele há milhões de anos e eu sei que ele contava umas histórias do Garrincha, e quando essas histórias deixaram de interessar por causa do declínio do Garrincha ele voltou a contar as mesmas histórias só que o personagem era o Manga. Tudo era inventado na verdade."
(**Ruy Castro** *por telefone ao autor do livro*).

"Encerra-se a VII Copa do Mundo, com o ato simbólico do arriamento da bandeira do Chile. A multidão canta o Hino Nacional do Chile. Em seguida, campeões e vice-campeões fazem a volta olímpica, saudando o público: os brasileiros, correndo por dentro do campo e os tchecos, pela pista, em homenagem aos campeões. O último jogador a deixar o campo do Estádio Nacional de Santiago, no último ato da Copa do Mundo, é Garrincha, que corre acenando um festivo adeus com o boné na mão direita.

Um locutor chileno cerca-o na boca do túnel e pede uma breve entrevista, duas palavrinhas 'al micrófono para sus despedidas'. Garrincha se despede: Adeus, micrófono."

A história é das mais conhecidas de Sandro Moreyra, e a versão acima foi contada por Armando Nogueira e Araújo Neto na página 158 do hoje clássico *Drama e glória dos bicampeões*. Mas não era para ter sido publicada se fosse adotado o critério dos dois autores de não divulgar os pitacos de Sandro Moreyra.

O jornalista e escritor João Máximo lembra que Armando, conhecendo Sandro, e botafoguense como ele, disse a Araújo:

"Cuidado com as histórias do Sandro. Ele está passando muitas histórias para o Mario Filho. Nosso livro não pode ter nenhuma mentirinha. Nada inventado pelo Sandro."

A partir daí os dois, preocupados em não levar bola nas costas, mantinham o pé-atrás nas conversas com Sandro.

– O Sandro chegava na mesa deles com aquele jeito moleque e dizia "põe essa"; e eles não punham nada que o amigo contava. Como por acaso poderia ser verdade, confirmavam com outro colega.

Armando Nogueira ficou fulo da vida com as mentiras que Sandro contava a Mario Filho, que também estava escrevendo um livro sobre a Copa de 1962, e decidiu botar os pingos nos is e tomar as dores do colega. Sandro não tomou conhecimento da repreensão e foi adiante, inventando sonhos de Garrincha, premonições de Didi, palpites de Nílton Santos e assim por diante. Mario Filho acreditava em tudo. Foi então que Armando passou um novo pito em Sandro, seu colega do *Jornal do Brasil*.

Segundo Roberto Porto, Sandro só lhe disse uma coisa:

"*Você, Armando, ainda vai colocar uma mentira minha em seu livro.*"

Vários outros jornalistas lembram dessa história. Mario Jorge Guimarães é um deles:

– O Armando pegou causos e queria botar só histórias verdadeiras. E o Sandro disse: "Eu tenho uma."

Armando respondeu:

"*Você não. Eu não quero. Nunca sei se suas histórias são verdadeiras.*"

Roberto Porto conta que, quando Sandro leu a história do "Adeus microfono" no livro, chegou pro Armando e disse:

"*Mas essa não é verdadeira. O autor sou eu.*"

Armando argumentou:

"*Não senhor. Essa não foi você que me contou. Quem me contou foi fulano.*"

E Sandro, que não dava colher de chá nem pros maiores parceiros, rindo muito, tripudiou:

"*Pois é, mas quem contou pra ele fui eu.*"

CAPÍTULO 10
O homem de Pau Grande

"O Sandro Moreyra inventava as histórias sobre mim ou exagerava para ficar mais jornalístico. Sei lá. E o pessoal acreditava! Teve coisa que ele escreveu de tal jeito que até eu acabei acreditando." (Personagem **Garrincha** *no filme Garrincha, uma estrela solitária)*

Quando Manuel dos Santos chegou de Pau Grande para fazer teste no Botafogo e dizem que enfiou uma bola entre as pernas de outro Santos, o Nilton, Sandro Moreyra estava lá e achou fraco o apelido de Garrincha. E até "um pouco feminino", como escreveu Ruy Castro em *Estrela solitária – Um brasileiro chamado GARRINCHA*.

"Talvez porque já houvesse no Rio alguém chamado Garrincha: uma senhora da sociedade, Garrincha Melo Franco Lobo. Seu nome verdadeiro era Maria de Lourdes, e ela vinha de uma família de ilustres políticos mineiros, neta de Cesário Alvim e tia de Afonso Arinos de Melo Franco. Garrincha, naturalmente, era o seu apelido nas colunas sociais. Sandro podia não conhecer dona Garrincha, mas, de qualquer forma, achava que esse apelido não fazia justiça àquele jovem que cavalgava pela ponta direita como um potro, driblando quem tentasse tomar-lhe a bola."

Havia na época um cavalo 'invencível' chamado Gualicho, que ganhara o Grande Prêmio Brasil do ano anterior e era favorito disparado ao Grande Prêmio daquele ano. Fernando Bruce, editor de esportes do Diário da Noite, era apaixonado por turfe. Segundo Ruy Castro, Sandro e Bruce combinaram que Garrincha deveria chamar-se Gualicho.

O Diário da Noite *sapecou no título "Surgiu no Botafogo um ponteiro espetacular". Chamou de Gualicho e todo mundo foi atrás. Nos primeiros meses Mané foi chamado de Gualicho, Garribo, Garrico, Carricho, Garricho, Garricha, Garrinha, Garrincho e... Garrincha. Nas rádios, locutores esportivos como Oduvaldo Cozzi e Waldir Amaral, aderiram a Gualicho. Apenas Luiz Mendes optou chamar de Garrincha.*

Até que o repórter Geraldo Romualdo da Silva, de O Globo, encerrou o assunto com a publicação de uma longa entrevista com o jogador e o título:

"Meu nome é Manuel e meu apelido é Garrincha."

Publique-se a lenda

"De repente, eu perguntei:
'João existiu, Mané?'
Ele me olhou com desleixo (...). Após longo suspiro, me deu esta versão:
'Na minha pré-adolescência, toda Semana Santa eu era obrigado, assim como a maioria dos jovens da localidade, a assistir ao filme sobre a vida de Nosso Senhor Jesus Cristo. Só duas coisas me chamavam a atenção no filme: a dança sensual de Salomé e o fato dela pedir a Herodes a cabeça de João Batista numa bandeja."

A história resumida aqui foi contada por Gerson Suares, filho da cantora Elza Soares, no capítulo "O primeiro João" do livro *De pernas para o ar, minhas memórias com Garrincha*.

Segundo o autor do livro, Garrincha recordou que "no Sábado de Aleluia os meninos vingavam-se em bonecos amarrados em postes".

"Eu achava covardia dar pauladas e incendiar bonecos indefesos. No domingo, após a missa, eu fazia de Judas meu marcador, via nele um soldado romano entregando, com sorriso mórbido, a cabeça de João Batista numa bandeja. Num desses jogos, contra um time de uma fábrica de suco de laranjas de Petrópolis, ao sair do vestiário para entrar no gramado, eu vi o time adversário ouvindo a preleção de um homem de cabelos grisalhos, que vestia a camisa número 6. Pensei comigo: será que esse coroa vai me marcar? Ele gritava, gesticulava, dava bronca nos jogadores em silêncio, cabeças baixas, submissos. Mais tarde, soube ser o gerente dos meninos. Um tirano chefiando sua equipe com mãos de ferro. Demitiu muito pai de família por pequenas falhas ou por intolerância. Pois o homem era o lateral esquerdo, me marcaria naquele Domingo de Páscoa.

Na primeira jogada passei facilmente por ele. (...) Eu não gostava de moleza. Numa jogada quase ao fim da primeira etapa, eu o iludi três vezes e, por último, jogando a bola por entre suas pernas, parei colado à bandeirinha de corner para fazer o cruzamento. De repente, lá veio ele, correndo feito touro bravo, bufando, tirando do peito talvez as sobras de energia, orgulho ferido e, na ânsia de pegar mais a mim do que a bola dominada sob meus pés, atirou-se na grama num

Sandro amou as três esposas, Milu, Lea e Marta; as duas filhas, Sandra e Eugênia; o Botafogo, a Mangueira, os cachorros...
"*E o Biluca? Aqui tem muita loja com coisas para ele, que será também devidamente presenteado. Coleiras e um osso com cheiro que não acaba e com ele pode se divertir, roendo a vida toda.*" (em uma carta para a família)... E o sol.

Voltando de excursão do Botafogo, de navio, com Pampoline.

Álbum de família - Sandra Moreyra

Álvaro Moreyra e a bela e revolucionária Eugênia, pais de Sandro, na posse do Presidente Eurico Dutra. O autor do clássico *As amargas, não*, publicado em 1954, só entrou para a Academia Brasileira de Letras após a morte da mulher.

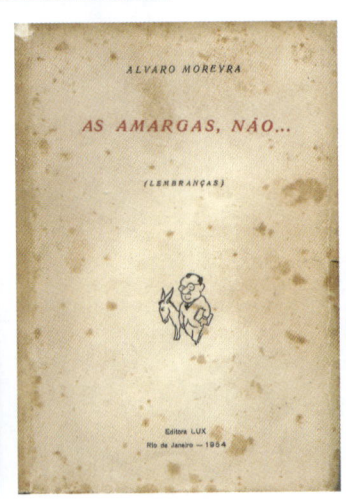

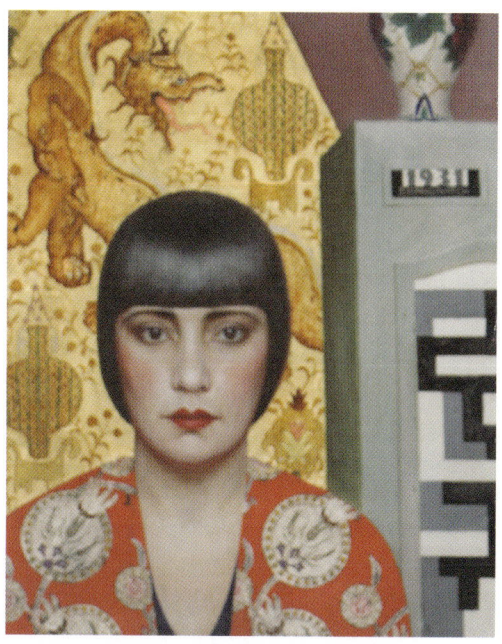

"*Se eu jogar bola aqui, pode quebrar a Monalisa esquisita*", bisneto Francisco fazendo graça na casa da avó Sandra com o quadro da trisavó Eugênia (à esquerda). O outro, maior, está na casa de dona Rosa, irmã de Sandro.

Fundação Casa de Rui Barbosa

Álvaro, Tarsila do Amaral, João Ribeiro, Eugênia e Angelina Agostini. A bela época em que o casal vivia no meio de artistas e intelectuais e ditava a moda.

Reprodução Internet

Pagu, Elsie Lessa, Tarsila do Amaral, Anita Malfatti e Eugênia. O casal flertou com a fina flor da esquerda e com a turma da Semana de Arte Moderna de 1922.

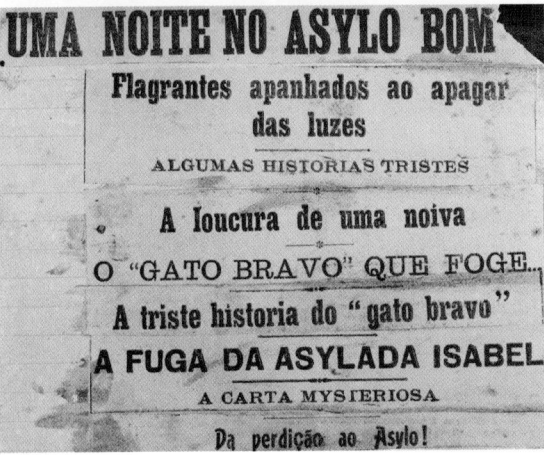

Eugênia é considerada a primeira "reportisa" brasileira e sua carreira deslanchou quando escreveu a célebre reportagem sobre o Asilo Bom Pastor.

A ousada feminista, sufragista e ativista política Eugênia fumando um legítimo cubano, durante depoimento na polícia em que "tirou onda" com o delegado.

Fundação Casa de Rui Barbosa

Sandro (segundo da esquerda para a direita) com os irmãos João Paulo, Vivinho e Ysia, no jardim da casa onde brincavam, pintavam e bordavam.

Fundação Casa de Rui Barbosa

A famosa casa da Rua Xavier da Silveira, 99, em Copacabana, em que o casal recebia os amigos e onde, segundo Sandro, *"a liberdade era a regra da vida"*. Álvaro com os netos Ana Maria, Paulo e Beth, filhos de Rosa, irmã do Sandro.

Dá pra imaginar um Sandro (segundo da esquerda para a direita, na fileira da frente) comportado? Sim. Na tradicional foto com colegas de turma no colégio.

Na primeira comunhão, de blazer cheio de charme e sedutor e no tradicional 3x4 da carteira de identidade.

Com parentes e amigos. Agachado, de terno preto (foto à esquerda) e sentado, também de terno escuro, à frente do pai, de terno branco.

Álbum de família - Angela Porto

Quando não estavam aprontando pelas ruas, Sandro (agachado, primeiro da esquerda para a direita), João Saldanha (ao lado do cara de touca) e Sérgio Porto, o goleirão grandalhão (terceiro, de blusa branca, em pé), disputavam um outro tipo de pelada na praia.

O jovem Sandro, com seu figurino preferido, no posto 4 em Copacabana, e as carteirinhas de sócio da ABI.

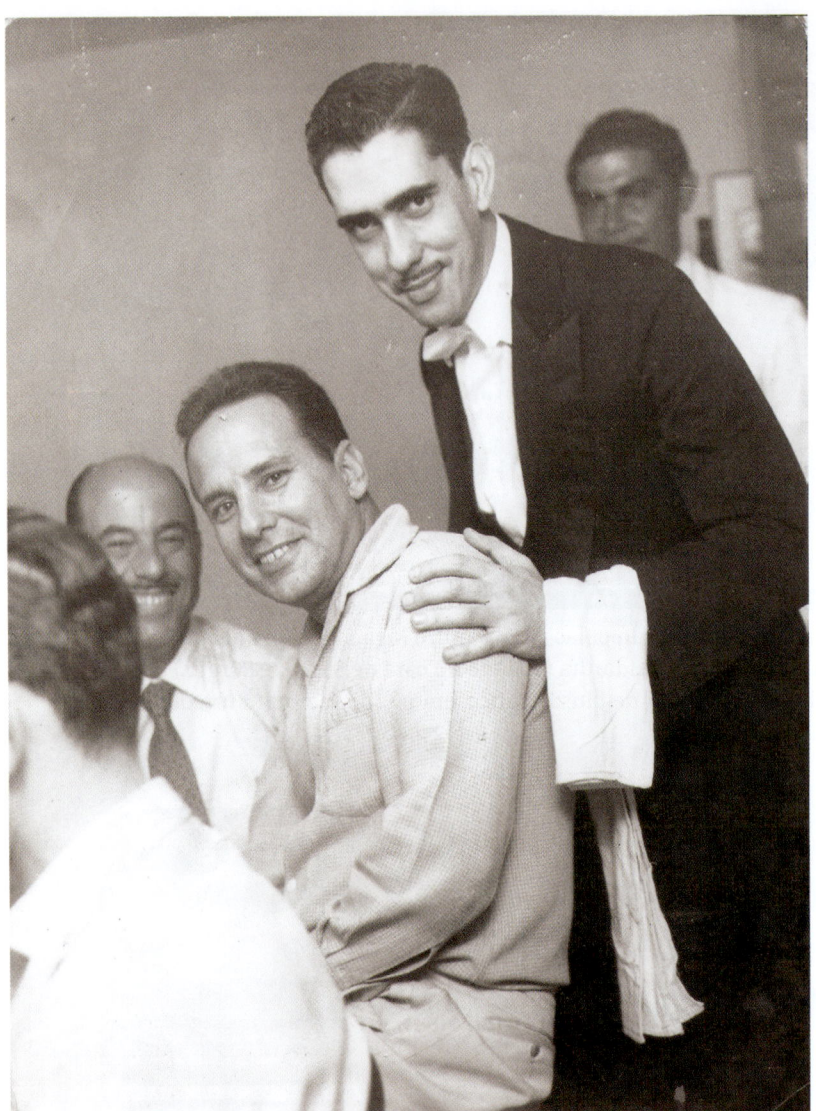

Com um daqueles amigos inseparáveis que colecionaria durante toda a vida, os *maîtres* e garçons, como Antenor, o Garrincha, da Plataforma (foto menor).

Lea (à esquerda), segunda mulher de Sandro, abraça a futura jornalista Maria Lúcia Rangel, junto com os tios Nelly e George e as primas Lena e Gilda.

Milu, a primeira mulher, e Marta Helga, a última (em dois momentos).

Em eventos diversos com Marta.

Sandro (de cabeça inclinada) com as três esposas atrás (Lea, Milu e Marta), na formatura de Rodrigo (de paletó), marido de Sandra (à esquerda de saia preta e mãos entrelaçadas).

A irmã de Sandro, Dona Rosa (à direita), com a filha Ana Maria e a sobrinha Valéria, filha de João Paulo, irmão de Sandro (abaixo, com dona Rosa, quatro meses antes de morrer).

O pai babão nunca voltava das viagens de mãos abanando. Em 1961, em uma das muitas excursões do Botafogo pelo mundo, Sandro intimou o lateral direito Cacá a voltar a uma loja, por causa de uma boneca.

Álbum de família - Sandra Moreyra

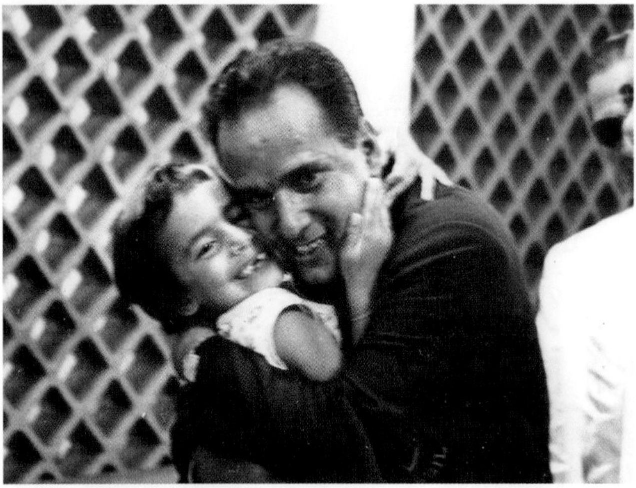
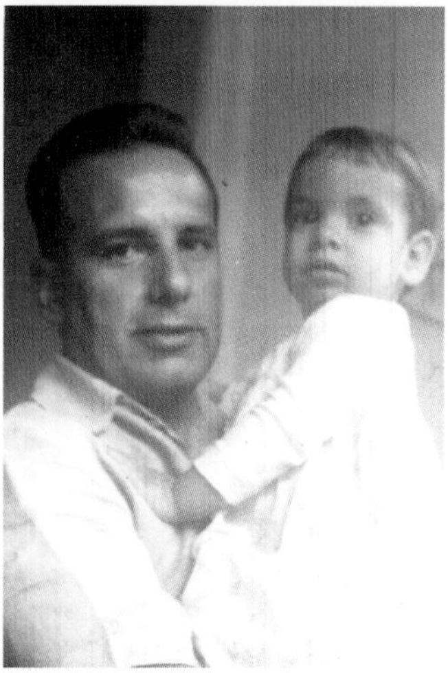
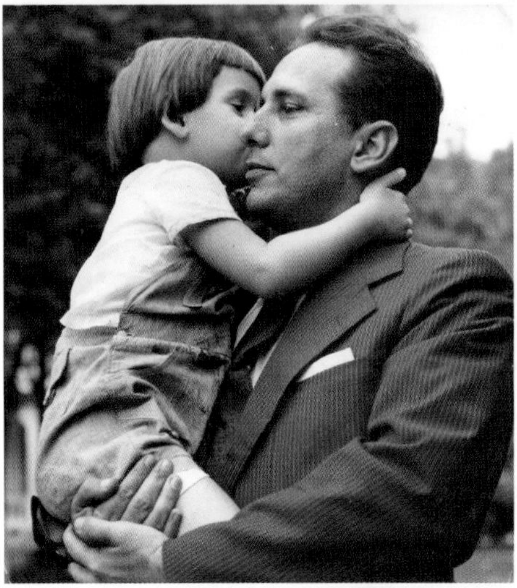
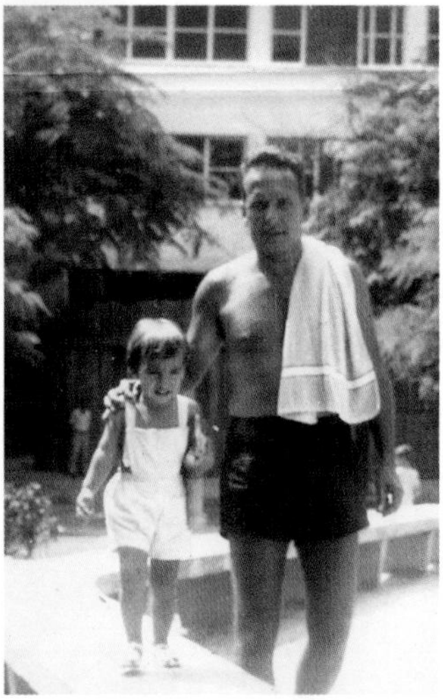
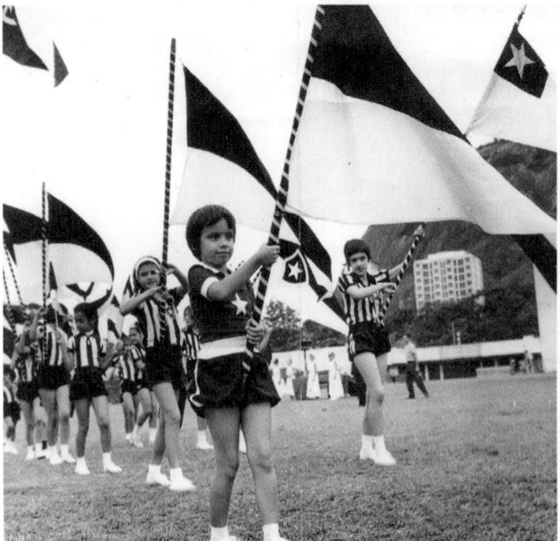
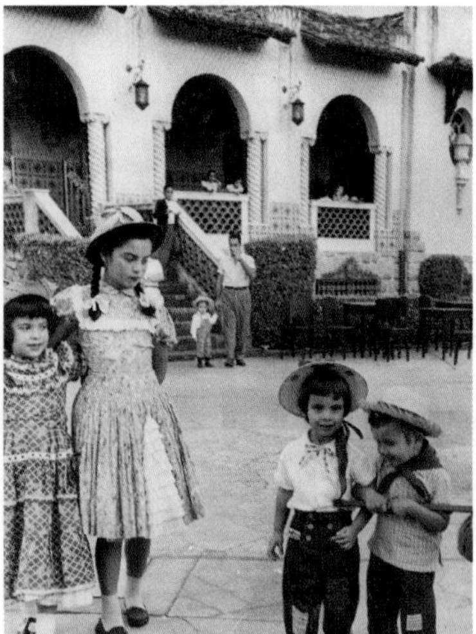

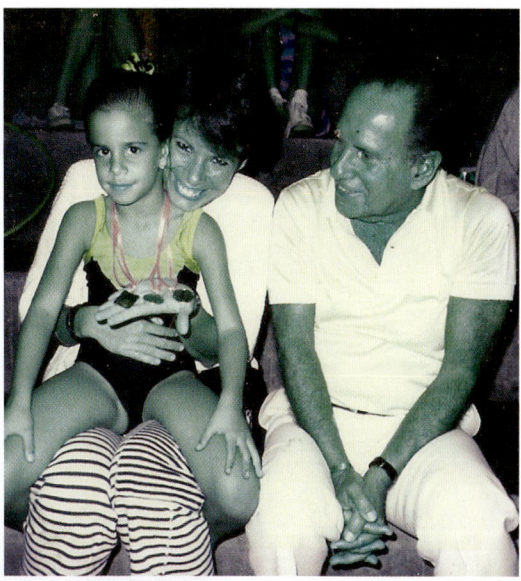

Sandra em diversos momentos com o pai, com quem conviveu bastante. O avô babão, bronzeado como sempre, curte a neta Cecília. Eugênia em uma das poucas fotos com o pai e com a filha Carolina.

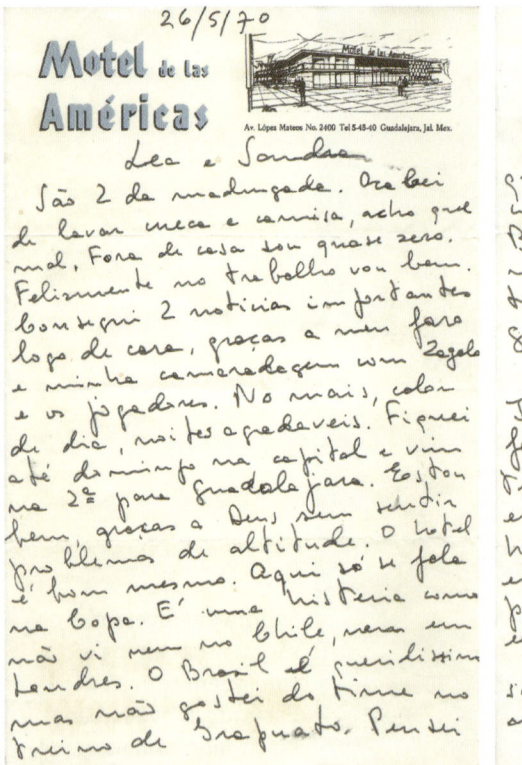

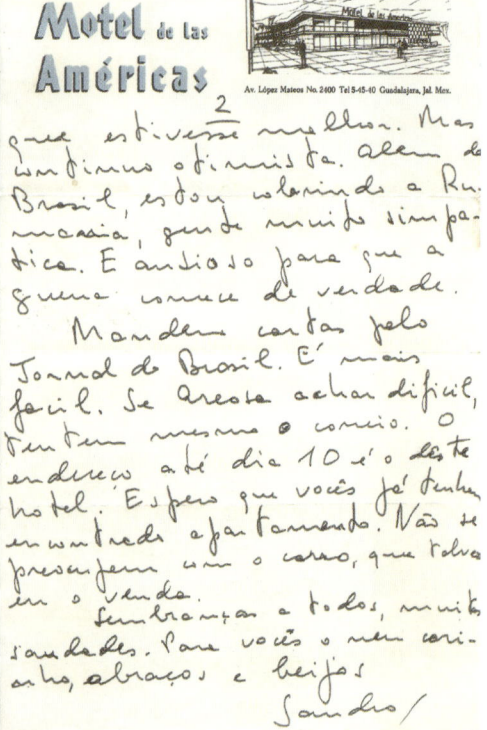

Assim como o pai (reprodução de cartas ao alto) e a mãe, Sandro Moreyra também tinha a mania de mandar correspondências para a família em suas viagens.

castel plaza del sol

Hotel Plaza del Sol, S.A.
López Mateos y Mariano Otero
45050 Guadalajara, Jal.
Apartado Postal 31-444
Tel.: 21-40-50 21-05-15 Telex: 681603 - HOSOME

Guadalajara 3-5-86

Sandra

Estou dando o curso habitual de quatro em quatro anos. Muito trabalho. Estive com a Eugênia, almoçando, ela está magrinha e também dando enorme curso, mas bota é sempre a frente. Vale a pena.

O Brasil meio ruimzinho, só dá pena pensar se o colar meter os engenhos. O dolar aqui é bravo. Fui ver Plácido Domingo, uma parada. Muita gente do Circo Voador, me conhecem, falam comigo como íntimos. Aí pensarei Guadalajara.

Tudo bem com vocês? Diz ao Léo para depositar meu dinheiro de Abril. Saio dia 10 ou 12. Beijões do papai Sandra.

Tem presentes para você também. Prata fina.

CASTELES:
- PLAZA DEL SOL, Guadalajara, Jal.
- PLAZA LAS FUENTES, Toluca, Méx.
- SICOMORO, Chihuahua, Chih.
- PELICANOS, Puerto Vallarta
- PALMAR - IXTAPA, Ixtapa Zihuatanejo, Gro.
- CABO, San José del Cabo, B.C.S.
- SAN FELIPE, B.C.
- BUGAMBILIAS, Puerto Escondido, Oax.

Álbum de família - Sandra Moreyra

Sandro convivia no dia a dia com craques como Garrincha (no filme de Joaquim Pedro e no aniversário), Nilton Santos (no casamento como padrinho) e muitos outros, em uma época em que ainda não havia o atual "circo das celebridades".

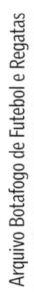

O jornalista botafoguense (na foto maior com o então jovem Carlos Eduardo, futuro presidente do clube, de camisa listrada) também convivia com os dirigentes como Carlito Rocha e Borer e até interferia em negociações de jogadores do Botafogo.

No antigo Aeroporto do Galeão, abraçado à segunda esposa, Lea, a caminho de mais uma excursão do Botafogo ao exterior.

Álbum de família - Sandra Moreyra

Álbum de família Sandra Moreyra e Arquivo pessoal Márcio Tavares

Em viagens pelo mundo, acompanhando o Botafogo ou a seleção brasileira (na porta do carro), com amigos jornalistas ou curtindo a vida sozinho.

Álbum de família Sandra Moreyra, arquivo JB e arquivo Botafogo

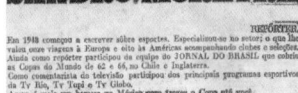

Com equipes de craques na redação do *Jornal do Brasil* e com uma das vítimas de suas gozações, o colega Salim Simão (de óculos).

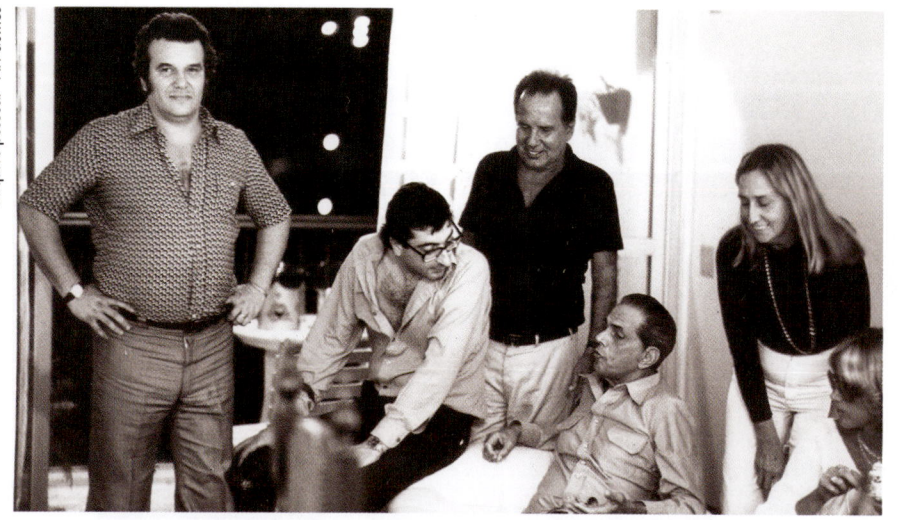

Em casa, comemorando o aniversário de João Saldanha com Oldemário Touguinhó, Alberto Helena Júnior e Marta Helga.

Na casa de Márcio Tavares, no Grajaú, com amigos como o saudoso Alberto Léo, Fernando Paulino, o então "foca" Renato Maurício Prado e outros.

Em jantar descontraído, com Francisco Horta, Marcio Guedes e Roberto Porto.

"Leonel é o atual governador do Estado do Rio de Janeiro, que tem como uma das suas prioridades o ensino. A partir daí, já conseguiu quintuplicar o número de salas de aulas para serem usadas pelos estudantes. O Sambódromo é um projeto do Arquiteto Oscar Niemeyer – um homem socialista (...) uma obra para o povo e não destinada à alta sociedade. Havendo eleições diretas para presidente, eu votaria no Brizola. (...) Acredito até que o Brizola ganhe, fruto do seu carisma popular, o que não acontece com o Maluf. Este turco está comprando a presidência com jantares e convites em troca de votos." (Sandro Moreyra)

Além de homenageado pelos estudantes de uma faculdade do Rio de Janeiro, Sandro virou nome de uma escola em Bangu, de um Ciep em Duque de Caxias, de uma praça na Rua Marquês de Abrantes, no Flamengo, no Rio de Janeiro e de três salas de Imprensa (na Granja Comary da CBF, em Teresópolis; no Estádio Nilton Santos, também conhecido como Engenhão, e na Mangueira).

"(...) Na época não fazia sol no Rio e o jeito foi apelar pro bronzeamento artificial. Comecei a ficar com a cor do Sandro (...)". (Ator Henrique Pires, caracterizado como Sandro no filme "Garrincha, estrela solitária" (2003), de Milton Alencar, inspirado no livro de Ruy Castro).

Um repórter dentro de campo vibrando com um título do seu time? Assim era Sandro Moreyra (Final do Campeonato Carioca de 1957 - Botafogo 6 x 2 Fluminense).

Arquivo Governo do Estado de São Paulo, disponível na Internet

Na seleção de craques da literatura e do cinema, no traço do amigo Ique. Da esquerda para a direita, em pé: João Saldanha, Olavo Bilac, Augusto Frederico Schmidt, Vinícius de Moraes, Paulo Mendes Campos, Fernando Sabino, Clarice Lispector, Sandro Moreyra e Armando Nogueira. Agachados: Glauber Rocha, o mascote João Moreira Salles, Otto Lara Resende, Luís Fernando Veríssimo, Ivan Lessa e Antonio Cândido.

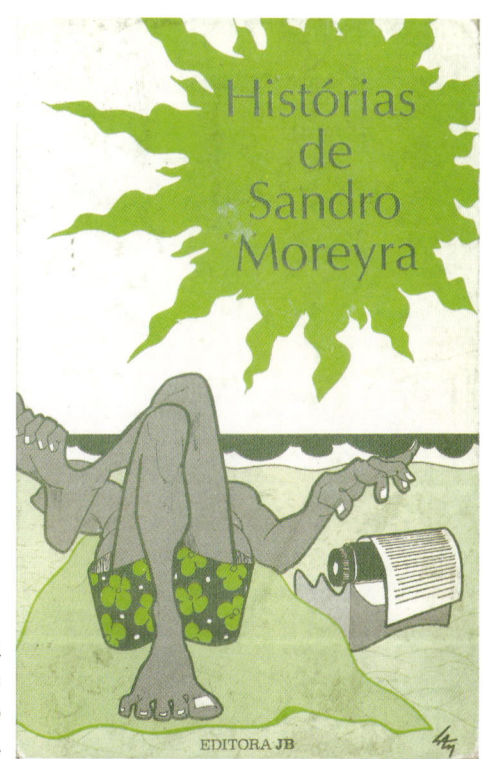

A capa de seu livro de histórias ilustrada pelo amigo Lan.

E nessa antiga máquina, guardada como relíquia pela filha Sandra, Sandro escreveu sua última coluna (abaixo).

Esportes

domingo, 30/8/87 — 1º caderno

Sandro Moreyra

O exemplo dos atletas

Nas duas semanas em que esta coluna andou flanando de férias, os atletas brasileiros no gramados, nas quadras e nas pistas brilharam intensamente subindo várias vezes ao pódio dos vencedores do Pan-Americano.

Neste torneio, reunindo os maiores atletas do continente, o Brasil geralmente conseguia medalhas, mas fruto do brilhareco individual de um ou outro privilegiado. Desta vez, no entanto, voltou carregado de ouro, prata e bronze e se colocou entre os mais premiados.

A grande vedete do Pan foi, sem dúvida, o ouro do basquete masculino, porque conquistado dentro e em cima dos Estados Unidos e em Indianápolis, um espécie de capital do capital americano. A atuação de Óscar nesta conquista teve a mesma importância daquela que Pelé e Garrincha representaram nos três títulos mundiais do futebol.

No feminino, a medalha de prata foi outra façanha louvável, com Horténcia igualmente brilhando intensamente como a superestrela e maior cestinha do torneio. O esporte brasileiro destacou-se ainda no judô, no remo, no tênis, na ginástica e até no futebol.

É verdade, no futebol, o time improvisado e amaldiçoado de Carlos Alberto Silva ganhou a medalha de ouro: foi campeão. Nunca se esnobou tanto uma seleção brasileira com desta vez. Até o CND torceu contra e nem teve a gentileza de cumprimentar os vencedores. Aquela habitual histeria que acompanhava as seleções, centenas de repórteres, comentaristas, microfones, câmeras e tudo o mais grudados minuto a minuto, não existiu em Indianápolis. As rádios fizeram dublagem dos jogos, pegando carona nas imagens da televisão e esta não teve o tradicional plimplim ficando por conta da Record-Corcovado e da Educativa.

Talvez esse isolamento tenha sido um bem, contribuindo para que jogadores e técnicos trabalhassem em calma e acabassem por levar a Seleção Brasileira ao pódio, ao título de campeão, coisa que há muito ela não vê.

Num país em que o esporte chamado amador vive quase ao abandono e em alguns casos num total desamparo, o feito dos atletas brasileiros no Pan-Americano merece ser destacado pelo que representou de determinação, fibra, vontade de vencer.

Mas, enquanto os atletas brilhavam e eram recebidos com festas pelo seu povo — o governo não deu muita bola —, os cartolas continuavam os seus esforços para se manter no primeiro plano. Até agora não conseguiram se entender e seguem na acirrada luta pelo comando do futebol. Há os 13, há os 18, há os não sei quantos mais, tudo na Justiça em busca de liminares ou em Brasília a puxar o saco de ministros na tentativa de mais facilmente alcançar seus objetivos.

Setembro está chegando, os campeonatos europeus já começaram, certinhos, turno e returno definidos até maio do ano que vem e nós aqui a perder tempo com intermináveis discussões, os 13 ameaçando com um campeonato pirata, os 18 a apelarem para a Justiça, o Otávio a querer se livrar do Nabi, o Nabi a querer se livrar do Otávio, e todos tentando conquistar para seu lado as boas graças do governo numa bajulação e submissão deploráveis.

Depois o Campeonato avança datas, entra pelo outro ano e volta a xaropada de sempre: grita-se contra o calendário, a falta de público, o acúmulo de jogos deficitários, uns culpando os outros. A rotina que vem matando a galinha de ovos de ouro do futebol.

A Secretaria Municipal de Esporte e Lazer já está recebendo inscrições para o programa bolado por Sérgio Cabral, *cada Sambista um Desportista*, a começar em setembro nas quadras das principais Escolas de Samba do Rio.

Do programa, que visa naturalmente criar novos atletas, podem participar crianças de 10 a 16 anos. Elas terão à escolha o vôlei, o handebol, o atletismo e o futebol de salão em aulas ministradas por técnicos especializados.

Histórias — Agora que Minas Gerais vai lançar o livro de asneiras do Governador Newton Cardoso, com toda a certeza uma coletânea de dar inveja aos personagens do Febeapá do Sérgio Porto, São Paulo — que não gosta de ficar atrás de nenhum outro estado do Brasil — está preparando o livro de Orestes Quércia. Afinal, depois que ficou em moda falar caipira dentro do Palácio Bandeirantes, quase todo dia acontecem situações como esta:

Um assessor pouco chegado ao falar caipira passou pelo gabinete do Governador Quércia, que assistia entretido a um programa de tevê.

— Firme, governador? — perguntou o assessor esperando ouvir esta resposta:

— Firme não. Sirvo Santo. O firme é só depois das dez.

Com esta coluna e com esta história, Sandro Moreyra se despede para sempre de seus leitores. Ele estava voltando de férias e as escreveu na sexta-feira, mesmo dia em que morreu.

SANDRO MOREYRA
(7º DIA)
OS AMIGOS DA PRAIA DO CASTELINHO

✝ Adyr e Beth, Alipio e Beth, Antonio Carlos (Leão), Cândida, Carmen Sylvia, Ernesto e Sheyla, Jury, Jussara, Lucila, Maria Helena, Nisiclér, Pedro, Rejane, Siomar, Solange e Sonia, muito tristes pela perda do querido amigo SANDRO, comunicam a Missa de 7º Dia a ser realizada no sábado, 05/09/87, às 10:30 horas, na Igreja Nossa Senhora do Rosário do Leme, à Rua General Ribeiro da Costa, 164.

Amigos do futebol, da praia e da boemia dão adeus a Sandro

No sábado de sol e temperatura amena, a turma da praia do Castelinho, em Ipanema, acompanhou o sepultamento de seu mais antigo e fiel companheiro, o jornalista Sandro Moreira, que morreu na noite de sexta-feira aos 69 anos. O caixão, coberto com a bandeira preta e branca do Botafogo, uma de suas paixões, recebeu um adesivo plástico, colocado por suas filhas, pedindo *Diretas já* e *Brizola para presidente*, outra convicção do jornalista, conforme testemunhou o deputado federal Roberto D'Ávila, do PDT.

Cerca de 500 amigos participaram do velório e sepultamento de Sandro no Cemitério São João Batista. Quando o corpo descia à sepultura, sua filha, Sandra Moreira, também jornalista, disse que "agora o Brasil ficou mais chato. Ele foi embora e mandou a gente ficar aqui", puxando em seguida uma salva de palmas. Sandra perguntou, ainda à beira do túmulo do pai: "Quem sabe, agora o Botafogo consegue ser campeão?"

Sandro morreu no Hospital São Lucas, vítima de "choque hipovolêmico irreversível e hemorragia digestiva alta desconhecida", conforme atestaram os médicos. Sandro era considerado um dos mais típicos representantes do espírito carioca. Sua filha, Sandra, lembrou-se de uma frase que o pai repetia para seu amigo Salim Simão: "Não seja tão mau humorado, senão ninguém vai no seu enterro".

O enterro de Sandro deixou a capela 2 do São João Batista às 15h, seguido de amigos, esportistas, jornalistas e parentes. O jazigo foi coberto por dezenas de coroas de flores mandadas por seus mais antigos companheiros de boemia e de profissão. Presentes, entre outros, o escritor Rubem Braga, o ex-técnico da seleção brasileira Zezé Moreira, o ex-presidente do Fluminense e juiz Francisco Horta, o juiz de futebol Arnaldo César Coelho, os jornalistas Fernando Barbosa Lima e Carlos Lemos, os atores Adriano Reis e Ítalo Rossi, o diretor de televisão Régis Cardoso, o jornalista e secretário municipal de Esporte e Lazer, Sérgio Cabral, o presidente do Fluminense Fábio Egypto, o deputado Roberto D'Ávila e o líder comunista Luiz Carlos Prestes. O prefeito Saturnino Braga, que estava cumprindo compromissos na favela do Vidigal, foi representado pelo vice-prefeito, Jó Resende.

Os amigos e parentes de Sandro fizeram questão que seu enterro não fosse marcado apenas pela tristeza e procuraram manter o jeito alegre e descontraído que marcou a personalidade do jornalista, que durante 29 anos escreveu no JORNAL DO BRASIL. Ele foi convidado a trabalhar no JB em 1958, saindo do *Diário da Noite*, chamado por Carlos Lemos a pedido de Armando Nogueira, que na época era editor de esportes. Nos últimos anos, Sandro Moreira assinou uma coluna comentando o dia-a-dia esportivo e contando histórias que ele acompanhou na sua vida profissional.

Sandra diz que o pai leva parte do encanto da vida

Mais Sandro nas páginas 40 e 41

O adeus dos amigos no anúncio publicado no *Jornal do Brasil* e a filha Sandra discursando no enterro, diante do caixão coberto pela bandeira do Botafogo, da Mangueira, do PDT e da faixa Diretas já.

20 anos com o Sandro

Fernando Calazans

Estávamos em 1968 e eu, estudante tímido e meio assustado, fui conduzido quase à força pelo José Trajano para fazer um estágio aqui no JB. Que aliás não era "aqui, onde é agora, mas na Avenida Rio Branco. Entrei na Editoria de Esportes e fiquei mais assustado ainda.

Eu estava no meio dos cobras: Oldemário Touguinhó, João Máximo, José Inácio Werneck, Luiz Roberto Porto, Dácio de Almeida, João Arcoa, Nelson Silva, Luiz Lara Resende, o Trajano, Vitor Garcia e outros mais. O ominista, que não estava ali, mas mandava suas colunas diárias, era o Armando Nogueira. E, quando não mandava, o Sérgio Noronha fazia no lugar dele. Era um timaço.

Foi naquele ano e naquela sala de esportes do JB na Rio Branco que eu conheci o Sandro Moreyra, outro daqueles cobras. Estabeleceu-se entre mim e ele — mais por causa dele do que de mim — uma comunicação espontânea, uma ligação imediata cuja explicação até hoje não consegui atinar qual era, pois o Sandro já tinha criado aquela aura de grande personalidade do Rio, enquanto eu, francamente, não tinha nada demais. Pois vou lhes dizer uma coisa: nesses quase 20 anos que nos separam daquele dia, nenhum companheiro ou amigo me tratou com tanto carinho, tanto cuidado, tanta preocupação. Há outros amigos formidáveis, cu sei, a eles quero bem, mas nenhum com a atenção que o Sandro teve comigo. Posso dizer, sem exagero e sem interferência da dor de agora que ele se foi, que Sandro tinha comigo o afeto que se tem por um filho.

Foram, portanto, 20 anos de uma amizade que eu não posso dizer que se fortaleceu com o tempo porque já nasceu sólida e forte. Foi, algunas assim, uma amizade diária em que se variava o lugar: o trabalho, a praia, o bar, o estádio, a casa, a rua, o restaurante.

Sandro era o homem do restaurante. Em volta de uma mesa, ele podia exercer plenamente sua verve inesgotável. Ali, diante de boa comida e boa bebida, ele era mais Sandro do que em qualquer outro lugar, mais Sandro do que na praia. Ali testava suas histórias, se eram boas ou eram ruins, ali se revelava o conversador admirável, ali contava os melhores casos de sua vida, verdadeiros ou inventados na hora. Ali, depois de alguns copos de vinho, declarava seu amor pela poesia recitando versos de Neruda e Castro Alves que sabia de cor. Durante 20 anos eu me deleitei, me enriqueci e diverti o espírito com a conversa do Sandro.

Muita gente não vai acreditar: Sandro era um tímido. Uma presença estranha podia provocar seu recolhimento, um lugar desconhecido certamente forçaria seu afastamento. Sua platéia eram os amigos, só entre estes se sentia bem. Não que entre amigos também esses palavrões medonhos à mesa. Não por moralismo, que ele não é disso, mas por achar que uma linguagem chula, rasteira podia macular o que havia de sagrado naquelas horas de bate-papo em torno da mesa, em que ele celebrava os amigos e, celebrando os amigos, celebrava a vida.

Se tivesse que aplicar um palavrão para contar uma história, certamente o aplicaria muito bem, mas achava, como eu, que a freqüência com que essas pessoas usam o baixo calão hoje em dia, só para mostrarem que não são "caretas", ferem não só os nossos ouvidos, mas sobretudo o bom gosto. Sandro não era caretas.

Gostava também de receber os amigos e nisso eu era seu hóspede oficial. Durante muitos invernos, ajudado pela Léa e depois pela Marta, duas mulheres formidáveis que o acompanharam, cansou de fazer noites de queijos e vinhos só para mim. Ou para mim e a Cláudia, porque também gostava muito dela.

Tínhamos algumas divergências, mas nunca brigávamos. Em 1982, na eleição para governador, foi engraçado. Ele era Miro Teixeira, por causa daquela história de voto útil, e eu Brizola desde o início. Com a ajuda de alguns amigos e muitas discussões, conseguimos mudar a cabeça do Sandro, que acabou votando no homem e vibrou comigo na vitória. Depois o Brizola foi governando, governando, governando, e o Sandro foi ficando cada vez mais brizolista e eu cada vez menos.

Mas Sandro era um brizolista adorável. Tinha como traço principal de seu temperamento um negócio que nem todos os brizolistas têm: era bem-humorado. Um humor fino, irônico, cortante, sarcástico, às vezes irreverente sempre. E era esse bom humor dele que cativava quem quer que o conhecesse, e que cativou a mim.

Tivemos um único desentendimento, há uns dois anos. E a culpa não foi de ninguém mais senão minha. Numa dessas atitudes tresloucadas que a gente tem de vez em quando, por uma simples controvérsia de futebol, fiz uma grosseria com o Sandro, aqui mesmo, na redação do JB. Logo eu. Ele, com toda a razão do mundo, ficou duas semanas sem falar comigo. Duas semanas, entre mim e o Sandro, eram a eternidade. No fim desse castigo merecido que ele impôs, ele foi se aproximando como quem não quer nada e aos poucos voltou a falar comigo, sem tocar mais no assunto da controvérsia, porque tinha absoluta consciência — todos tinham — de como eu gostava dele.

Há poucos dias, voltando de uma viagem à Europa com algumas garrafas de poire, ele me chamou uma noite a sua casa. Eu, a Cláudia, a Mara Caballero e o Moacyr Andrade. Contou histórias pela madrugada adentro, histórias até de como começou no jornalismo, obedecendo a uma "tarefa" do partido. Falou de tudo o Sandro, naquela noite. Parecia que estava fazendo um balanço — o balanço final — de sua vida. E foi a última vez que o vi.

Vinte anos de amizade dia-a-dia! Agora mesmo, sozinho no carro, eu vinha pensando. Foram 20 anos com o Sandro. Eu tenho 42 anos. Quantos anos serão sem ele? Quem sabe? E, acima de tudo, como serão esses anos se eu não tenho mais o Sandro para conversar? E compreendi finalmente: o Sandro tinha na minha vida um lugar que era só dele e que, apesar de eu gostar de tantas pessoas, nenhuma delas poderá ocupar. Sandro Moreyra era formidável isso para mim: uma pessoa, um amigo absolutamente insubstituível.

Então eu senti um grande vazio dentro de mim.

Sandro me ensina a sorrir na derrota

"Sandro era o homem do restaurante. Em volta de uma mesa, ele podia exercer plenamente sua verve inesgotável. Ali, diante de boa comida e boa bebida, ele era mais Sandro do que em qualquer outro lugar, mais Sandro do que na praia. Ali testava suas histórias, se eram boas ou eram ruins, ali se revelava o conversador admirável, ali contava os melhores casos de sua vida, verdadeiros ou inventados na hora."

(Trecho da matéria 20 anos com Sandro, do JB, escrita pelo seu companheiro de redação e amigo Fernando Calazans.)

1 Durante a temporada de 1968, estava certo de que o Botafogo chegaria ao tricampeonato. Campeão carioca nos dois anos anteriores, com apenas duas derrotas para o Vasco (uma em 1967 e outra em 1968), o Botafogo era, sem dúvida, a base formada equipe de Zagallo. O time, orientado por Zagallo, jogava trancado na defesa, aproveitando-se, magnificamente, dos contra-ataques armados por Gérson e concluídos nos pés de Jairzinho, Roberto e Paulo César sete último, atuando recuado, sempre aparecia em velocidade pela esquerda. Por mais que os analistas criticassem o comportamento da sua defesa, o Botafogo seguia vencendo, demonstrando, domesticamente, um grande entrosamento. Assim, no entrosamento jogo, Carlos e Valtencir estavam inseguros, Gérson recuava para auxiliar Lelinda, transformando-se num cabeça-de-área ruim, enquanto Carlos Roberto dava o primeiro combate. A equipe, em resumo, não era tão brilhante mas esbanjava eficiência. E na redação do Jornal do Brasil, ainda na época da Avenida Rio Branco, Sandro Moreyra alimentava o meu entusiasmo em doses homeopáticas. "Roberta - dizia ele - vamos ser tricampeões".

Amigos de fé, quase irmãos, camaradas como Fernando Calazans, Roberto Porto e Villas-Bôas Corrêa homenagearam o companheiro de muitos anos em artigos sobre o carioca bom caráter que ensinava a sorrir na derrota.

Villas-Bôas Corrêa

Sandro, carioca bom caráter

Na Copa de 70, México, os jornalistas brasileiros ocuparam o pequeno, modesto e simpático Hotel de las Américas, em Guadalajara.

Cercado pela equipe do JB, Sandro Moreyra sentiu-se logo em casa, com piscina à disposição e respirando o clima de redação.

Às vésperas da estréia da fabulosa Seleção de seus amigos Gérson, Pelé, Jairzinho, um telefonema de Carlinhos Niemeyer requisitava os bons ofícios de Sandro para arranjar dois apartamentos no hotel acolhedor e a poucos metros da então aberta concentração brasileira. Carlinhos acabava de chegar e queixava-se do isolamento de um hotelzão distante, frio, no centro histórico da cidade.

Sandro dirigiu-se à dona do hotel, a esta altura íntima do reduzido e barulhento grupo de hóspedes. Mas, a boa vontade nada podia diante do irremediável: o hotel estava lotado, lotadíssimo.

À observação de que os apartamentos permaneciam vagos, exatamente ao lado de Sandro, a amável senhora exibiu a relação das reservas. Apontando nomes, endereço, identificação, explicou que aqueles apartamentos reservados com larga antecedência, há mais de seis meses, por equipe de televisão americana.

Àquela evidência, Sandro deu-se por vencido, lamentando a má sorte do seu amigo Carlinhos Niemeyer. Mas, tendo o cuidado de memorizar os nomes dos jornalistas americanos.

Daí a pouco mais de meia hora, a gerente recebe telefonema do repórter americano, identificando-se com nome completo. Num estropiado espanhol, com estranho sotaque, voz parecendo distante, abafada por lenço, cancelava a reserva, ante compromissos de última hora que o obrigava a mudar o roteiro.

Dissimulando o lampejo, Sandro voltou ao hotel e foi o visível à gerente. E que o esperava, numa explosão exuberante, a saudar da coincidência felicíssima. Os gringos haviam cancelado a reserva, os apartamentos estavam "à disposição dos amigos do Sr Moreyra".

Convocado às pressas, Carlinhos Niemeyer transportou-se com bagagem e equipamento para o hotel, saudado por rica recepção apoteótica.

Lá com poucos da noite, quando do regressavam da feijoada, Sandro e Carlinhos Niemeyer passaram sem serem percebidos pela recepção em polvorosa. Quatro ou cinco americanos, com câmeras, gravadores, toda uma imensa tranqüinha, reclamavam aos berros, indignadíssimos, a pobre e atarantada gerente, contra a "irresponsabilidade mexicana". As reservas, confirmadas e reconfirmadas, não estavam sendo honradas por um hotel sem palavra.

Inutilmente, a gerente invocava a justificativa do telefonema daquele mesmo dia, desistindo das reservas, alegando compromisso profissional.

Cada vez que a desculpa era repetida, mais crescia a revolta dos confrades americanos. Sandro e Carlinhos não esperaram pelo fim do incidente.

□

Outro aspecto de Sandro, fanático por futebol, pelo espetáculo e pelo esporte, equipou o seu sítio em Correias, com um campo cuidado, gramado impecável, refletores, vestiários.

O time da casa, treinando às quartas e todo fim de semana, ganhou conjunto e fama, emplacando invencibilidade de mais de ano.

Sandro Moreyra lá esteve para assistir a um dos jogos domingueiros contra time de fora. Aplaudiu a vitória, elogiou tudo mas, ante a invocação da invencibilidade, insinuou a provocação:

— Tenho um time de amigos que ganha de vocês.

Logo se acertou o desafio para o domingo seguinte, com apostas e manjado impecável, claro.

No outro domingo, dia de férias dos jogadores, Sandro comparecia com o time dos amigos. Campo pequeno, time de cinco: goleiro, um zagueiro e três no ataque. A escalação do time de Sandro começava com Manga no gol, Nilton Santos de zagueiro e, na linha, Garrincha, Zizinho e o próprio Sandro, craque da praia e de peladas.

Com meia hora, o invicto amargava uma goleada de 13 a 0. Sandro, servido pelos amigos, foi o goleador.

A feijoada começou mais cedo.

Surpresa, tímidos protestos, Sandro justificando-se que o time era exatamente formado por seus amigos.

Estas duas historinhas verdadei-

JORNAL DO BRASIL

Mais um erro médico?

Nelson Senise

Até esta data, há quase um mês da morte do jornalista Sandro Moreyra, ocorrida em 28 de agosto, nem a família, nem os amigos e muito menos o público conseguiram uma declaração oficial sobre as verdadeiras causas disso que, a esta altura, já se caracterizaria como mais um deplorável erro médico. A expectativa é justificada pela contestação da filha às causas alegadas pelos que atenderam o pai.

O atestado de óbito, fornecido pelo Hospital São Lucas, da Golden Gross, em Copacabana, onde Sandro Moreyra procurou socorro desde dois dias antes de morrer, dá como *causa mortis* "choque hipovolêmico", fórmula "conciliatória" encontrada pela direção do estabelecimento na tentativa de salvaguardar a idoneidade profissional dos que atenderam ao jornalista e que, pelos dados até aqui conhecidos, jamais estiveram perto de um diagnóstico competente. E um fato estarrecedor: o diretor, que assinou o atestado de óbito, nunca exerceu a medicina e sequer havia "examinado" o doente.

Apesar das informações explícitas da vítima — a sensação de um líquido escorrendo no interior do abdome, o que o induzia a suspeitar de um derrame de bile —, os plantonistas fixavam-se na suposição de que Sandro estivesse com uma cólica biliar, equívoco posteriormente diversificado para a hipótese de um enfarte.

A hipótese de "pedras" na vesícula, conforme denúncia da filha do paciente, a também jornalista Sandra Moreyra, não pôde ser constatada porque — e esta informação é do setor de emergência do Hospital São Lucas — "já havia encerrado o expediente".

É como se o médico chegasse diretamente ao doente em estado grave e suplicasse: "Por favor, amigo, não morra ainda. Por imposição burocrática do nosso regulamento interno, os serviços que poderão definir o seu diagnóstico só voltarão a funcionar amanhã. Volte amanhã."

Infelizmente, a sensação de Sandro Moreyra, de que um líquido "escorria" dentro dele, estaria a indicar a ocorrência de uma hemorragia interna. Na falta de assistência adequada, essa modalidade de ocorrência costuma levar à morte do paciente — mas não a uma "morte súbita", como a definiram os Drs. Cláudio Cotta e Alberto Jorge de Souza Carvalho, quando interpelados pela família do jornalista. Morte lógica seria uma definição melhor. Porque a morte é a única alternativa para um doente que não está sendo assistido de maneira conveniente, em tempo hábil.

No depoimento que prestou, em carta ao JORNAL DO BRASIL e posteriormente em entrevista ao Canal 2, a repórter Sandra Moreyra descreve o clima que tomou conta da equipe de emergência do Hospital São Lucas, no início da madrugada do dia em que pai morreu. Num momento dramático como aquele, os médicos discutiam de forma agressiva, com troca de palavrões, apavorados ante a iminência de apresentar uma justificativa para a sua desídia. Na impossibilidade de concordância, apelaram para um diretor do hospital e, segundo Sandra, "no atestado fornecido às três da manhã de sábado, consta que Sandro Moreyra teve choque hipovolêmico irreversível e hemorragia digestiva alta, desconhecida. Diz também que o tempo entre o início da doença e a morte foi de minutos."

Não foi. Por mais de 48 horas, o paciente esteve à disposição de plantonistas, de um clínico geral e de um cardiologista. Durante todo esse tempo, o conceito de emergência perdeu o seu significado, a burocracia prevaleceu sobre a eficiência e à falta de ética juntou-se a falta de compostura.

Com a clareza com que redigia a sua crônica diária para a seção de esportes, Sandro Moreyra explicava o que sentia a seus assistentes — alguma coisa escorrendo em suas entranhas. Mas o depoimento vivo de um doente é menos importante do que a concepção acadêmica de que uma radiografia ou um eletrocardiograma devem invariavelmente conter mais veracidade. Exames são imprescindíveis, mas isoladamente em geral nem sempre definem um estado patológico. É o conjunto que define o diagnóstico. E numa situação emergencial, numa crise latente, não se pode desprezar as informações do paciente, sobretudo quando se trata de pessoa sem dificuldade para expressar-se e transmitir o que sente, como era o caso de Sandro Moreyra.

O Hospital São Lucas deve uma explicação detalhada à opinião pública em respeito mesmo ao conceito de que possa desfrutar entre os seus usuários. Integrante de uma instituição poderosa como a Golden Cross, cuja abrangência hoje atinge uma percentagem significativa de segurados em todo o país, é de esperar-se que o estabelecimento não se atenha ao espírito corporativo que tanto encobre deslizes da classe.

Defensores de uma medicina transparente, não poderíamos deixar de estar solidários com a família de Sandro Moreyra, sem que nos mova qualquer prevenção contra colegas, que sequer conhecemos.

Se é possível entender o excesso de preocupação, por um lado, com a realização de sucessivos eletrocardiogramas, na pista errônea de um enfarte, aos olhos do especialista, não dá para entender, e muito menos relevar, a insensibilidade da clínica médica diante de um quadro sugestivo de hemorragia digestiva.

A opinião pública reclama dados mais satisfatórios sobre a morte de Sandro Moreyra, levando em conta sobretudo o tempo suficiente que os médicos tiveram para definir o seu estado e a clareza de suas queixas em relação ao que estava sentindo.

Erros médicos, negligência, charlatanismo, mercantilismo, tudo existe em nossa classe. Erros que, por vezes, são grosseiros e nem sempre são corrigidos, mas que conduzem à morte.

Erros que são acobertados e pouquíssimas vezes justiçados. De quem é a culpa? Somos falíveis, é certo, mas nossos erros levam à morte. Como corrigi-los? Como eliminá-los?

Onde há falha? Do médico despreparado, com ótimas intenções, da escola que o fabricou, ou do meio que o gerou? Não creio possamos culpar ninguém isoladamente.

A medicina dirigida para fins comerciais é corriqueira hoje em dia. Desde os grupos que se tornaram empresas e *garantem* uma assistência médica falsificada, até os grupos mascarados que anunciam curas miraculosas.

E — é incrível — existem médicos que servem de escudo a associações comerciais desse tipo. É a necessidade de sobrevivência que ignora a dignidade da profissão. Serão realmente médicos?

Nelson Senise é médico no Rio de Janeiro.

O artigo do médico e amigo Nelson Senise, no *Jornal do Brasil*, denunciando o erro médico que causou a sua morte.

À vontade, com a sua cor habitual, no seu *habitat* natural e com o constante companheiro Biluca.

Álbum de família Marta Helga

Álbum de família de Sandra Moreyra

"*O Sr. sabe lá, Mister Buster, o que é torcer pelo Botafogo?*"
(A célebre frase do poeta botafoguense Vinícius de Moraes, com Garrincha e Sandro, na *charge* de Ique publicada no *Jornal do Brasil*).

Com os amigos Roberto Porto, João Saldanha e Salim Simão (encoberto) de novo no traço do amigo Ique.

SANDRO MOREYRA
(1918-1987)

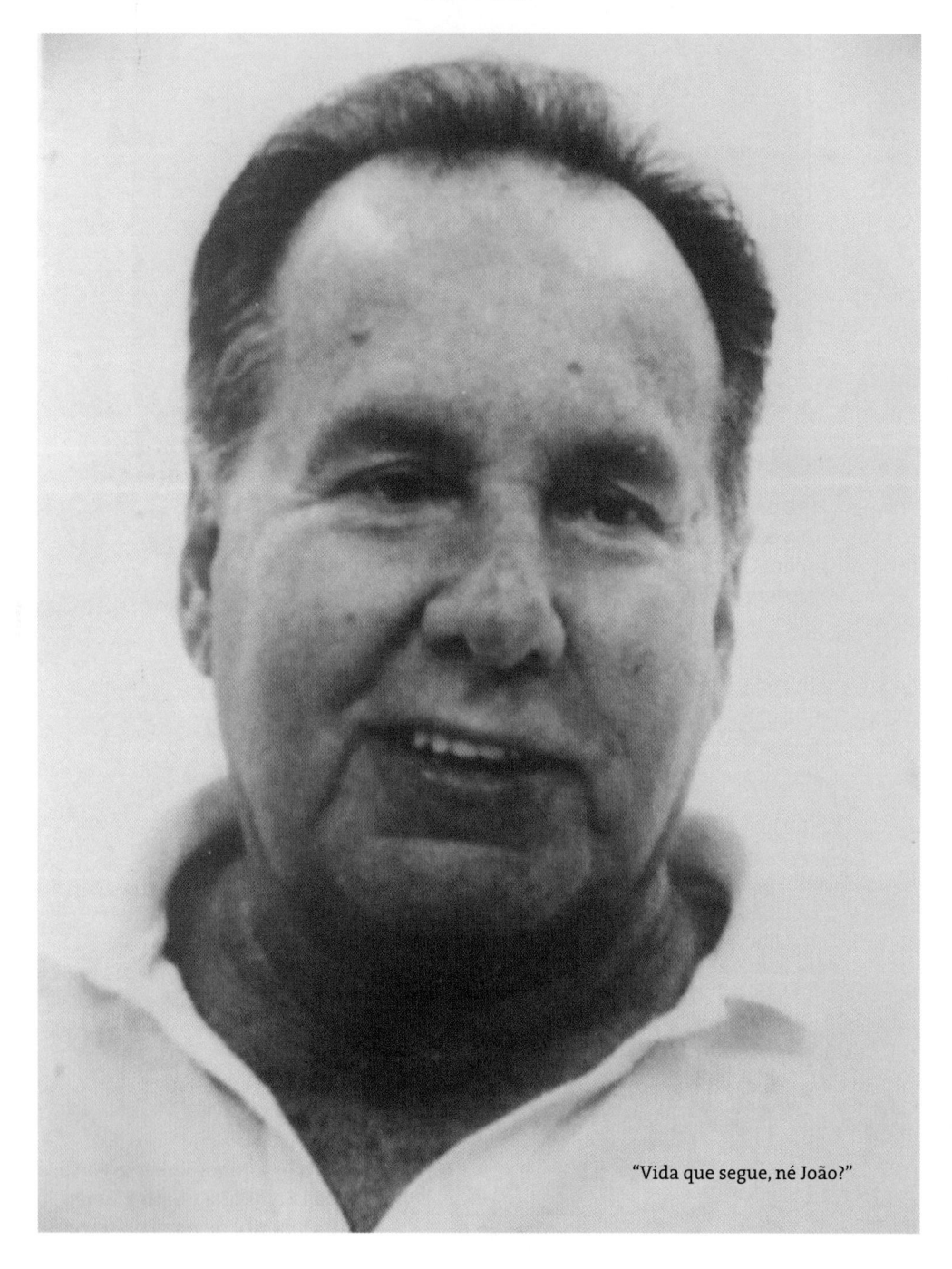

"Vida que segue, né João?"

CAPÍTULO 10: O HOMEM DE PAU GRANDE

carrinho criminoso. Ao pressentir a entrada desleal, dei um leve toque na bola, mais uma vez por entre suas pernas. A torcida foi ao delírio, caiu em gargalhadas. Ele deslizou na grama molhada e só não caiu no rio atrás do campo porque foi travado pelo mastro da bandeirinha, que se encaixou entre suas pernas. A impressão foi que seus órgãos genitais se esmagaram pelo pau da bandeirinha, tal a força do impacto. Ele gemeu de dor, e nós, perplexos, gememos juntos. Depois da paralisação para atendê-lo, ele se levantou, andou com dificuldade, saiu do campo carregado por dois jogadores de seu time, pernas abertas como se levasse o mundo entre elas. Ao passar por mim, balbuciou: 'Desculpe, perdi a cabeça'.

"*Então me lembrei do João Batista, aquele homem santo do filme perdendo a cabeça a pedido de Salomé. A partir daquele domingo, todo lateral que me marcou, com violência ou não, virou um João.*"

Procede a lenda de que Nilton Santos foi o primeiro João na vida de Mané? Nem no Botafogo. Aliás, no primeiro treino, em 1953, o técnico Gentil Cardoso não estava presente. Como conta Paulo Marcelo Sampaio em *Os dez mais do Botafogo*.

"*Coube a Nilton Cardoso, filho de Gentil, receber o rapaz de 19 anos. Sol a pino, pouco depois das duas da tarde, Mané treinou com os juvenis. A primeira vítima foi o beque Tião, um negro esguio que, pela idade, já estava indo para o time de cima. Ele não viu a cor da bola. Todos se espantaram com a velocidade do jogador. Mas assim como entrou, Garrincha saiu do treino calado. No dia seguinte, ele voltaria, já treinando com os profissionais.*

'*Manuel, vem cá!*', *disse Gentil.* '*Sabe quem vai marcar você?*' *E apontou para Nilton Santos.*

'*Tem problema não*', *respondeu Garrincha.* '*Lá em Pau Grande é o João que me marca*'"

Assim, inspirado "nesse marcador de sua cidade natal", Garrincha chamava de João todo mundo que o marcava em campo."

Uma outra versão foi narrada por Marcos de Castro no capítulo sobre Garrincha no clássico *Gigantes do futebol brasileiro*, escrito em parceria com João Máximo, ao contar detalhes da cirurgia dos meniscos do craque botafoguense:

"*Relembremos que a operação foi um sucesso. Mas, como jogador, Garrincha nunca mais foi o mesmo. Nunca mais aquele Garrincha da Copa de 1962, diante do qual o mundo do futebol se curvou, boquiaberto. Nunca mais o Garrincha dos 'Joões'. É preciso explicar: no auge da carreira de Garrincha, ele desmoralizava todos os jogadores da posição a que hoje chamamos lateral-esquerdo; sua vítima* maior era o lateral esquerdo – à época conhecido como half-esquerdo (pronuncie-se, à moda popular, alfe-esquerdo).

Um dos que sofriam mais era o jogador nessa posição no Vasco, tido como grande half-esquerdo, chamado Coronel. Depois de uma noite de Botafogo x Vasco (isso antes da Copa de 62) em que os dribles de Garrincha foram dos mais desmoralizantes para Coronel, um repórter perguntou:

– Garrincha, você sabe quem é aquele half-esquerdo que você desmoralizou esta noite?

– Não, não sei o nome dele, não.

Garrincha era assim mesmo, não se importava em saber quem iria marcá-lo, nunca se preocupou em saber o nome da, digamos, vítima, se era jogador famoso ou não. Mas o repórter continuou:

– É o grande Coronel.

E Garrincha:

– Não quero saber se era coronel ou general. Para mim é tudo João.

A partir dessa noite, todo jogador que marcava Garrincha passou a ser João."

Há controvérsias.

No livro *Estrela Solitária: um brasileiro chamado Garrincha*, Ruy Castro garante que a história não é bem assim:

"Para realçar a sua simplicidade, inventou-se que ele chamava seus marcadores de 'João'. O autor da piada foi Sandro Moreyra. Mario Filho, ainda o mais influente cronista esportivo, adorou a história e passou a repeti-la. Em pouco tempo todo mundo acreditou que Garrincha realmente chamasse os adversários de 'João'. Mas Garrincha não fazia essa ideia invencível de si mesmo: ao se olhar no espelho, o gênio via um homem simples."

Em entrevista ao jornal *O Globo* publicada em 21 de outubro de 1995, no box com o título "Elza se sai bem, Sandro se sai mal", o mesmo Ruy Castro comenta o fato de que no livro Sandro é acusado de ter estimulado o folclore em torno da ingenuidade e da docilidade de Garrincha, e repete que a história de que o ponta chamava seus marcadores de João seria uma piada de Sandro amplificada pelo crédulo cronista Mario Filho:

"Não gostaria que o Sandro saísse mal do meu livro. Mas é inegável que há dois Garrinchas. O descrito por João Saldanha em 'Os subterrâneos do futebol' é esperto, foge de concentrações. O de Sandro é um débilmental."

No capítulo "Garrincha x URSS" sobre as lendas sobre Mané, no livro *Os garotos do Brasil, um passeio pela alma dos craques*, Ruy Castro reforça a versão de que era lenda a história de que Garrincha chamava os adversários de "João".

"*Garrincha nunca disse isso. A expressão foi inventada pelo botafoguense e jornalista Sandro Moreyra, em 1957, para mostrá-lo como ingênuo e intuitivo. Sandro era seu amigo e não fez por mal, mas Garrincha detestava essa história. Por causa dela, os adversários, que não queriam ser chamados de 'João', redobravam a violência contra ele.*"

O que é Fralda?

"*Quando chegou a véspera da partida contra os ingleses, o grupo de jornalistas botafoguenses sabia que a chave contra aqueles homens grandes de pernas duras era Garrincha. Sandro Moreyra e Armando Nogueira foram ao Nilton:*

– Nós vamos provocar o Mané, você ajuda.

– Ajudo, mas tem que ser bem feito, senão ele não liga. É melhor cada um falar com ele de uma vez."

É assim que Maneco Muller começa contando no capítulo "Os leões desdentados" do livro *O velho e a bola*, organizado por Rafael Casé, como Sandro, Armando Nogueira, Carlos Lemos e Nilton Santos colocaram minhocas na cabeça de Garrincha antes do jogo contra os ingleses na Copa de 62.

Foi na hora do almoço que Nilton começou a campanha.

– Olha, Mané, um rapaz de São Paulo foi hoje à concentração dos ingleses e ouviu do Flowers que você não era de nada.

– "Fralda", que é "Fralda"?

– É o seu futuro marcador.

E não se falou mais no assunto até mais tarde, quando Sandro Moreyra chegou com a notícia.

– Mané, você já leu os jornais chilenos? O Flowers diz que você é um extrema sopa, que só dribla para um lado.

– E já joguei com esse cara?

– Não, Mané. Você nunca enfrentou o cara, mas ele joga o fino.

Mais tarde, Armando Nogueira e Carlos Lemos recomeçaram.

– Mané, você ouviu falar das declarações do Flowers?

– Garrincha, você não acha que esse Flowers tá abusando um pouco?

Na manhã do jogo, Nilton contou a história da provocação ao Nascimento e ao Aymoré[8]. Disse que, pelo modo dele agir, tinha certeza de que o plano dera resultado. Agora era só esperar a hora da verdade. Aymoré, para reforçar, foi ao Mané e recomendou:

– Eu hoje quero que você ajude o Mauro a comandar o time, quero que você fale, dê incentivo, anime o pessoal.

– Como eu faço em Pau Grande quando eu sou capitão?

– Isso mesmo.

Quando entraram em campo, Garrincha disse ao Nilton.

– 'Bicanca', quem é o 'Fralda'?

Na verdade o Flowers havia sido escolhido erradamente. Quem iria marcar o Mané seria o Moore, mas, no final, o Flowers e vários outros jogadores terminariam por ser 'João'.

Alguém liga pra jornalista?

"Você viu os jornais? Essa Imprensa Marrom. Está te chamando de brigão, temperamental. Eles é que atiram pedra e você é que é temperamental."

"Deixa, eu não ligo. Alguém liga pra jornalista?."

"Claro que não... quer dizer... eu espero que sim. Eu sou jornalista."

"Mas, então, relaxa."

"Eu estou preocupado. O julgamento está demorando, e até agora nada."

"Fica tranquilo. Eu vou jogar. Não é possível, eu não fiz nada."

"Mané, a sua expulsão foi comprada pela direita, pelos conservadores. Eles fazem bravata, macumba, o que puder. O diabo a quatro para conseguir o que querem. Foi um golpe contra a liberdade de expressão da dupla Garrincha e Pelé, Mané."

O diálogo entre Sandro Moreyra, interpretado pelo ator Henrique Pires e Garrincha por André Gonçalves acontece no filme *Garrincha, estrela solitária*.

Garrincha tinha sido expulso contra o Chile, na semifinal, e aguardava julgamento.

Na sequência, a conversa conta com a participação do personagem Nilton Santos e de outro jogador.

---

8   Carlos Nascimento foi supervisor da seleção brasileira nas Copas de 58 e 62 e Aymoré Moreira o técnico na Copa de 62.

CAPÍTULO 10: O HOMEM DE PAU GRANDE

"Mané, nós vamos jogar a final. Nós vamos acabar com a Tchecoslováquia."
"Quem é mesmo a Tchecoslováquia?"
"Aquele time que empatou com a gente. Lembra?"
"Jogo em que o Pelé se machucou."
"Ah, é aquele São Cristóvão cheio de jogadores fortes e grandes que não jogam nada."

O personagem de Sandro aparece contando:

"O torto pintou o diabo em campo. Mostrou porque qualquer jogador do mundo pra ele é João."

Na sequência, no vestiário, Garrincha pede a Sandro para colocar sua camisa no altar de São Francisco.

"Sandro, quero te pedir um favor: coloca essa camisa no altar de São Francisco. É uma promessa que eu fiz."
"Claro."
"Vai levar mesmo?"
"Você nunca foi disso, Mané. Tá bom. Pode deixar que eu levo sem falta."

Henrique Pires diz que, quando recebe a camisa da mão de Garrincha, Sandro vê a camisa como um troféu e diz:

"Não vou dar a camisa pra Santo nenhum. Sou materialista. Vou ficar com a camisa pra mim."

Mas quando Garrincha adoece e cobra a promessa, ele foi lá e botou no altar.

Há controvérsias.

No final dos anos 90, quando o Maracanã foi pela primeira vez fechado ao público para reforma, o jornal *O Globo* publicou matéria falando do projeto de restauração e ampliação do museu instalado no estádio, que tinha o nome do ex-ditador Emílio Garrastazu Médici, e passou a se chamar Mané Garrincha. Na ocasião, a família de Sandro Moreyra doou o uniforme do ídolo usado na Copa de 1962. Sandra foi pessoalmente ao evento com o filho entregar a relíquia que Sandro recebeu de Garrincha.

Sandra lembra da história com detalhes:

– Não só a camisa, mas o uniforme inteiro que Garrincha deu pro Sandro. E ficou guardado lá em casa. Nunca houve essa história de São Francisco. O Mané sabia que o uniforme estava lá em casa com o Sandro. Quando criaram o museu do Maracanã, puseram o nome do Médici no museu e pediram pro papai fazer a doação. Ele se negou a doar pra um museu com nome de um ditador. Dizia que museu do Maracanã tinha que ter o nome do Garrincha. Quando trocaram o nome do museu pra Manuel Francisco dos Santos – Garrincha – eu doei. Só me arrependo porque o Maracanã devia expor esse tesouro com destaque. E está guardado em algum lugar. Não sei onde.

O mito vai ser sempre maior do que você

Quando entrevistei o ator Henrique Pires, em fevereiro de 2015, à beira da piscina do condomínio em que mora na Avenida das Américas, na Barra da Tijuca, encontrei um cara magro, cabelos desalinhados e meio alourados, barba e bigode grisalhos, pele clara levemente avermelhada pelo sol, óculos escuros *à la* John Lennon com lentes arroxeadas. Com ares de publicitário, vestia uma bermuda branca com bolsos laterais e uma camisa de malha amarela com um tremendo número 7 preto estampado na frente com o detalhe de um pequeno tridente branco num quadradinho vermelho. Calçava sandálias de dedo havaiana laranja e tinha nas mãos um moderno notebook de capa vermelha.

Nada a ver com o Sandro de cabelos pretos alinhados para trás, fixados com brilhantina ou gumex, o gel da época, com as chamadas pequenas entradas laterais, barba aparada, quase sempre de terno e gravata cinturada e uma barriguinha encolhida que interpreta no filme *Garrincha, uma estrela solitária*. E que escrevia os artigos e matérias numa antiga máquina de escrever Olivetti.

Como você construiu o personagem?

– No primeiro momento me baseei em uma foto que vi do Paulo Amaral. Comecei a correr atrás de material do Sandro, além do que eu já tinha na memória e no meu inconsciente. Procurei encontrar uma forma de me aproximar o mais próximo possível dele. Os ternos, por exemplo; o figurino contribui muito. Procurava usar roupas mais justas, do fim dos anos 50, início dos anos 60. Como tenho um pouco de estômago, pois gosto de tomar uma cerveja, enrolava um faixa no corpo, como se fosse uma cinta, pra poder botar a barriga bem pra dentro.

O ator tinha como outra referência a característica forte de Sandro que vivia na praia, no Castelinho, em Ipanema. Mas faltava o bronzeado.

– Na época não fazia sol no Rio e o jeito foi apelar pro bronzeamento artificial. Comecei a ficar com a cor do Sandro. Parecia um moreno mesmo. De coisa de praia, de verão, de Bahia, de Rio de Janeiro.

Henrique já tinha interpretado bandidos e mocinhos no cinema, mas precisava de inspiração para compor a imagem de Sandro.

– Consegui pouca coisa na internet. Mas tinha o personagem na minha cabeça, muitas lembranças. Assimilei o jeito dele falar através de algumas mesas-redondas que assistia na TV. Tinha um silêncio contido. Falava pelo olhar, que era muito forte. Notava-se do que ele não gostava pela cara. O processo foi indo a ponto de eu pegar o jeito dele ficar rolando os dedos do polegar. Ele tinha um jeito especial de humor, mas às vezes tinha a cara carrancuda, uma acidez nas atitudes. Mas eu queria mais.

O ator explica que, na criação do personagem, procurou dar uma visão mais ampla, dentro do possível que podia dar a Sandro.

– Chegou uma hora que eu pensei: pra interpretar o Sandro, a primeira coisa a fazer é desrespeitá-lo pra que você tenha liberdade de fazer com que ele flua em você naturalmente. Fazer um mito é complicado. Pois o mito vai ser sempre maior do que você.

CAPÍTULO 11
El nombre del Padre

"Numa parada no aeroporto de Madri, a caminho de Roma, os passageiros em trânsito iam sendo identificados e recebendo uma senha das mãos de uma bela aeromoça no seu charmoso uniforme. Manga veio vindo, e a moça gentilmente perguntou: 'Trânsito?'. 'Não, Manguinha.'" **(Sandro Moreyra)**

Ele contou que Manga comprou no aeroporto de Barajas, em Madri, um rádio de pilha por 180 dólares e vendeu para Garrincha por 20 por não conseguir entender o que ouvia: "Finalmente enganei aquele torto. Vendi pra ele um rádio com defeito, que só fala língua de gringo"[1].

Contou que Manga provocou "um rebuliço tremendo" no Aeroporto Charles de Gaulle, em Paris, ao entrar no banheiro feminino achando que "Elle" era "Ele": "Olha lá. Está escrito ELLE e elas é que estavam no banheiro errado."

Contou que Manga, em sua primeira aula prática de direção, abriu a porta e saiu bem devagarinho de dentro do carro ao ouvir o instrutor dizer: *"Agora ligue o motor e saia bem devagarinho."*

Contou que Manga, ao procurar um ortopedista e entrar por engano na sala de um advogado, não se deu conta do equívoco e se espantou ao ouvir a resposta à sua consulta sobre as dores que sentia no joelho esquerdo. *"Mas eu só trato de Direito"*, retrucou o advogado. E o goleiro resmungou contrariado: *"Puxa, doutor. Vá ser especializado assim no raio que o parta."*

Muito se contou que Sandro contou que Manga fez. Como a história a seguir também contada de diversas formas, por diferentes pessoas. Fico com o que o jornalista e escritor Paulo Marcelo Sampaio narrou no livro *Os dez mais do Botafogo*:

"Tô sem dinheiro", disse um preocupado Manga a Sandro Moreyra. O jornalista avisou que não tinha como emprestar nada. O goleiro, mais por ingenuidade do que pela falta de crédito na praça, não sabia que poderia recorrer aos bancos.

---

[1] Como, em se tratando de Sandro, tem sempre polêmica, Amarildo jura que quem ficou com o rádio foi o médico Lídio Toledo.

Naquela época apenas a elite tinha conta bancária. Sandro disse que falaria com um amigo gerente. Depois Manga poderia passar na agência no dia seguinte.

Paulo Marcelo lembra que no início da década de 1960, o time do Botafogo se concentrava num hotel da Rua Cruz Lima, no Flamengo, na Zona Sul do Rio de Janeiro.

"O banco ficava ali pertinho. Muito recomendado, o goleiro foi bem recebido. Logo o dinheiro estaria disponível. O gerente começou a lhe explicar quanto cobraria de juros. Manga não entendeu nada. Achou que estava sendo enganado. Para ele, empréstimo era algo que podia se pagar a perder de vista, sem juros, só na base da amizade. Manga não pôde dispensar o dinheiro, mas criou uma rotina a partir dali. Toda vez que passava pela agência, abria a porta e gritava, a plenos pulmões: 'Ladrão!'"

"Lenda ou realidade?", pergunta o autor, perguntam as pessoas que conheceram essa história de outra forma através de outras fontes. Paulo Marcelo revela no livro que mais de 40 anos depois numa conversa por telefone com Manga, que mora há anos no Equador, evitou falar no assunto. Um pouco irritado, segundo o jornalista, misturando português e espanhol, desabafou:

"O Sandro contava essas histórias no periodico (jornal). Isso é broma (invenção). Você quer fazer uma reportagem comigo ou falar dele? Vamos deixar pra lá."

Além de Sandro Moreyra, Paulo Marcelo Sampaio destaca que o escritor botafoguense Paulo Mendes Campos também gostava de tirar sarro com Manguinha, e contou que:

"Numa excursão do Botafogo a Quito, quando o embaixador lhe perguntou se ele tomava uísque ou champanha, respondeu: 'se tiver uma Brahminha eu aceito'".

Será mesmo que, como contou Sandro, houve o diálogo entre Garrincha e Manga, que adorava receber cartas durante as viagens, e, certa vez, foi abordado por seu companheiro de quarto, quando endereçava um envelope pra ele mesmo?

"Que é isso, Manguinha? Escrevendo carta para você mesmo?"

"Sim. E o que há de mal nisso?"

"Nada. E o que diz a carta?"

"Não sei. Ainda não recebi."

Quando chegou ao Botafogo, Manga não sabia escrever nem o próprio nome. Essa não foi Sandro quem contou, mas o ex-goleiro Adalberto presenciou:

– O Botafogo ia fazer uma excursão ao exterior e os dirigentes ficaram preocupados: como Manga iria preencher as fichas de hospedagem nos hotéis?

CAPÍTULO 11: EL NOMBRE DEL PADRE

(Renato) Estelita e Saldanha sugeriram que ele engessasse a mão quando chegasse nos hotéis pra não ter problema de assinatura. Depois, com o tempo, ele aprendeu. Mas o Haílton não dava pra entender nunca, o Correia e o Arruda até dava pra ler com dificuldade.

Mesmo depois que aprendeu a escrever o nome, Manga continuou sendo matéria-prima de Sandro nas muitas excursões do Botafogo pelo exterior. Com Manguinha, Sandro fazia barba, cabelo e bigode. Uma vez contou em sua coluna:

"Nervoso como sempre ficava quando tinha de preencher formulários, o goleiro Manga ia, com dificuldade, escrevendo a sua ficha de desembarque no aeroporto de Barajas, em Madri. Lá pelas tantas, embatucou em filiaçón. Discretamente, para não ser gozado pelos companheiros, perguntou ao rapaz do guichê o que significava filiaçón. Gentilmente, o rapaz informou: 'El nombre del padre...'

Contrito, Manga fez o sinal da cruz..."

CAPÍTULO 12
Assim ele não vai longe

"Conta Nilton Santos que, quando esteve agora treinando o Vitória, da Bahia, pediu a um jogador, na concentração: 'Vai lá na sala e vê se a televisão está no ar'. Ele foi, voltou e informou: 'Tá não, senhor, tá em cima da mesa'."
(Sandro Moreyra)

"Numa das curvas da arquibancada do pequeno estádio do Botafogo (15 mil pessoas), dois botafoguenses fanáticos assistiam ao jogo. Um era senhor de boa estampa, muito rico, industrial de tecidos, mas, sobretudo, doente por futebol. Chamava-se Ademar Bebiano. O outro era um jornalista jovem, pequeno, irônico, violento na maneira de torcer, filho de um famoso escritor. Era Sandro Moreyra. Esses personagens, sentados um ao lado do outro, não podiam adivinhar que teriam, mais tarde, uma influência grande na vida daquele desconhecido que jogava de médio-direito. Sim, porque Carlito Rocha percebeu logo que o menino podia jogar na direita também. Dez minutos de jogo, os mineiros atacam com fúria. Negrinhão rebate uma bola que vai a Nadinho. Esse penetra pelo centro, esbarra em Marinho e a bola sobra dentro da área numa 'terra de ninguém'. Nilton chega primeiro, domina o efeito com que ela vem e, ao invés de entregar para o goleiro Oswaldo, que gritava 'Dá! Dá! Dá!', dribla Petrônio, aplica um corte em Murtinho, deixa Valsechi e empurra delicadamente a chamada 'redonda' para Ávila que, boquiaberto, recebe sozinho.

Bebiano põe a mão no ombro de Sandro.

'Quem é esse louco?'

'Sei lá. Nunca vi esse cara antes.'

'Você viu como ele comeu três dentro da área?'

Sandro ri nervoso:

'Assim ele não vai longe.'

O "louco" Nilton Santos foi longe. E, junto com ele, Sandro.

Essa história é contada no livro *O velho e a bola*, de Maneco Muller, organizado pelo jornalista e escritor botafoguense Rafael Casé.

Chutando ratos à beira mar

Maneco lembra ainda de uma noite quatro anos depois, em 1952, em que aquele jornalista que assistira ao primeiro jogo de Nilton Santos dizendo "assim ele não vai longe", saiu pra comemorar com o craque o título de campeão Pan-americano de Santiago, depois de conquistar um campeonato carioca, um campeonato brasileiro, um campeonato sul-americano e quase um campeonato mundial. Sandro começa perguntando:

– Onde vamos?
– Que tal à boate Ranchinho do Alvarenga?
– Lá tem pequena?
– Sandro, olha, amanhã tem treino.
– Vamos ficar pouco. Também quero dormir cedo.

Houve show com Alvarenga e Ranchinho, fazendo piadas para cima do jogador campeão pan-americano e Raul de Barros tocou no trombone *Falam de mim* (de Zé da Zilda), que era o grande sucesso da época.

Saíram os dois da boate já de madrugada.

(*"Falam de mim,*
Mas eu não ligo,
Todo mundo sabe
Que eu sempre fui amigo,
Um rapaz como eu
Não merece essa ingratidão,
Falam de mim, falam de mim,
Mas quem fala não tem razão.")

Na Avenida Atlântica, Sandro, baixo e sem bigode, e Nilton, alto e de bigode, sentaram num banco da praia olhando o mar e esquecendo o tempo. Falam e cantam coisas do carnaval antigo. De repente, Sandro viu uma ratazana enorme atravessar a avenida em direção aos tabiques de um edifício em construção.

– Puxa, você viu que bicho grande?
– Parecia gato.
– Aposto como você não acerta um chute num rato desses.
– Que é isso? Você acha que vou matar um animal assim friamente?
– Um bicho transmissor de peste bubônica.
– Nunca ouvi falar de peste bubônica na Avenida Atlântica.
– É, mas pode morder uma criança.

CAPÍTULO 12: ASSIM ELE NÃO VAI LONGE

– Criança não anda na rua a esta hora. Aliás, ninguém anda na rua a esta hora, a não ser nós dois. Que horas são? (Outra ratazana atravessa a avenida, dessa vez vindo em direção à praia).

O próprio Sandro corre e tenta dar um chute no bicho. Erra, fura espetacularmente. Nilton goza e o amigo fica enfezado.

– Então vem você experimentar. (Mas os ratos não são bobos. Já perceberam que dois gaiatos estão no seu trajeto. Depois de meia hora de espera, desistem).

– Não adianta. Hoje é dia da caça.

– E o pior é que tenho treino às 9h.

Sandro morava na Pompeu Loureiro. Foram caminhando pela madrugada.

– Estou com fome.

– E nem um botequim aberto...

O padeiro e o leiteiro tinham acabado de passar, deixando suas mercadorias na janela de uma casa antiga.

– Vamos levar?

– É, mas deixamos o dinheiro. Assim ninguém tem prejuízo, é mais honesto.

Deixaram uma nota de cem e fugiram correndo. No apartamento do Sandro bateram papo e acabaram dormindo. Quando a empregada chegou, já eram quase 10 horas da manhã.

– Sandro, acorda, perdi a hora do treino.

– Lava a cara e vamos assim mesmo.

Pegaram um táxi, Nilton correu para o vestiário. Pediu seu material ao roupeiro Aloysio e foi trocando de roupa. Nisso, apareceu lá do fundo da rouparia o goleiro reserva Joselias, um mulato simpático, ótimo rapaz. Sandro, entrando no vestiário, perguntou a Joselias se ele também estava atrasado.

– Não dormi a noite inteira.

– Nós também. Fomos a uma boate e...

– Não, comigo foi outra coisa. Meu filho está doente. Quase morreu. Só agora, às nove, que o médico falou que eu poderia vir sossegado.

Sandro ficou vermelho de vergonha, Nilton não sabia o que dizer. Pobre Joselias.

– Agora vou levar uma esculhambação do "Seu" Gentil.

Sandro queria ajudar.

– Olha Joselias, você espera o Nilton e chega junto com ele. O Gentil não vai dizer nada. Se disser, diz pros dois e sempre ameniza.

O mulatinho tremia de medo do treinador. Sandro tinha razão, Gentil chamava Nilton de "meu craque". Tratava o Santos como se fosse uma preciosidade. Às vezes, no meio do treino, sem mais nem menos, apitava parando o jogo e apontando para Nilton:

– Vocês viram bem como ele tirou o adversário da jogada e deu um passe perfeito? Pois vamos todos bater palmas para o grande Nilton Santos.

E os jogadores eram obrigados a bater palmas para o beque, parado, sem saber o que fazer, com vontade de pegar o primeiro bonde, de tão encabulado.

Os dois jogadores, de calção e com pressa (Nilton ainda sem camisa), chegaram ao campo rangendo as travas das chuteiras ao subir a escadinha de cimento. Gentil olhou para Nilton e nem deixou que ele se desculpasse. "Até que enfim chegou meu craque! Agora sim o treino vai melhorar. Nilton, vai lá e tira aquele moço que está guardando o seu lugarzinho, vai." Ao ver o goleiro que vinha atrás, o treinador mudou de anjo para fera.

– Mulato sem vergonha.
– "Seu" Gentil, eu posso explicar.
– Explicar nada. Tu vai é ser multado em 60 por cento. Já viu que horas são?
Nesse momento, Nilton voltou com raiva.
– Se ele for multado, eu também tenho que ser, cheguei depois dele.
– Não senhor, meu craque, aqui eu mando, mandando!
– É, mas eu vim de uma boate e ele chegou atrasado porque teve doença na família. Eu mereço punição, ele merece elogio por ter vindo depois de uma noite em claro.

Sandro interferiu, explicou, deu detalhes, defendeu o goleiro. Gentil tirou o boné, coçou a cabeça e disse que estava bem. Estavam os dois dispensados do treino. Podiam ir para casa dormir.

Escalando Mané

E a noite em que Nilton Santos, na Copa de 58 na Suécia, sentou na mesinha do seu quarto, pegou caneta e papel, e escreveu uma carta para o seu amigo Sandro Moreyra, como também é contada no livro de Maneco? Alguns trechos:

"(...) Você deve ter percebido que nosso ataque está, ainda, sendo formado. Não entendo por que não colocam o Mané. Sem ele vai ser difícil vencer os russos, pois o pessoal lá da frente está demorando para desencabular. Amanhã vou

CAPÍTULO 12: ASSIM ELE NÃO VAI LONGE

conversar com o Didi e ver se ele quer ir comigo ao Dr. Paulo, pedir a inclusão do Mané. Sem isso será difícil. Será que eles não entendem? Só de pensar que eles são capazes de não escalar o Mané, me dá vontade de fazer as malas e voltar. Não conte à Abigail essas minhas preocupações, a coitada já deve estar sofrendo por minha causa. Você gostou do meu golzinho contra a Áustria? Sei que ando jogando bem, como muitos outros companheiros, mas isso não chega, é preciso o Mané no time. Você já pensou se ele estivesse em campo hoje, contra esses ingleses de perna dura, que baile não teria sido?(Suécia, 11 de junho de 1958)"

No pé da página, há uma "nota do organizador", que descreve assim:

"Como tinha dito a Sandro, Nilton procurou o Dr. Paulo Machado de Carvalho, chefe da delegação brasileira, para pedir que Garrincha fosse escalado. E deu sua palavra que, se Mané entrasse contra os russos, o jogo seria fácil. Para convencer o Dr. Paulo, ainda foi preciso o reforço das opiniões do médico, Dr. Hilton Gosling e do preparador físico, Paulo Amaral."

Há controvérsias.

Ruy Castro contesta no livro sobre Garrincha:

"Em torno desse clima, criou-se uma das mais fantásticas lendas do futebol brasileiro: a de que, na véspera do jogo contra a URSS, uma comissão formada por Bellini, como capitão do time, e Didi e Nílton Santos, como os mais velhos, teria pressionado Feola e Paulo Machado de Carvalho para que Garrincha fosse escalado. Diversas variantes foram acrescentadas. Uma delas, a de que Hilton Gosling simularia uma contusão em Joel para obrigar Feola a escalar Garrincha. Mas, para isso, Joel teria de topar – donde ele teria sido conversado por Paulo Machado de Carvalho para ficar de fora. Outra versão, que contradiz a anterior, mostra Paulo de Carvalho aconselhando-se com Didi: 'Didi, nós somos de São Paulo. Não conhecemos direito o Garrincha. Você garante por ele?' E Didi, enfático, teria respondido: 'Escale o homem, doutor Paulo. Escale o homem.' Uma terceira versão diz que Joel – que realmente se machucara contra a Inglaterra, mas que poderia jogar contra a URSS se fosse poupado nos treinos – teria sido de propósito autorizado a treinar para sentir a contusão e ficar de fora. Todas essas histórias têm sido insistentemente contadas na imprensa brasileira. E todas elas foram desmentidas pelos jogadores da seleção de 1958 ouvidos neste livro, inclusive os seus protagonistas: Bellini, Didi e Nílton Santos."

Sandro e Nilton Santos tornaram-se amigos para o resto da vida, e foram compadres (o jornalista e Lea foram padrinhos do primeiro casamento de Nilton Santos com Abigail). A "orelha" da autobiografia de Nilton Santos, *Minha bola, minha vida*, é assinada por Sandra Moreyra, que conheceu o ídolo criancinha, e que não via em campo apenas a "enciclopédia do futebol." Via o amigo do pai em mais uma vitória do seu time, e que o craque nunca teve peso de mito para ela. "Nilton era de casa."

"Eu só fui compreender a grandeza do futebol de Nilton Santos mais tarde. E foi assistindo aos filmes e vídeos de jogos do Botafogo e da Seleção Brasileira que pude entender o significado da frase que meu pai escreveu num disco de Ella Fitzgerald, um velho vinil que guardo até hoje. Embaixo do título 'Ella Fitzgerald interpreta Cole Porter', ele acrescentou: 'com a mesma facilidade com que Nilton Santos joga futebol'."

Amigo de fé, quase um irmão, camarada de Sandro, Nilton Santos destaca em sua autobiografia seu relacionamento com os jornalistas, em especial com Sandro e Saldanha:

"Tenho pelos jornalistas um profundo respeito e admiração. (...) Como não quero cometer injustiças e deixar alguém de fora, portanto vou me restringir ao Sandro Moreyra e ao Armando Nogueira, que eram os mais chegados, apesar de não me atrever a escrever sobre o Armando. Não conseguiria retribuir tudo o que ele falou de mim nesse tempo todo. Só quero que todo mundo saiba que ele foi e ainda é o amigo mais sincero que tenho no futebol. (...) Com Sandro, Armando Nogueira e eu aconteceu uma coincidência muito legal. Quando comecei no Botafogo, eles começaram no jornalismo. Posso dizer que crescemos juntos. Tornamo-nos grandes amigos. Casamos mais ou menos na mesma época. Sandro e Lea foram meus padrinhos de casamento. (...) Com o Sandro eu confidenciava meus problemas, minhas alegrias, e ele sempre me defendia, até nos jornais. Era um amigo de fé para todas as horas. (...) Sandro era muito sortudo. Foi chefe de delegação do clube por várias oportunidades e, em geral, quando isso acontecia, ganhávamos todas as partidas. Quase sempre voltávamos invictos das excursões. Ele vibrava com os resultados positivos, era mais um nosso torcedor. O jogadores do Botafogo eram sempre os melhores. Quando íamos para a Seleção Brasileira, Garrincha, Didi, Paulo Valentim, Quarentinha, Amarildo, Zagalo e eu, ele dizia que era a 'selefogo'. Caso ficássemos na reserva, ele fazia uma onda danada no jornal. Não admitia jogador nosso no banco. Fizemos certa vez uma excursão com o Botafogo ao Peru e à América Central. Sandro foi chefiando a delegação. Dividíamos o mesmo quarto. Eu, por ser seu maior amigo, ficava também com a maior responsabilidade, que era de guardar todo o dinheiro do Botafogo numa

bolsa de couro. Isso me deixava apavorado, e dizia sempre para ele: 'Se esse dinheiro for roubado Sandro, ninguém vai acreditar.' Respondia sempre que isso não ia acontecer. Ele confiava demais em mim e na minha sorte, graças a Deus nunca aconteceu nada (...)."

Aconteceu sim. Na volta da excursão, Sandro dividiu a cota do último jogo entre os jogadores.

Quando conversei com Luizinho Nascimento, marido de Eugênia, a primeira pergunta foi feita por ele:
– Conversou com o Nilton Santos?

Infelizmente não. A ideia de escrever o livro só pintou depois que Nilton não estava mais aqui entre nós. Poderia ter ouvido muitas dessas histórias pessoalmente. E, quem sabe, outras mais.

CAPÍTULO 13
"Eu sou Mengão!"

*"Frase colhida na parede de uma rampa do Maracanã: Não faça do seu filho um rubro-negro. A vítima pode ser você." (***Sandro Moreyra***).*

Contando ninguém acredita!

O Corcel chega ao estacionamento do Maracanã com uma bandeira do Flamengo desfraldada do lado de fora, no banco do carona. No volante, um constrangido e bestializado Sandro Moreyra, que não era de entregar os pontos e torcia desesperadamente pra ninguém ver aquele golpe baixo, viu-se acuado nas cordas. Tinha dado mole.

Quem conta é Marta Helga, que à época era sua mulher:

– Eu tinha uma empregada flamenguista doente, da torcida Raça Rubro-Negra, que pediu uma carona pra ele num jogo do Flamengo contra o Botafogo. Sem que ele visse, ela entrou, sentou no banco da frente e botou a bandeira do Flamengo pra fora. Se vendo em desvantagem, Sandro tentou impedir aquela tremenda roubada:

"Não, não, não... não faça isso. Que falta de juízo, pô!."

A danada da mulher não pestanejou:

"Faço sim, seu Sandro, eu sou Mengão."

No meio daquela zona toda, nem o preguiçoso Sandro conseguiria dormir com um barulho desses.

Mas nem sempre foi assim, claro. Sandro, que nunca foi de entregar a rapadura e muito menos reclamar de barriga cheia, quando dava na telha adorava espezinhar o Flamengo, seus jogadores, dirigentes e torcedores. Principalmente os amigos. Como Carlinhos Niemeyer, flamenguista roxo. Outro conhecido flamenguista, o colunista Renato Maurício Prado, botou lenha na fogueira ao relatar em sua coluna no jornal O Globo:

"Reza a lenda que no Botafogo 6x0 Flamengo, em 1972, o jornalista alvinegro Sandro Moreyra foi ao jogo com o grande amigo rubro-negro Carlinhos Niemeyer, dono do Canal 100. Quando o Glorioso fez seu quarto gol, irritado, 'Nini' se virou para o Sandro e disparou: 'Vamos embora!'. De carona com o velho parceiro (que, como ele, morava em Ipanema), o repórter não tugiu nem mugiu.

Seguiu atrás do produtor de cinema, radiante, por dentro; mas em solidário silêncio, por fora.

O carro já rodava pelo Viaduto Paulo de Frontin, rumo à Zona Sul, quando Sandro, maroto, sugeriu:

'Bota aí no jogo...'

Ouvindo música, Niemeyer fez que não ouviu e só foi sintonizar a Rádio Globo no momento em que, entre uma galeria e outra do túnel, Jorge Cury se esgoelava, narrando um gol.

Como, entretanto, o automóvel mergulhou, a seguir, na segunda parte do Túnel Rebouças, nem deu pra saber de quem fora. Intimamente, se perguntando quem teria marcado, os dois ficaram torcendo:

'Um gol de honra!', pensou o rubro-negro.

'Botafogo 5x0!', sonhou o botafoguense.

Quando, enfim, saíram, na Lagoa, o som do rádio reapareceu e Cury ainda urrava o seu conhecido e poderoso grito de gol.

'Que fôlego, hein?', espantou-se Niemeyer.

Mas, apesar da reconhecida potência vocal e pulmonar do saudoso 'speaker', a questão não era essa.

Na verdade, Cury começara a narrar o quinto gol, entre uma galeria e outra, e já berrava o sexto, do outro lado da cidade – levando Sandro ao delírio e Niemeyer ao desespero."

Embora não se tenha notícias de que Sandro tenha alguma vez feito a cobertura de algum treino ou excursão do clube, o Flamengo, por abrigar jogadores folclóricos ou de apelidos inusitados, e seus dirigentes, volta e meia eram personagens das histórias do colunista. Como o dirigente não identificado por Sandro, que se perdeu em Nova York e telefonou ao hotel para pedir ajuda:

'Onde você está?', perguntou o funcionário do hotel.

O dirigente olhou em volta, viu duas placas e "localizou-se":

'Estou na esquina de One Way (mão única) com Don't Walk (não atravesse). Segundo Sandro, "só foi encontrado no dia seguinte numa estrada vicinal."

Merica, folclórico meio de campo do adversário, era outra vítima do colunista:

"Bom jogador, mas feio de doer, Merica estava excursionando com o Flamengo e em Lisboa aproveitou uma folga para fazer compras. Caminhando sem pressa, ia olhando as vitrines quando observou que vinha sendo seguido por dois portugueses que, embasbacados, não tiravam os olhos dele. Intrigado, Merica se-

guiu caminho, ora mais rápido ora mais lento, mas sempre com os dois, ar aparvalhado, acompanhando-o de perto e parecendo trocar duvidosas impressões. Até que, irritado e no fundo certo de que a sua feiura era a causa da cena, Merica dirigiu-se aos dois: escuta aqui: vocês nunca viram gente, não? Entreolhando-se espantadíssimos, os dois portugueses exclamaram ao mesmo tempo: 'E fala!!!'"

Assim como Tinteiro.

"Jogava-se o Fla-Flu e Doval, já no Fuminense, ouvia a torcida do Flamengo seguidamente gritar em coro: 'Tinteiro... Tinteiro'. Intrigado, até porque ele próprio vinha dando um passeio no lateral rubro-negro, Doval perguntou a Zico a razão daquela preferência por Tinteiro.

– Não é Tinteiro que eles estão gritando – respondeu Zico. – É chincheiro e é com você mesmo."

Outra história impagável de jogadores rubro-negros contada por Sandro envolveu Júnior e Peu no Japão.

"Em pleno voo para Tóquio, quando ia disputar o Mundial de Clubes, Júnior de repente vira-se para Peu, olha-o no rosto muito sério e declara em tom de grave advertência que era proibido entrar no Japão de bigode. 'Mas, e você com essas barbas e esse bigodão enormes?', pergunta meio desconfiado o Peu. Júnior, sempre sério, explica que antes de viajar tinha tirado uma licença especial no Consulado japonês do Rio. 'Gosto do meu bigode e, além do mais, estou achando muito estranha essa história', resmungou Peu, acostumado às gozações dos companheiros. Mas pouco depois era visto saindo do banheiro do avião, de cara limpa, despido de seu bem tratado bigode."

A história poderia até não ter acontecido assim, uma vez que foi contada por Sandro, que, algumas vezes, escrevia de ouvido. Mas o ex-lateral flamenguista, hoje comentarista, Júnior garante que aconteceu e ainda dá mais detalhes:

– Antigamente o visto pro Japão era uma folha enorme. Tinha foto e era grampeado no passaporte. Paramos em Los Angeles uma semana pra ajustar o fuso horário. O Peu era um ingênuo inteligente, e a gente morria de rir com as histórias dele. A foto do visto mostrava um Peu sem bigode; a minha também. Pedi pra ver o passaporte do Peu. Abri na página do visto e disse: você não vai conseguir entrar lá não. O cara vai te mandar de volta sozinho. Botei terror. Sozinho no Japão, Peu disse: *"Não é possível, deixa eu ver o teu passaporte. Mas o teu também está sem bigode."*

E Júnior:

"Mas aqui embaixo, escrito em japonês, tem uma observação de que eu posso entrar com bigode ou barba."

– Quando acordo de manhã está ele de cara limpa. E o sacana do Zico ainda reforçou:

"Porra, Peu, mas aquele bigodinho estava maneiro pra caramba. Você tirou por quê?"

"O Júnior falou que eu não ia entrar no Japão, que ia ter que voltar sozinho pro Brasil e aí eu cortei."

Júnior acha que Sandro deve ter ouvido a história de terceiros, possivelmente do repórter Antônio Maria, que viajava com a delegação.

"Mas deu o jeitinho dele."

Estrela maior daquele Flamengo dos anos 80, Zico conta que Peu, quando começava a ficar meio esquecido, pedia: *"Inventa uma história e diz que foi comigo."* Quando resolveu criar seu site "Zico na Rede"[1], o ex-craque tirou uma casquinha de Sandro para criar a seção "Cantinho do Zico".

– Foi graças a essas coisas dele que comecei a escrever no meu site.

A história "Goleiro sofre" bem que poderia ter sido assinada por Sandro. No texto, Zico conta que num amistoso do Flamengo com um time amador de Roraima o primeiro tempo terminou 4 a 0, com quatro gols dele. No segundo tempo, os dois times fizeram diversas substituições, e o placar não mudou. No dia seguinte, na hora do embarque, um repórter local, "carregando um daqueles gravadores bem grandes da época", se aproximou do comentarista Luiz Mendes e pediu para ele fazer uma análise do jogo. Quis saber se ele havia gostado de alguma coisa no time adversário. Diplomático como sempre, o radialista lembrou que se tratava de uma equipe amadora.

Zico escreveu:

"A essa altura o repórter já estava impaciente, parecia aguardar algum comentário mais específico. Tomou fôlego, e partiu para a pergunta definitiva. E nós, jogadores, observando à distância:

– Luiz Mendes, e o goleiro? O que você achou do goleiro do time de Roraima? – disparou o repórter.

Mendes não pensou muito, e respondeu calmamente:

– Bom, o goleiro do primeiro tempo era muito baixinho. Tanto que o Zico jogou as bolas pelo alto, porque ele não conseguia alcançar a trave, e marcou três

---

[1] http://www.ziconarede.com.br/

gols de cobertura. O outro gol foi de falta também por cima dele. Quando entrou outro goleiro no segundo tempo, o time melhorou um pouco.

Decepcionado com a resposta, o repórter tirou o microfone, o fone do ouvido, parou a gravação e revelou constrangido, falando bem baixinho:
– Luiz Mendes, o goleiro do primeiro tempo era eu."

Ele poderia ter me influenciado

Wilson de Barros Leal[2]

"E aí, garoto, já escolheu seu time?"

Me lembro bem que todas as vezes que cruzava com aquele 'tio' no elevador do bloco C2 ele questionava sempre a minha não-escolha. Não sei precisar que idade eu tinha, pois essas referências nunca me foram precisas por ter perdido meu pai aos 7 anos de idade, de infarto fulminante lá mesmo no prédio. Mas ainda não tinha time de futebol. Não sabia quem era ele. Pra mim era mais um vizinho, um conselheiro de quem aquele órfão podia aprender alguma lição. A primeira vez que ele me perguntou e eu dissera que não sabia, que não tinha pensado nisso ainda, ele praticamente me intimou a pensar e a descobrir qual era meu time, que isso era muito importante. Essa pergunta, por algum motivo estranho, ficou na minha mente, perturbando durante semanas, meses...

Apenas a título de localização histórico-temporal, nasci em 1971, no prédio dos Jornalistas, no Leblon, onde vivi por ininterruptos 36 anos. Confusões de memória à parte, sempre observei e absorvi muito das pessoas mais velhas, mesmo que em rápidos momentos, para preencher a difusa figura paterna. Pra se ter uma ideia, até hoje não sei ao certo para que time de futebol torcia meu pai, se Botafogo ou Fluminense... sei que eu cresci sem a influência dele.

Até que, um belo dia, peguei uma camisa vermelha que tinha no fundo da gaveta (depois vim saber que era do América F.C. mas não sei como foi parar lá) e disse pra desespero da minha mãe tricolor:

"'Mãe, pode dar essa camisa que eu descobri que sou Flamengo."

---

[2] Wilson de Barros Leal é jornalista e foi vizinho de Sandro no Conjunto dos Jornalistas, no Jardim de Alah, onde morou durante 35 anos, grande parte com o pai e a mãe.

Sim, eu descobri, pois não pesquisei, não li, não vi nenhum jogo da fabulosa geração Zico que se formava naqueles anos 1978-1979. A minha primeira preocupação, logo depois de afastar a concorrência da gaveta, foi procurar aquele senhor que me interpelava continuamente no elevador... Eu morava no penúltimo andar do prédio, o 15º, e o elevador ia parando no meio do caminho. Eu sempre puxava papo com quem entrasse, mas nada dele.

Passou a semana inteira, e nossos horários de elevador não coincidiam. Até que resolvi perguntar na portaria por ele, mas não sabia o nome, nem o andar. Um dia, despretensiosamente, o elevador saiu comigo do 15 e, no meio do caminho, a porta se abriu.

Era ele.

Ele não era de muitos papos além do 'bom dia e do boa tarde' quando tinha alguém no elevador, mas comigo era diferente. Aquela minha dúvida ou negligência futebolística devia incomodá-lo ou provocar certa curiosidade.

Como pode um menino não torcer pra nenhum time de futebol?!

Não pestanejei, naquele dia, naquele elevador, passando os andares, antes que ele perguntasse ou desse bom dia, logo depois daquele sorriso de canto de boca que dava só pra mim...Tasquei:

'Eu sei!'

Como quem havia feito uma grande descoberta, uma descoberta transcendental, continuei:

'Eu sei meu time, eu descobri. Sou Flamengo."

Ele sorriu, muito, um sorriso como nunca antes me dera; e me disse entusiasmado:

'Muito bem, grande escolha."

Pronto, criara-se um vínculo, uma amizade. Ele devia ser Flamengo também.

Depois daquela semana inteira sem encontrá-lo no elevador, sem nenhuma pista de como achá-lo, lembrei-me de perguntar:

'Qual o seu nome?'

Ele simplesmente me disse:

'Eu sou botafoguense.'

O elevador chegou no térreo, ele abriu a porta rindo e foi embora. Sem dizer o nome.

Corri, fui direto ao porteiro e gritei:

'É ele. Qual o nome dele?'

Não entendendo nada, o porteiro me disse:
'É o seu Sandro, jornalista, botafoguense'.
Mas que saco! Esse negócio de botafoguense devia ser importante. Não interessa, eu me descobrira Flamengo. E já encomendara um manto sagrado para a mamãe tricolor. Num outro dia, no elevador cheio, a porta ia se fechando no térreo, quando ele a abriu e entrou:
'Boa tarde, boa tarde.'

Não pensei duas vezes em apregoar a todos a minha intimidade com aquele jornalista botafoguense:
"Boa tarde, tio Sandro."
E ele respondeu para brilho intenso dos meus olhos:
"Boa tarde, flamenguista."
Ao que todos riram, sem saber bem o porquê. Eu então, na inocência juvenil, denunciei a não intimidade:
"Meu nome é Wilson, mas todo mundo me conhece como Wilsinho."
Na pretensão minha de ser famoso.
Aquela figura então disse um mantra que fez com que essa história e outras tantas dele ficassem guardadas para sempre na minha memória:
"Então, você é filho do Wilson, grande Wilson, por isso você é gente boa."
Adquiri um enorme carinho por aquele vizinho, um íntimo desconhecido, torcedor do rival, pela simples lembrança do meu pai. Papai fora do Partido Comunista, Conselheiro do Jango, diretor do antigo IAPC , e ajudou muitos jornalistas a terem um apartamento naquele condomínio. Não sei se foi o caso do Sandro Moreyra, mas, com certeza, o Oduvaldo Viana Filho, o Vianinha, foi morar lá graças ao empurrãozinho do meu pai, o grande Wilson, de quem trago o nome e sobrenome.

Assim foi meu primeiro contato com o tio Sandro, o Sandro Moreyra.

CAPÍTULO 14
Deixa comigo!

"Para mim, Sandro Moreyra foi um dos botafoguenses mais notáveis do planeta terra. Uma figura humana fantástica, amigo ao extremo e sempre disposto a ajudar. Quando me deparei com Sandro pela primeira vez, na redação de esportes do JB, comandada por Oldemário Touguinhó, outro ilustre e fanático alvinegro, cheguei a perder a respiração."
(**Antônio Maria Filho**, *repórter*).

1979. O jovem repórter botafoguense Marcos Penido chega ao *Jornal do Brasil* para trabalhar na editoria de Esportes e é abordado pelo jovial veterano:
– Sandro me chamou num canto e perguntou:
"Garoto: "Qual clube você torce mesmo?"
– Respondi que era Botafogo. E ele:
"Mas qual clube você acha que poderia cobrir?"
– Aí me deu um estalo: como sou de Laranjeiras, fui criado lá, com a família dividida entre tricolores e alvinegros, e nunca fui de ir com muita sede ao pote, disse: Fluminense pra começar está excelente.
– E ele:
"Muito bem, garoto, que Botafogo aqui no JB é comigo."
– E eu: Claro, Sandro, estamos em boas mãos. – Foi o meu batismo de fogo.

Sete anos antes, em 1972, André Luiz Azevedo, futuro repórter da TV Globo, era um jovem estudante de Comunicação na UFRJ, ostentava a barba e o bigode que o caracterizam até hoje e usava longos cabelos caídos no ombro, quando foi aprovado para estagiar na Rádio Jornal do Brasil, no antigo prédio da avenida Rio Branco, 110.
– Das primeiras coisas que fiz como estagiário foi cobrir o Botafogo. Logo nos primeiros dias o Sandro me chamou e ofereceu carona. Imagina eu, um estagiário, pegar uma carona com o Sandro. Chegamos em frente ao prédio do JB, quando o comércio estava começando a fechar. Sandro meteu o carro em cima da calçada bem próximo a uma marquise, perto da porta da entrada de uma loja

de roupas masculinas. O gerente se dirigiu a ele e disse que a loja ainda estava aberta. Com aquela verve dele e sempre com uma resposta na ponta da língua, respondeu: "Muito obrigado, eu vou deixar meu carro aqui fora mesmo." Saímos os dois caminhando. O gerente reclamava: "O senhor está quase dentro da loja." E ele dizia: "Não, não quero entrar agora não, obrigado." Uma coisa completamente incorreta que hoje em dia ninguém pensa em fazer. Mas ele fazia.

Jornalista, cineasta e professor, Nelson Hoineff era um aprendiz de repórter em 1974 quando foi enviado pelo jornal *Última Hora* para cobrir a Copa na Alemanha, acompanhado do já consagrado Maneco Muller, o colunista Jacinto de Thormes.

– Eu tinha 25 anos. Antes de começar a Copa, a seleção ficava concentrada em Freiburg e treinava num campinho em Feldback. O Sandro estava lá cobrindo pelo JB. Ao lado do campo tinha uma banquinha que vendia bebidas. Sandro bateu no meu ombro e disse: *"Garoto, vamos tomar um Steinhagen."*

Nelson ficou todo bobo com o convite daquele figurão da imprensa e pensou: *"Caralho, o Sandro Moreyra me convidando para beber! Emocionante."*

– Caminhando até o barzinho, Sandro virou pra mim e disse:

"Garoto, vou te dizer um negócio: todo torcedor de futebol é um débil mental."

– E eu: *"Que isso? Como diz uma coisa dessas? O torcedor é quem paga o nosso salário. E, além disso, o futebol só existe por causa do torcedor."*

– Ele olhou pra mim, botou a mão no meu ombro, e concluiu:

"Tá bom, garoto, você não está entendendo, mas daqui a alguns anos você vai entender."

– Levei 30 anos pra compreender a sabedoria do Sandro de pegar um garoto de cabelos compridos, 20 e poucos anos, e dizer isso. Não sei se ele me conhecia o suficiente pra saber que eu ia ao Maracanã de tiara do Flamengo. Naquela época o Flamengo ia jogar no Pacaembu, e eu ia de carro com a bandeira desfraldada. Desconfiava que o Sandro imaginava isso. A tese do Sandro era tão verdadeira que hoje as torcidas organizadas se encarregam de comprovar o que ele me disse em 74. O Sandro estava certo.

Antônio Maria Filho, o novato que perdeu a respiração quando conheceu Sandro, também não esquece da convivência com o experiente amigo quando ainda era um jovem repórter no *Jornal do Brasil*.

– Eu o conhecia pelas aparições na TV em mesas de esportes e, de repente, me via como seu colega de trabalho. Com o tempo, constatei que ele era uma

CAPÍTULO 14: DEIXA COMIGO!

pessoa simples. Tratava os "focas" com a mesma importância que dispensava a qualquer grande ídolo do futebol brasileiro.

Naquela época, final dos anos 60 e início dos anos 70, o Brasil vivia um momento político infernal. Para se chegar ao JB era uma mão de obra daquelas. Em razão da luta do povo brasileiro contra a ditadura militar, o centro do Rio era uma praça de guerra. A fumaça de gás lacrimogêneo penetrava inclusive na redação do JB, e os jornalistas tinham que descer para a rua imediatamente e correr da cavalaria montada do Exército brasileiro.

– Sandro era o meu mestre até nisso. Me dava o itinerário pra chegar na redação e depois voltar pra casa. A gente esperava que um grupo de manifestantes passasse por onde estávamos, misturávamos no meio deles e seguíamos até o momento em que as brigadas de cavalaria chegassem. Na maioria das vezes, estávamos já perto do lugar onde havíamos estacionado nossos carros. Houve momentos em que corríamos da cavalaria, mas, felizmente, nunca levamos nenhuma bordoada na cabeça. Também devo isso ao Sandro.

Renato Maurício Prado lembra de Sandro quando estava começando a carreira.

– Consegui o estágio através de um amigo do meu pai que me levou pra falar com o Walter Fontoura, no JB. Me apresentei de terno e gravata, e me disseram que eu tinha cara de repórter de política. Fui parar no Élio Gaspari. Seis meses depois passei pro Esporte. Lá, o primeiro cara que eu vi foi o Sandro, que estava saindo da sala do Wilson Figueiredo. Olhei como se estivesse diante de uma celebridade. Não falei com ele. No primeiro momento parecia um cara fechado. A mim ele nunca sacaneou. Eu era apenas um estagiário, aquele cara que dá até pena de sacanear.

Na Copa de 1974, Alfredo Osório era um jovem repórter de 24 anos de idade, quando foi convocado para ser um dos "13 na Copa" do JB.

– Nem sei porque fui. Acho que é porque eu falava inglês.

Alfredo foi escalado para cobrir a seleção holandesa e Sandro a brasileira. Não esquece um caso que sempre conta pros amigos em almoços.

– No dia em que cheguei, encontrei com ele no lobby do Hotel Intercontinental de Frankfurt. Entramos juntos no elevador, e reparei que ele estava com uma *sacolinha* nas mãos. Perguntei: "Fazendo comprinhas, né?." Ele respondeu: *"Não. São ternos."* Abriu a sacola e mostrou. Eram duas sungas. E ele: *"Meu uniforme de trabalho, uso todos os dias."*

– Sandro cobria o Botafogo na seleção. Fazia entrevistas com Marinho, Paulo Cézar Caju, Jairzinho, Zagallo, Chirol e ex-botafoguenses. Confiavam nele. E ele nem precisava falar com eles. Uma vez, antes do jogo Brasil e Polônia, juntos dividindo o mesmo quarto, ele chegou pra mim e me mostrou uma reportagem com diversas entrevistas de botafoguenses e perguntou:

"O que você acha?"

– Respondi: Você conversou com eles. Eles falaram isso mesmo?

E ele:

"Não."

– Indaguei: você vai avisar pra eles?

E Sandro:

"Não precisa. Eles falariam isso mesmo."

Ele conhecia os caras, convivia com eles.

Nos anos 80, no prédio da Avenida Brasil, Bruno Thys, começando a carreira como repórter do caderno Cidades, se escangalhava de rir com as histórias que ouvia.

– Era uma gritaria danada na editoria de Esportes. No horário de fechamento aquele esporro todo perturbava quem estava trabalhando. Quem mais gritava era o Oldemário (Touguinhó). O Sandro muitas vezes chegava com convidados. Ele tinha um amigo policial, um fortão conhecido como Tigre, que chegava falando alto. Alguém berrava de longe: *Shhhhhhh*. Outro gritava: *"Redação de família, pô!"* No final era uma gargalhada de 200 pessoas. O maior barato.

Ficou marcado na carreira de Bruno. Tanto que, anos depois, ao visitar um jornal da Galícia com um grupo de jornalistas, atentou para um cantinho da redação onde a algazarra era geral.

– Cheguei num canto e perguntei ao editor-chefe que acompanhava a gente: aqui é o Esportes, né? E ele: *"Você já esteve aqui?"* Respondi: não, é que está todo mundo gritando. Ninguém fala, todo mundo grita. Coisa passional, característica do Esporte.

Mas se engana quem pensa que o papo de Sandro envolvia apenas os boleiros. As boleiras também gostavam daquela vivacidade envolvente e infindável. A jornalista Sandra Chaves, então uma foquinha na redação do JB que cobria esporte amador cuidando das áreas de natação, atletismo, basquete, vôlei, arco e flecha e o que mais pintasse, se encantava com os textos de Sandro.

– Lia e me deliciava sempre. Ficava embasbacada com a capacidade dele de concentrar a informação e tornar os textos agradáveis. Ele tinha as histórias e sabia transmitir, tanto em forma de texto como verbalmente. Dominava o idioma, os argumentos, a concatenação de texto. Contava histórias das quais

CAPÍTULO 14: DEIXA COMIGO!

participava que até poderiam ter acontecido, mas não com todos aqueles elementos. Quem tinha um pai escritor e uma mãe ousada como ele tinha, não poderia ser mais um no meio da multidão. E eu ali, muito jovem ainda, tive o privilégio de conviver com ele. Eu era uma ET no meio daquele ninho de cobras criadas.

Vizinhos, filhos de amigos, amigos e amigas da filha Sandra. Todo mundo adorava Sandro Moreyra. Uma autêntica geração de pupilos. A jornalista botafoguense Maria Lúcia Rangel inclui no seu currículo um item que muito bambambam da história do futebol não tem: jogou bola com Garrincha, Nilton Santos e Didi.

– Foi na casa do George, irmão do meu pai. Sandro levava aquela turma lá e jogava bola no terraço com a gente; eu e minhas primas. Sempre queimado de praia, que todo mundo achava o máximo. Comprava coisas pra gente, dava papo pra gente. Sempre de bom humor. Lembro dele rindo e contando coisas engraçadas.

Lúcia Regina Novaes era uma jovem estagiária do caderno B do JB, quando, para escapar de um "passaralho"[1] foi parar no Esporte, na época um verdadeiro Clube do Bolinha, onde menina não entrava.

– Meu cartão de visitas foi um chega pra lá do Oldemário (Touguinhó), que disse em alto e bom som: *"Nunca teve mulher aqui, não gosto de mulher no Esporte."* Mas fui ficando até que ele deixou de ser editor.

Mas aquela estranha no ninho acabou na maciota se juntando ao grupo, a ponto de acompanhar Sandro e os demais colegas nos ensaios da Mangueira.

– O Sandro era fogo. Tinha um redator pequenininho, maranhense, Nonato Massom, que sofria com ele. Como não conseguia botar os pés no chão, ficava com as perninhas balançando enquanto escrevia. Era um prato cheio. Era sacaneado até quando o seu time, o Sampaio Corrêa, perdia. Tinha mania de juntar jornal num quarto em casa. Uma vez aquilo pegou fogo. Nem assim o Sandro aliviou.

Pai de dois filhos pequenos, um menino e uma menina, que ainda não decidiram por que time torcer, o botafoguense Philippe Roucheau conheceu Sandro através da irmã Joëlle, que trabalhava no *Jornal do Brasil*.

– Era o maior barato. Marcou minha vida. Fui diversas vezes ao Maraca com ele no carro do JB. Ele contava histórias. Eu achava chique. As pessoas perguntavam ao Sandro: *"É seu filho? Seu neto?."* Ele, sempre muito cuidadoso,

---

1   Expressão usada entre jornalistas para se referir a demissões coletivas.

pedia para eu não sair de perto. A convivência com Sandro deve ter influenciado o jovem Philippe, que pegou o jeitão do velho amigo.

– Quando vim morar em São Paulo, quase todo dia atrás do prédio ouvia o hino do Flamengo sendo assoviado. Eu achava que era o pintor que fazia uma obra em um apartamento vizinho. Ficava puto com aquilo. O porteiro soube. Uma vez, no elevador, ele me perguntou: "E aí? Já matou o papagaio?" Conferi com um binóculo. Era mesmo um papagaio que assoviava o hino.

Sandro assinaria essa.

CAPITULO 15
A regra é clara

"Nos seus tempos de árbitro e, justiça se faça, sempre o número um, Mário Vianna, num clássico Vasco x Fluminense, expulsou seis jogadores vascaínos. Revoltado, o clube oficiou à Federação exigindo um exame de sanidade mental no grande juiz. Mário Vianna submeteu-se ao exame e foi aprovado. Mas com uma nota muito baixa."
(Sandro Moreyra *no seu livro de histórias).*

"Além de meu amigo, era amigo dos juízes de futebol. Tenho uma carta de Sandro que é um verdadeiro documento histórico. Recebi-a quando entrei em campo para apitar a final da Copa de 82[1]. O Sandro dizia que, não podendo torcer pelo Brasil, torcia para mim."

Assinado por Arnaldo César Coelho, o texto acima constava dos depoimentos de amigos de Sandro Moreyra publicado no *Jornal do Brasil* dois dias depois de sua morte. O ex-árbitro, hoje comentarista de arbitragens, dá detalhes.

– Quando eu estava examinando o gramado antes de começar o jogo, um fotógrafo me deu um envelope. Fiquei com medo de mexer, pois me lembrei de um jogo na Bahia em que eu também recebi um envelope no campo e quando abri tinha uma caveira e um texto dizendo que eu ia morrer se o Bahia perdesse o jogo. Pensei: não vou ler. Mas aí, quando cheguei ao vestiário, ainda antes do início do jogo, fiquei curioso e abri o envelope. Estava escrito mais ou menos assim:

"Querido Arnaldo, você é o que nos resta. É um brasileiro na final da Copa do Mundo. Apite por todos nós pra compensar a nossa frustração de não termos sido campeões do mundo com a melhor seleção dos últimos tempos."

– Basicamente isso. Assinado Sandro Moreyra. A letra era dele, o texto era dele. Ele estava puto porque o Brasil tinha perdido. Tinha ainda a assinatura de todo mundo que ele encontrou na sala de Imprensa. O Oldemário Touguinhó

---

[1] Arnaldo César Coelho foi o primeiro árbitro não-europeu a apitar uma final de Copa do Mundo, Itália 3 x 1 Alemanha, em 11 de julho de 1982.

estava no meio daquela turma. Me emocionei e chorei. Desabei mesmo. E fui pro jogo. Aquilo me marcou bastante. Pô, uma hora antes do jogo e o cara me manda uma carta dessas!

A regra era clara para Sandro Moreyra, que mordia e assoprava quando o assunto era árbitros de futebol. Ora levantava a bola, ora jogava na bandeirinha de corner ou fora do estádio. Tinha que endurecer, pois faz parte da natureza dos bons repórteres ter um certo distanciamento dos árbitros, mas perder a ternura jamais.

O próprio Arnaldo foi personagem – "ou a vítima", como ele mesmo garante – de uma das histórias mais engraçadas da praia de Copacabana. Que Sandro Moreyra contou a Washington Rope em uma reportagem sobre futebol de praia, publicada no JB nos anos 80:

"Era decisão de campeonato entre Juventus e Posto 3, no campo do Juventus. O jogo estava empatado em 1 a 1, quando começou a escurecer e a visibilidade se tornou cada vez mais difícil. De repente, o Juventus bate o córner, a bola passa rente à trave e Arnaldo aponta para o meio de campo, confirmando a marcação do gol. Começa a confusão. A torcida invade o campo, os dois times cercam Arnaldo até que ele chama os dois capitães e diz: 'Eu recordo muito bem do lance, mas só vou decidir em casa. De lá eu ligo pelo telefone e dou o resultado para vocês.' Foi a única maneira de Arnaldo escapar do linchamento. Depois, ele telefonou e confirmou o gol, mas até hoje ainda tem dúvida."

O folclórico Armando Marques foi diversas vezes personagem das histórias de Sandro. Como sabem os mais antigos, Armandinho, como era chamado por alguns, não gostava de chamar os jogadores pelo apelido. Para evitar intimidades, preferia tratá-los pelo nome próprio e de senhor. Sandro conta:

"Num jogo do Vasco, ao fazer uma advertência, gritou: 'Venha cá, senhor Onofre, estou lhe chamando'. Nada ainda. Então, Bellini, capitão do time fez ver a Armando Marques que o Vasco não tinha nenhum Onofre. 'Tem sim. É aquele ali' – e Armando apontava para o encabuladíssimo Sabará, que sempre teve uma bruta vergonha de se chamar Onofre."

Mas era mesmo o não menos polêmico Mário Vianna sua principal vítima. Como da vez em que soube que o árbitro e depois "festejado" comentarista chegou à Rádio Globo se queixando que dormira mal:

"É o raio de um vizinho, que resolveu criar pintos bem debaixo da minha janela e agora toda manhã, cedinho ainda, acordo com aquele piar irritante." E com a sua voz grossa e possante, pôs-se a imitar os pintinhos: PIU, PIU, PIU...

Os que assistiram concordaram que nunca até então o inocente pio de um pinto tinha soado com a força tremenda de tiros de canhão."

De maneira geral, Mário Vianna saía bem nas linhas de Sandro e passava como o gozador nas histórias. Como na Copa de 62, no Chile, em que o sempre bem falante Oduvaldo Cozzi "perorava" sobre Viña del Mar, a cidade onde o Brasil estreava. Ao lado do locutor, esperando a vez de falar sobre arbitragem, Mário Vianna.

"Bela e acolhedora cidade – dizia Cozzi – cheia de flores e alegria, situada nas fraldas da Cordilheira dos Andes."

Mário Vianna deu um salto. Olhou para a Cordilheira, olhou para Cozzi, tornou a olhar para um e outro, já agora com seu possante binóculo, e acabou murmurando: 'Eu cada vez entendo menos o português dessa gente.'

Porrada no Zé do Xaxado e o Papai Noel bom de briga

Impagáveis são as duas histórias que mostram o lado mais pitoresco e temido de Mário Vianna: o de valente e bom de briga.

Uma delas sobre um Ba-Vi na Fonte Nova.

"O jogo ia começar na Fonte Nova. Das arquibancadas vinha um infernal barulho provocado por uma charanga tocando com a fúria de todos os seus ingredientes: bumbo, sanfona, triângulo, trombone, pistom. No meio do campo, todo de preto, apito na mão, rosto tenso, Mário Vianna consulta o relógio e ordena ao delegado que mande parar a charanga, porque a International Board não permitia bandas tocando durante os jogos. 'Impossível', responde o delegado. 'A charanga é do Zé do Xaxado, e quem for lá em cima será jogado arquibancada abaixo. Não vou, por isso, arriscar meus homens'. Mário Vianna então atravessou o campo em passadas firmes, subiu os degraus da arquibancada em direção à charanga. Lá chegando, perguntou: 'Quem é aqui o Zé do Xaxado?' Um mulato alto, largo e carregado de músculos se apresenta. 'Sou eu. O que o cavalheiro deseja?' Mário explicou que era proibido tocar durante o jogo, porque prejudica o seu trabalho. E era da lei. 'Quem proíbe?', disse o mulato. 'A International Board', respondeu Mário Vianna. 'Não sei quem é, mas não vou parar a banda. Portanto, o distinto aí volte lá para baixo e trate de soprar direito esse apito, se

não, vai se haver comigo', rosnou o brutamontes. Mário não conversou: pegou o instrumento mais à mão, que era o trombone, e enfiou o bocal pescoço abaixo do Zé do Xaxado. Feito o quê, desceu, entrou em campo e, debaixo de um silêncio de cemitério, apitou forte, iniciando mais um sensacional Bahia x Vitória, o tradicional Ba-Vi dos baianos."

A outra sobre um inusitado Papai Noel. Uma verdadeira grife. A grife Sandro Moreyra.

"*Véspera de Natal, Mário Vianna, como fazia todos os anos, vestiu-se de Papai Noel, tomou as rédeas de uma charrete puxada por burros cobertos de algodão à guisa de neve e saiu pelas ruas da Urca, seu bairro, convocando a criançada para a tradicional distribuição de brinquedos, balas e doces que fazia em frente à sua casa. Era uma tarde de muito sol e muito calor, e Mário Vianna ia suando debaixo daquelas roupas vermelhas e daquelas barbas brancas. Mas ia feliz tocando sino e seguido por um bando ruidoso e alegre de crianças que saltitavam ao redor da charrete. De repente, de um botequim onde algumas pessoas bebiam e cantavam, um berro ferino e debochado cortou aquela algazarra: 'Ô palhaço, estás aí a derreter os untos! Tire esta fantasia que lhe pago uma cervejota, oh, seu paspalhão.'*

O sotaque era inconfundível, e significava que, em não sendo da terra, o ofensor evidentemente não tinha ciência de quem acabara de desacatar. Mário Vianna não sabia o que era untos, uma expressão lusitana. Mas palhaço e paspalhão entendera bem. Freou assim a charrete, apeou e, muito digno, foi-se dirigindo para o boteco a tomar satisfação de quem lhe ofendera duplamente: na qualidade de Juiz do Povo, da qual estava momentaneamente desligado, e na de Papai Noel, que estava em pleno desempenho.

Na porta do boteco, Papai Mário Noel recomendou às crianças, que o seguiram na esperança de que fosse começar a distribuição dos brinquedos, que esperassem na calçada. Entrando sozinho, fez a pergunta óbvia: 'Quem foi que me chamou de palhaço?' Sua aparência ao fazer esta pergunta não tinha nada do bom velhinho que encanta as crianças pelo Natal. Era, ao contrário, mais chegada à de um feroz ferrabrás. Talvez por isso, ninguém tenha respondido. Enfurecido pelo silêncio, Mário Vianna tomou a repetir a pergunta, usando desta vez o segundo deboche: 'Quem foi o fariseu que me chamou de paspalhão?'

De novo o silêncio. O botequim inteiro mantinha-se na expectativa, como que antevendo a proximidade de uma catástrofe. Mais furioso ainda, Papai Má-

CAPITULO 15: A REGRA É CLARA

rio Noel Vianna explodiu, soltando então o seu famoso grito de guerra, que ribombou qual trovão por toda a Urca. 'SAAARRRAFOOO!'.

E iniciou uma impressionante sessão de bordoadas para todos os lados. Eram tapas, socos, rasteiras, que iam derrubando um a um, proprietários, fregueses, curiosos e transeuntes incautos. Do lado de fora, as crianças estavam deslumbradas. Nunca até então imaginaram que Papai Noel, que lhes diziam ser um amável e suave velhinho sempre pronto a presentear as crianças, fosse capaz de derrubar um boteco inteiro com tão possantes cacetadas. E, no auge do entusiasmo, aplaudiam freneticamente de mistura com vivas a Papai Noel, 'o maior'. Os pais não ficaram atrás. Empolgados com a força dos punhos de Noel, gritavam em coro numa torcida animada: Dá-lhe, vovô! Baixa o pau, coroa! – e outras expressões próprias para a ocasião.

Terminada a refrega, que deixou o botequim e seus frequentadores (sic) em frangalhos, Papai Mário Noel Vianna ajeitou as barbas brancas, o gorro de borla, o largo cinto das calças e voltou à charrete, sempre ovacionado pela garotada em festa, certa de estar vivendo o maior de todos os natais. E lá seguiu ele tocando o sino e anunciando a paz na terra aos homens de boa vontade.

Só mais tarde é que todos se deram conta de que naquela tarde quente de dezembro, pelo menos para o pacato bairro da Urca, nascera uma nova imagem de Papai Noel.

De lá para cá – e já se passaram três gerações – toda criança ao ouvir da mãe a recomendação de que somente aos meninos bem-comportados, estudiosos e obedientes Papai Noel distribui presentes, invariavelmente dão esta resposta: E quem não se comporta direitinho Papai Noel baixa o sarrafo, não é mãe?'"

CAPÍTULO 16
Entre tapas e beijos

"Debate acalorado no programa Bola na Mesa, Sandro, João Saldanha e Cia fustigam Eurico Miranda. Irritado, Eurico mandou: 'Pois saibam vocês que tenho muito orgulho de ser filho de dois portugueses'. Sandro não perdoou: 'Dooooiiiiiiisssss????' O pau quase comeu no estúdio da Band."
(**Márcio Tavares,** *jornalista*)

Copa do México, 1986. Sandro Moreyra e Washington Rodrigues, o Apolinho, decidem jantar num restaurante fino da capital mexicana. Washington fica de frente para a porta acompanhando o movimento de entra e sai do lugar. De repente, entra o então presidente da CBF Nabi Abi Chedid e a esposa.

– Eu pensei: "Ih rapaz, o Nabi entrou aqui e pode sair briga." O Sandro, que vivia metendo o pau no cara em sua coluna no *Jornal do Brasil*, nada percebeu e, quando viu, Nabi estava apresentando nós dois para a esposa.

"Esse aqui é o meu querido amigo Apolinho e esse aqui é o Sandro Moreyra, um dos maiores jornalistas do Brasil. Eu sempre falo dele com você. Lembra?"

Apolinho ficou meio ressabiado com aquela sequência de elogios, e na dúvida se era gozação do dirigente, que logo se afastou e foi se sentar em outra mesa.

– Fiquei quieto, dei uma de "migué", com medo de botar pilha, e não comentei nada com o Sandro. Mas fiquei curioso com a forma como ele iria reportar isso na coluna. No dia seguinte o registro mais ou menos assim:

"Ontem à noite, eu e Washington Rodrigues encontramos com Nabi Abi Chedid e a esposa no restaurante tal, na cidade do México."

E concluiu:

"Descobri que o Nabi não entende nada do que eu escrevo sobre ele."

Sandro ia duro nas divididas quando lidava com dirigentes. Não tinha papas na língua e era um bocado atrevido. À sua moda publicava calibradas farpas contra os caras. Alguns não tinham currículo, tinham folha corrida. Uns velhacos. Não à toa que em seu livro de histórias dedicou um capítulo especial a eles chamado "Os impagáveis dirigentes". Vicente Matheus, do Corinthians, que, segundo o colunista, quando viajou para a Europa com a mulher, fissurada em *shopping centers*, pediu a um amigo o endereço do Mercado Comum Europeu, era um de seus prediletos.

Uma história de Matheus, que, segundo Sandro, na mesma viagem bronqueou com a mulher ao chegarem atrasados a um concerto em Viena e, perdidaço, ouviu o maestro anunciar a execução da Quinta Sinfonia de Beethoven:

"Está vendo no que deu o atraso, Marlene? Enquanto você se embonecava, perdemos quatro sinfonias."

Tinha um glossário de asneiras do dirigente a dar com o pau.

"O zagueiro Amaral entrou na sala do presidente do Corinthians, Vicente Matheus, para pedir um vale de R$ 60 mil. Atendido, fazia o vale, quando estancou: 'Doutor Matheus, sessenta se escreve com dois esses?'. Vicente Matheus coçou o queixo, depois a nuca, e acabou transferindo a pergunta à sua secretária: 'Explica a ele, dona Emengarda'. 'Não estou bem certa', disse ela. Matheus então decidiu: 'Ô Amaral, faz de setenta para facilitar'. E quando o zagueiro saiu, satisfeito da vida, Vicente Matheus explodiu com a secretária: 'Dona Emengarda, essa sua ignorância está me custando caro'."

Outra, do impagável Matheus, que dizia que dirigir um time de futebol era "uma faca de dois legumes" e que uma vez sugeriu adiar uma partida porque estava "garoando torrencialmente":

"Decidido a impor linha-dura no futebol do Corinthians, o dirigente Vicente Matheus chamou o treinador e ordenou que tomasse nota da nova e dura programação dos treinos. 'Segunda-feira, desconcentração; terça-feira, corrida de oito quilômetros; quarta-feira, primeiro coletivo; quinta-feira, treino tático--técnico; sexta-feira, física... Aí o técnico interrompeu: "Desculpe, sexta-feira é com xis ou com esse?'. Vicente Matheus pensou um pouco e disse: 'Dá folga na sexta e passa a física para sábado'."

Mendonça Falcão, ex-dirigente da Federação Paulista de Futebol, que, segundo Sandro "estava para os dirigentes como Manguinha para os jogadores", tinha trânsito livre no cabedal de tolices que colecionava.

Uma do destrambelhado Falcão, que, segundo Sandro, certa vez elogiou seu amigo Paulo Machado de Carvalho que tinha "uma biblioteca com mais de 20 mil discos" na sua estação de rádio.

"A Seleção Brasileira estava em Munique e foi convidada por um grupo de pacifistas alemães para visitar o tristemente célebre campo de concentração de Dachau. Inteirado do convite, Mendonça Falcão respondeu: 'Negativo. Véspera de jogo, time meu não visita concentração de adversário'."

CAPÍTULO 16: ENTRE TAPAS E BEIJOS

Outra, do folclórico Falcão que, ao chegar em Londres e observar a mão invertida e o volante dos carros do lado direito, exclamou espantado: *"Xi, aqui quem dirige é o outro."*

Vira e mexe, Sandro deitava e rolava com os furos do folclórico cartola sem noção. Não deixava barato.

"Mendonça Falcão, ex-dirigente da Federação Paulista de Futebol e atual assessor do Ministro Delfim Neto, presente a uma solenidade onde tocava a orquestra sinfônica, pediu ao maestro uma de suas músicas favoritas: 'Gostaria de ouvir a oitava'. 'Muito bem, mas a oitava de que autor?'. 'O autor não conheço', disse Mendonça, 'mas sei que ela começa assim', e tamborilando na mesa: 'Oi tava na peneira, oi tava peneirando...'."

Paulo Stein lembra que em um debate sobre eleições no Botafogo, em que participava o então presidente da Federação Carioca Otávio Pinto Guimarães, surgiu um mau cheiro no ar, Sandro, como sempre, não se fez de rogado:

"Alguém peidou aqui, Paulo."

– E olhou pro coitado do Otávio. O Sandro fez hummmmmmmm no ar. Não consegui segurar o riso e pedi intervalo. O único recurso era esse. Confesso que até hoje não sei quem foi.

Se com Abi-Chedid, Matheus, Falcão e Otávio a coisa passava batida pelo inusitado e humor das histórias, com Rubens Hoffmeister, presidente da Federação de Futebol do Rio Grande do Sul e da Comissão de Relações Internacionais da CBF nos anos 80[2], o buraco era mais embaixo. E o bicho pegou depois de Sandro publicar que o cartola hospedou um grupo de amigos no Hotel Copacabana Palace, no Rio de Janeiro, e apresentou a conta à CBF.

Sandro já havia criticado Hoffmeister, que tinha um histórico sinistro, por seu comportamento durante uma excursão da Seleção à Europa:

---

2   Rubens Freire Hoffmeister teve até agora o mais longo mandato de presidente da Federação Gaúcha de Futebol (de 29.01.1970 a 12.03.1982 e novamente de 07.06.1985 a 11.03.1991) que conduziu com mãos de ferro.Tinha muitos desafetos, mas também admiradores. Há diversos processos envolvendo o cartola gaúcho na Justiça Federal, Justiça Estadual do Rio Grande do Sul, São Paulo e até mesmo do Rio de Janeiro. Nenhum, porém, é a respeito do Sandro Moreyra. Em processos contra o *Jornal do Brasil* também não existe nenhum que diga respeito ao tal imbróglio. Morreu no começo dos anos 2000, antes de completar 80 anos. Seu filho, Rubens Freire Hoffmeister Filho, respondeu a processo criminal no TJRS e TJSP. Sobre Sandro Moreyra, não consta nenhum processo ajuizado pela família na Justiça.

"*Alojado na primeira classe dos aviões, ele, num dado momento, deixou de ser atendido pelas aeromoças, pois a todo instante pedia champanhe francês e as tratava como garçonete.*"

Ao desembarcar de volta, o dirigente, sempre envolvido em acusações de cambalachos, deu piti, resolveu encrespar e teve a petulância de cantar de galo e lhe mandar um recado público:

"*Vou lhe dar uns 'bifes' (socos).*"

Deu sim. Com os burros n'água. Criado na praia, Sandro sabia nadar contra a corrente. No dia seguinte, em sua coluna, o faixa-preta em malandragem Sandro, que não era de botar o rabo entre as pernas, deu de ombros e destilou o fel:

"*Bobagem dele. Hoffmeister não dá nada, só toma. Aliás, um velho hábito, que vem do irmão Sophia Loren.*"

Sandro cutucava duas vezes seu desafeto e afiava a faca. Existia de fato histórias acusando o dirigente de tomar "bifes" em vez de dar. Em 1979, sete anos antes da briga entre o cartola e o jornalista, Hoffmeister e o radialista Ibsen Pinheiro, então deputado estadual e depois federal, atracaram-se nos corredores da Rádio Gaúcha, em Porto Alegre. Ibsen derrubou o dirigente com um soco e ainda chutou-lhe o pescoço.

A família Hoffmeister tinha *know-how* em sair no tapa com desafetos. Em 1985, Rubens Hoffmeister Filho acertara um soco no olho do chefe da Casa Civil do governo do Rio Grande do Sul, deputado Adylson Motta, por causa de uma discussão sobre um emprego que este teria prometido à filha de Hoffmeister. Sandro fez troça, dizendo que se Hoffmeister levasse a sério a ameaça de lhe agredir, ele teria a "ajuda de gente da Mangueira acostumada a dar proteção".

Quanto ao irmão "Sophia Loren", misteriosamente citado por Sandro, tratava-se do decorador e costureiro Ingo, que usava o nome artístico de Ektor Irajá Von Hoff, e que depois de trabalhar em Paris, vivia desde 1981 na cidade do México. Tempos em que não havia o politicamente correto.

Em 25 de julho de 1986, Sandro publicou em sua coluna no JB uma resposta ao telex que recebeu de Eduardo José Farah, então diretor de administração da CBF, negando ser o responsável pela venda de ingressos cedidos pela FIFA à delegação brasileira. Ao longo das 108 linhas em que destila sua ironia habitual, usando expressões como "maroteira" e "mamatas", Sandro, no entanto, destaca um "atenuante" que acha melhor do que o currículo do dirigente, que considera "perigoso", ao transcrever um trecho da carta que recebeu:

CAPÍTULO 16: ENTRE TAPAS E BEIJOS

"Solicito, pois, ao ilustre jornalista, esclarecer o equívoco e a especial fineza de não me comparar com quem quer que seja, principalmente com o Sr. Rubens Hoffmeister."

É aí que Sandro deita e rola, ao comentar:

"Ora, repudiar assim, desassombrada e publicamente a companhia de Hoffmeister, não deixa de ser um bom sinal."

Mais adiante diz que dá guarida à reclamação de Farah, "porque ele tem o direito de se defender e por me parecer nobre a causa da sua ojeriza a Hoffmeister". Mas não perde a viagem:

"Mas quero deixar esclarecido que não meto a mão no fogo por nenhum desses cartolas que tomaram conta da CBF."

Ao final, Sandro, que não resistia a dar com a língua nos dentes, provoca:

"Devo dizer que Rubens Hoffmeister, que o Eduardo Farah tanto repudia, é um proeminente figuraço do CND, nomeado aos tempos da ditadura. E um dos que, ao lado de seus pares no referido CND, está me processando, naturalmente em nome da moral ilibada e do caráter sem jaça. Rá!"

Piscar o olho para Charles Borer[3] teve um alto preço para Sandro Moreyra, mesmo fazendo *mea-culpa* e virado às costas quando o presidente foi reeleito. Paulo Stein lembra que, na época da guerra com Borer, Sandro sofreu ameaças.

– Uma vez ele vinha na rua dirigindo quando recebeu uma fechada no carro. Claro que não posso acusar. Mas que tinha cheiro de vingança, tinha.

A aproximação com o dirigente gerou ainda mais uma polêmica com o parceiro João Saldanha, que não suportava Borer. Mesmo que volta e meia a fúria provocativa de Sandro se rebelasse contra o nefasto dirigente, dublê de policial barra pesada. Em outra de suas histórias contadas em seu livro, o craque Paulo Cézar Caju, que não lembrou dessa história na conversa com o autor deste livro, foi o cúmplice involuntário de Sandro:

"Charles Borer, com aquela finesse que o DOPS lhe deu, censurava o ponteiro Paulo Cézar Caju por sua vida noturna: 'O senhor tem sido visto em boates, o que prova mesmo que é um boêmio'.

'Nada disso', contestava Caju. 'O senhor também já foi visto em cemitérios e nem por isso é um defunto'."

---

3   Charles Borer, irmão de Cecil Borer do Dops (ambos envolvidos com a ditadura militar), foi uma página negra na história do Botafogo.

CAPÍTULO 17
Tolerância zero

"Uma tarde, eu e Sandro Moreyra fomos assistir ao treino dos espanhóis e o fabuloso Puskas estava sentado no gramado fazendo embaixadas, todo prosa. Um jornalista espanhol virou-se para Sandro e apontou a cena: 'Mira como juega Puskas!'. O Sandro nem deixou a peteca cair: 'Futebol se joga é em pé, malandro! Sentado, até minha avó!'"
(Oldemário Touguinhó, As Copas que eu vi).

Perguntinha, figuraça que frequentava a roda de amigos de Sandro na praia e era conhecido por meter o nariz onde não é chamado e fazer sempre perguntas inconvenientes, daí o apelido, chega e diz:

"Sandro, posso fazer uma pergunta?"

O colunista respondeu:

"Já fez, porra."

Dá para imaginar um Sandro emburrado, de cara amarrada, de saco cheio, chutando baldes e de mal com a vida? Um Sandro estressado? Ou estafado como se dizia antigamente. Hildmar Diniz, o compositor Monarco da Portela, 82 anos, conheceu essa faceta do colunista quando, aos 37 anos, tomava conta dos carros dos jornalistas bacanas no estacionamento do JB, na Avenida Brasil, 500.

– Eu trabalhava no serviço de limpeza, e me perguntaram se eu queria mudar pra guardador de automóveis. Topei a parada, e foi aí que eu conheci vários jornalistas como Oldemário, Sandro, Noronha... No início eu não afinava muito com o Sandro. Ele não cumprimentava ninguém, parecia estar sempre de mau humor. Eu pensava: camarada metido a besta, sô! Não fala com ninguém! Mas era jornalista e tinha que respeitar. Com o tempo ele foi se chegando devagarinho, me conhecendo e, quando a gente pegou intimidade, fui ver que era uma bela pessoa. Ele tinha um fusca, que na época estava em alta.

Mas se o antigo fusca de Sandro um dia esteve em alta, a tolerância muitas vezes ficava em baixa, praticamente zero. De cabeça quente em 1966, na Inglaterra, após o fracasso do Brasil, deixou com cara de tacho um turista brasileiro que queria saber o que fazer e ouviu como resposta a história do "agora são

25 meses para pagar." Pouco antes do início da Copa, Sandro já havia ficado tiririca quando a mulher de um dirigente da então CBD, "interessada mais em compras do que em futebol", quis saber dos jornalistas:

"*Por favor, onde encontro daqueles copos com a inscrição 'Lembranças de Londres'?*"

Prontamente respondeu:

"*Em Caxambu, minha senhora...*"

Há controvérsias.

A história, segundo conta Nelson Motta em seu livro *Confissões de um torcedor,* chegou a ser atribuída a Sérgio Porto.

"*Mas Sandro Moreyra me disse depois ser o autor*", escreveu Nelson.

Esse gozador bem que pode mesmo ter sido o "malcriado" Sandro.

O repórter Antônio Maria Filho, que acompanhou Sandro em diversas viagens pelo mundo, especialmente com a Seleção Brasileira, tem uma coletânea de travessuras malcriadas envolvendo o amigo. Como na vez em que Sandro o chamou para ir numa *petshop* em Lisboa comprar "presentes" para os seus cachorrinhos, Júnior e Gigi."

– Entramos, dirigimo-nos ao balcão e ele perguntou ao vendedor:

"*Amigo, gostaria de comprar uma coleira.*"

O dono da loja, delicadamente perguntou.

"*Tens cães?.*"

"*Não, amigo, a coleira é para ele*", respondeu, apontando o dedo em minha direção.

O homem arregalou os olhos assustado com a resposta. Para não perder o embalo e "desmentir" meu amigo Sandro, mandei um rosnado para o vendedor: - Grrrrrrrrrrrrr!!!!!!!!!!!

Ele se afastou rapidamente e, olhando para nós com a fisionomia de quem não acreditara no que havia acontecido. Pelo olhar do português, certamente, pensou: "*Meu Deus... atendi a dois loucos.*"

E como em se tratando de Sandro havia versões diferentes para uma mesma história há uma versão parecida mas com diálogos diferentes. Nessa, além de Antônio Maria, estava também Carlinhos Niemeyer, e quem contou foi o próprio Sandro.

"*Entro numa loja de artigos para animais, pretendendo comprar duas coleiras para meus cachorros. O vendedor atende gentil e faço o pedido:*

– Gostaria de comprar duas coleiras.
-Tens cães?
– Sim. Tenho dois.
– São para eles?
– Estou certo que sim, porque eu e meus amigos aqui não temos por hábito usar coleiras.
– Isto eu sei. Pergunto pelo pescoço. O número do pescoço.

Confesso ao solícito vendedor que, lamentavelmente, desconheço o número do colarinho de Júnior e Gigi, os meus cães. E ele, naquela lógica peninsular e inabalável:

– Então não lhe posso vender. Entenda: se lhe dou um número maior, eles se escapam. Se lhe dou um menor, eles se enforcam."

Outra história envolvendo Sandro e Niemeyer aconteceu na Copa de 1966, na Inglaterra. Quem conta é o jornalista e arquiteto Rui Carneiro da Cunha, que conheceu Sandro através do cineasta flamenguista.

– Nini (Niemeyer) ganhou um dinheirão num cassino logo após a eliminação do Brasil na Copa. Tanto que no jogo final entre Inglaterra e Alemanha os dois, que tinham ficado putos com o fracasso da seleção brasileira, se divertiram no estádio jogando dinheiro pros torcedores ingleses na arquibancada. Os caras disputando dinheiro a tapa e Sandro às gargalhadas gritando: *"Toma povo subdesenvolvido, toma."*

Ninguém vai a boteco para esquentar a cabeça, mas Sandro atraía os "enochatos", os bajuladores, aqueles célebres e inconvenientes malas éticos de porta – e interior – de bares e restaurantes, que ficam ciscando diante de celebridades. Sempre cabia mais um. Fernando Calazans garante que estava junto quando aconteceu um outro clássico de Sandro que também tem diversas paternidades.

– Foi comigo. No Adega Pérola, ali em Copacabana. Numa mesa perto do banheiro. Um tremendo bebum, ar de panaca, se aproximou de Sandro e, proclamando uma suposta intimidade, deu-lhe um forte abraço, quase o sufocando e disse aos gritos:

"Amigo Sandro, o que há de novo?"

– Não dava pra dizer vai ver se eu estou na esquina. Mas Sandro, que embora fosse um típico malandro carioca, nunca conseguiu ser blindado contra a chatice e contra os cordões dos puxa-sacos, mediu o cara de cima a baixo e mandou na ponta da língua:

"O que há de novo? ... a nossa amizade."

CAPÍTULO 18
Conduzindo a Estrela Solitária

"O Botafogo é muito mais forte do que alguns pensam. Não é de se abater facilmente" (**Sandro Moreyra**).

Era aquele Botafogo de Manga, Nilton Santos, Rildo, Didi, Garrincha, Amarildo e Zagallo, quase todos da Seleção Brasileira que tinha sido campeã do mundo na Suécia. Um verdadeiro escrete, praticamente imbatível. Tão superior aos adversários que conquistou o título com duas rodadas de antecedência e só não foi campeão invicto por causa de uma derrota de 2 a 1 para o América. No último jogo goleou o rival Flamengo por 3 a 0.

A campanha do Botafogo ficou marcada com o dedo de Sandro em sua crônica publicada no *Jornal do Brasil*, em 22/12/1961, reproduzida no livro *Botafogo de Futebol e Regatas – História, conquistas e glórias no futebol*, de Antonio Carlos Napoleão:

"A superioridade com que o Botafogo conquistou o título de campeão carioca de 1961 veio definida, do Maracanã até a sede do clube, em uma faixa que a torcida ostentava com orgulho: 'Nunca foi tão fácil'. Nenhuma outra expressão seria mais feliz e exata para demonstrar como o Botafogo chegou ao título duas rodadas antes do fim do campeonato e com seis pontos de diferença sobre o segundo colocado. (...)

O título de campeão carioca de 1961 é uma decorrência natural e implacável da política de grande time, da consciência do puro profissionalismo, que o Botafogo seguiu durante os quatro anos da administração Paulo Azeredo. O Botafogo foi o único clube do Rio que soube encarar com sensibilidade e inteligência a realidade do profissionalismo, e, desde que inverteu a reconquista de Didi, uma soma que, à época, bateu todos os recordes estabelecidos, passou a comprar grandes craques, formando uma equipe de alto gabarito técnico, equipe que possui quatro campeões do mundo e alguns dos melhores jogadores do futebol brasileiro.

Com essa política, o Botafogo não conquistou somente o campeonato de 1961, porque adquiriu, também, ao lado do Santos e do Palmeiras, a condição de espetáculo de grandes plateias, nessa época em que o futebol, em todo mundo, trans-

cende os limites da paixão, que se satisfaz com qualquer vitória, e atinge a dimensão do que é belo e poderoso. Tudo isso vale de advertência aos outros clubes. (...)
      Hoje, a hegemonia do futebol carioca pertence ao Botafogo. É o legítimo campeão da Cidade, o dono do melhor time e com amplas possibilidades de sucesso, porque, em média, a idade de seus jogadores não chega aos vinte e cinco anos. Em 1962, o Botafogo estará disputando a Taça Brasil, que poderá abrir caminho para conquista de um título mundial. Seus dirigentes já estão certamente, vivendo esse problema. E não há dúvida de que o Botafogo caminhará, de agora por diante, atraído por essa Glória."
Caminhou.

      Quando o prezado amigo Afonsinho decidiu aperfeiçoar o imperfeito e foi jogar no Botafogo tendo a perfeição como meta, se surpreendeu com o recado que recebeu de Brandão Filho, diretor de futebol.
      – Eu cheguei pra fazer testes no Botafogo em janeiro de 1965. Nilton Santos tinha saído pouco tempo antes de uma maneira traumática. Fui aprovado nos testes e um dia o seu Brandão me chamou pra conversar naquelas escadas da sede e disse uma coisa que eu não entendi na hora."*Você está começando muito bem, garoto. Se empenha, é dedicado aos treinos e tudo o mais. Não dê bola para o que esses jornalistas falam. Esse pessoal aí...*" E desandou a me 'dar conselhos'. Só depois é que fui saber que era um recado em relação ao Sandro, que tinha se afastado do clube junto com Nilton Santos.
      Passado um tempo, talvez dois anos, Afonsinho estava treinando, Sandro se aproximou e fez umas perguntas para o jogador antes de ir pro vestiário:
      – Ele me perguntou uma porção de coisas sem anotar nada. No dia seguinte estava tudo no jornal como se tivesse sido gravado. Fiquei impressionado com isso.
      Afonsinho guarda na memória também o dia em que foi levado por Sandro para conhecer Nilton Santos:
      – Ele me levou na casa do Nilton Santos, naquele conjunto de jornalistas no Leblon. Devo isso ao Sandro. É uma das grandes relíquias do meu tesouro.

      Teve uma época em que Sandro Moreyra tinha tanta influência no Botafogo que interferia nos negócios do clube. Metia o pé na porta quando alguma negociação o desagradava. Como na vez em que criou o maior auê quando Borer quis vender por debaixo do pano o lateral-esquerdo Marinho Chagas

CAPÍTULO 18: CONDUZINDO A ESTRELA SOLITÁRIA

para o Fluminense. A história é contada pelo ex-presidente do Fluminense, Francisco Horta, o homem do troca-troca:

– Percebi que Marinho não era apenas o maior lateral-esquerdo do mundo. Eu percebi em convívio com ele, jogando pelo Botafogo, que era uma pessoa exemplar, um ser humano admirável. Toda a família dependia do esforço dele dentro do campo. Ele que pagava as despesas de todo mundo e era uma pessoa carinhosa, meiga. Eu disse:

"Meu Deus, esse homem tem que jogar na Máquina Tricolor, um dia, pelo menos. Mas ele era caríssimo." O Charles Borer disse:

"Se você tiver 6 milhões de dólares, você leva o Marinho."

Eu disse:

"Mas 6 milhões de dólares é um preço inviável."

– Tanto insisti que um dia, num jantar em uma mesa com Sandro Moreyra, João Saldanha e Borer, o assunto Marinho veio à baila. Eu disse ao Borer:

"Charles, eu troco o Marinho por três craques. Você escolhe. Tira o Rivelino e escolhe três craques. Eu preciso ter o Marinho, pois 77 é meu último ano como presidente do Fluminense. Você está entrando, eu estou saindo. E eu queria ver o Marinho com as cores tricolores."

– Ele efetivamente fez o negócio sob protesto do Sandro. Mas de certa maneira com o João (Saldanha) tendo concordado. O que eu fiz? Saí dali de São Conrado e fui ao Hotel Nacional acordar os três jogadores, pois o Fluminense jogava à noite no dia seguinte no Maracanã. Eu não queria que eles soubessem pelo Kleber Leite, que era repórter na época, que tinha havido um troca-troca de madrugada. Manfrini, Rodrigues Neto e Paulo Cézar Lima, que valiam 6 milhões de dólares os três somados.

– Foi uma troca absolutamente dentro do interesse do Botafogo. Fui surpreendido por um telefonema ao meio-dia do dia seguinte do Borer desfazendo a troca. Dizendo o seguinte: "Horta, a 'Bruxa' não vai mais."

A coisa foi desfeita porque o Sandro Moreyra, chegando ao Botafogo às 11h, rodou a baiana, disse uma série de impropérios para o presidente e rasgou o titulo de sócio benemérito sob protesto. E aí o Borer refletiu.

"Errei, vou desfazer enquanto é tempo."

E desfez.

Horta ficou com aquilo na cabeça. Não descartou a possibilidade de um repeteco, de um replay.

"Marinho tem que ser jogador do Fluminense."

– No ano seguinte, em 1977, eu finalmente consegui fazer o troca-troca. Marinho foi vendido pelo meu sucessor pro Cosmos, por 6 milhões de dólares.

Se em 1976 a cornetada de Sandro melou uma venda, 17 anos antes melou uma compra. Em setembro de 1959, o craque Zizinho, que dois meses antes já havia pendurado as chuteiras no São Paulo, estava dando sopa no mercado. Seu sonho era encerrar a carreira no Botafogo e foi fisgado por uma proposta encaminhada por Paulo Amaral.

"(...) Mas o que era para ser tratado sigilosamente vazou através do JB, causando profundo mal-estar. Na terça-feira, despistando, Sergio Darcy, dirigente do clube, disse ao Jornal dos Sports *que seria uma 'burrice inqualificável' gastar dinheiro com um jogador arquivado há dez meses. Ele sabia que o estardalhaço (autêntica cavação) armado por Sandro Moreyra faria o São Paulo crer que o Botafogo 'precisava' de Zizinho e não iria pedir nenhuma bagatela. De modo que aumentaria o preço ou negaria a transferência, conta Carlos Ferreira Vilarinho no livro* O futebol do Botafogo – 1951-1960."

O autor escreve que o presidente Paulo Azeredo chegou a garantir que *"Zizinho nunca esteve nas cogitações do Botafogo"*, e que o programa do clube era *"muito mais elevado"* e visava *"fortalecer a equipe com elementos mais jovens, mas de grandes qualidades"*. No dia seguinte, Sergio Darcy ainda tentou amaciar: *"Zizinho é uma glória do futebol brasileiro e, se estiver em condições físicas e técnicas depois de um mês de treinamento, haverá um lugar para ele na equipe do Botafogo."*

Zizinho, que caprichou na indumentária, chegando a vestir terno e gravata para conversar com a diretoria e a fazer exames médicos, acabou desistindo.

"Magoado com a polêmica e o recuo do Botafogo, manteve as chuteiras no armário", escreveu Vilarinho.

Mas reza a lenda que, quando o Botafogo contratou Didi, que a partir de um certo momento se recusou a entrar no clube pela porta de serviço, como faziam outros jogadores, os dirigentes do tricolor carioca teriam exigido que o pagamento fosse feito em dinheiro. Só de sacanagem, os diretores João Saldanha, Renato Estelita, e, como não poderia deixar de acontecer numa situação dessas, o jornalista Sandro Moreyra, teriam levado a grana preta (um milhão e oitocentos e cinquenta mil e alguns centavos em valores da época) em notas de pequeno valor.

"Funcionários da tesouraria do clube teriam passado a madrugada contando, uma a uma, centenas, milhares de cédulas", contou o escritor tricolor João

CAPÍTULO 18: CONDUZINDO A ESTRELA SOLITÁRIA

Máximo no perfil sobre Didi que escreveu pro clássico *Os gigantes do futebol brasileiro*, em parceria com o flamenguista Marcos de Castro.

Há controvérsias.

João Máximo divulga uma versão tricolor garantindo que *"o Fluminense jamais se sujeitaria a tal coisa."*

"Apenas, conhecendo a fama de bons malandros dos botafoguenses de fé (não era à toa que alguns deles pertenciam ao Clube dos Cafajestes), o Fluminense quis confirmar se o cheque tinha fundos antes de liberar o jogador."

A verdade?, pergunta o autor do perfil.

"A única que realmente importa é que, em março de 1956, Didi assinou contrato com o Botafogo."

E conclui:

"Com a chegada de Didi – mas não apenas por causa dela – o Botafogo deu início à escalada que faria de seu time o melhor do Rio nos próximos dez anos, e, certamente, um dos mais admirados do Brasil."

E assim foi.

Em 1985 a realidade não era mais a mesma. A estrela solitária se tornava decadente, o time já não estava mais na crista da onda e o Botafogo amargava 17 anos sem títulos e Sandro Moreyra desabafava na revista *Placar Magazine*, em entrevista aos repórteres Palmério Dória e Tim Lopes:

"O único orgulho, agora, é dizer que o Brasil só foi campeão quando teve botafoguenses."

Sandro morreu dois anos depois sem ver o Botafogo campeão, conquista que só foi acontecer em 1989. Em 1994, o Brasil foi campeão do mundo sem jogadores do Botafogo. Mas o orgulho dos botafoguenses não estava ferido. Aquele time vencedor é considerado até hoje um dos piores elencos da história da Seleção Brasileira. O meio campo com Mauro Silva, Dunga, Mazinho e Zinho não pegava nem banco nos grandes times que Sandro viu jogar.

Na época em que concedeu a entrevista, Sandro, então com 67 anos, não via o Botafogo jogar há um ano. O time estava matando cachorro a grito e tendo que correr atrás do prejuízo. E pasmem! Quase acabou na Segunda Divisão do Campeonato Carioca. Estava pagando o preço de anos e anos de administrações confusas e irresponsáveis.

Nascido e criado na "vida-mansa" entre aspas da Zona Sul, Sandro viu o time ser despachado em 1976 para sentar praça em Marechal Hermes. Foi a pá de cal, o fim da picada, literalmente um divisor de águas para quem passava os dias nas praias da Zona Sul. Era um fardo pesado para o jornalista cumprir a maratona diária de quase 40 kms percorridos em mais de uma hora de Ipanema a Marechal Hermes. Embora fosse adepto da política da boa vizinhança, não havia uma afinidade geográfica entre Sandro e o bairro. Chegara a hora de Sandro e o Botafogo dormirem em quartos separados.

"Deixei de fazer as coberturas diárias que fazia. Primeiro, porque é muito distante; depois porque me doía aquilo lá. De repente precisava abandonar aquele ambiente (General Severiano) que eu tanto conhecia, cada árvore, cada coisa, e tinha de ir lá para Marechal Hermes, onde eu não sabia nem chegar... Não, isso não."

Reza mais uma das lendas que era José Antônio Alves, o popular Bigorrilho, quem passava as informações para o jornalista. Uma espécie de repórter dublê de Sandro em Marechal Hermes. Depois eles brigaram feio. Mas sua mágoa não era apenas com o Botafogo, era também com o futebol brasileiro. Já não havia mais aquele brilho nos olhos. E já naquela época, Sandro torcia o nariz para o que estava vindo:

"Bem, hoje existem técnicos que dizem que futebol é 70% de força, como a Placar até publicou. Quer dizer, não há lugar para um Garrincha, que era só habilidade. Não há lugar para aquele Botafogo de arte e glórias."

E há anos que não há mesmo.

CAPÍTULO 19
Gaiatos no navio

"Não nasci para chefe. Chefe manda. Eu peço. Peço que não me mandem."
(Álvaro Moreyra)

A vitoriosa temporada na Europa com exaustivos 18 jogos durante três meses no começo de 1955 embaralhou a cabeça dos jogadores. Especialmente a do ponteiro-esquerdo Hélio, o simplório e meio lesado "Boca de Sandália", que perdeu a noção de tempo e espaço e perguntou a Sandro há quanto tempo o time estava viajando. Sandro não perdeu, literalmente, a viagem e mandou uma daquelas perguntas ardidas que costumava fazer depois de estudar o cenário:
"Dois anos... Por quê?."
"Olha, seu Sandro, a essa altura minha mulher e meus filhos lá em Olaria, devem estar pensando que eu morri."
Sandro, que vivia instigando o jogador, não teve dó:
"Então escreve uma carta para casa, rapaz."
Hélio, um tremendo sem noção, acolheu o "conselho" de bom grado, mas:
"O caso, seu Sandro, é que nós estamos viajando há tanto tempo que eu já esqueci o endereço de casa. Eu sei ir lá, mas endereço não."
Sandro não deu o serviço por terminado e não perdoou:
"Então, fique tranquilo. Dentro de mais ou menos um ano, estaremos de volta.."
Seria mais uma baita gozação se não fosse Sandro Moreyra o próprio chefe da delegação do Botafogo. Uma função que, teoricamente, exige seriedade e respeito. Já benemérito do clube, foi escolhido estrategicamente pelos dirigentes para a perambulação europeia porque, além de cobrir os treinamentos do time diariamente para o *Diário da Noite*, tinha comprovada ascendência sobre os jogadores, especialmente junto aos dois principais astros do time, Garrincha e Nilton Santos. Sandro era apontado como uma espécie de "homem da alta sociedade metido no curioso mundo do futebol", como contou Roberto Porto no livro sobre Didi para a coleção Perfis do Rio.
Sandro não fez feio como dirigente. A temporada foi considerada uma façanha. O Botafogo jogou na Espanha, França, Dinamarca, Holanda, Suíça,

Itália e Tchecoslováquia. Foram 12 vitórias, quatro empates e apenas duas derrotas (uma para o Tenerife por 2 a 1, na costa da África, e outra para o Racing de Paris, por 4 a 2.)

Mas se tinha Sandro, tinha que ter um senão. Após a acachapante vitória do Botafogo por 4 a 0 sobre o combinado Juventus-Torino, em Turim, um guia turístico teve a "brilhante" ideia de levar os jogadores a uma visita à Basílica de Superga, em cuja torre se chocou o avião do Torino, que regressava da Copa da Europa, em Lisboa, em 1949, matando todos os jogadores do time italiano. É Roberto Porto quem conta no livro sobre Didi:

"Durante a visita à Superga, ocorreu uma surpresa desagradabilíssima: em torno da basílica, com a torre já reconstruída, ambulantes vendiam como recordação turística aos visitantes pedaços do avião que conduzira o Torino à morte. Aqui era um pneu, ali um pedaço enegrecido de uma poltrona, mais adiante parte da fuselagem (previamente dividida em dezenas de pedaços), fotos dos cadáveres carbonizados dos jogadores, objetos pessoais encontrados nos destroços, enfim, um sinistro e lúgubre comércio, digno de um dos filmes de terror do escritor americano Stephen King. O resultado? Pânico nas hostes alvinegras. Os jogadores, ainda com compromissos a cumprir na Tchecoslováquia, tremiam de pavor com a aproximação da viagem aérea de volta."

Ao retornar ao hotel, depois do jantar, uma comissão formada por Nilton Santos, Danilo Alvim, Tomé, Pampolini e Neivaldo, os mais bem informados do grupo, procurou Sandro Moreyra pedindo que o regresso ao Brasil fosse feito de navio. Sandro cedeu, mas impôs uma condição: que o Botafogo não perdesse seus quatro últimos jogos na então Tchecoslováquia.

Os jogadores vibraram e o time venceu três jogos e empatou um. O Botafogo, então, viajou a bordo de um transatlântico de luxo que partiria de Bolonha, na Itália. Na volta, que durou 14 dias, alojados em confortáveis camarotes, convivendo com milionários excêntricos, belas turistas estrangeiras ("louras descompromissadas e desfrutáveis", segundo Porto), Paulo Amaral, sob o olhar atento de Zezé Moreira, botou o time para suar e "pagar a conta" dos encontros furtivos nas caladas da noite. Alguns, esgotados, ficavam mais naquela de pique no lugar quando Paulo e Zezé não estavam vendo. Garrincha era um deles. Viivia passando as pernas – tortas – na dupla. Roberto Porto conta:

"Reza a lenda (ou seria Sandro Moreyra?) que Garrincha enganava Zezé Moreira, sempre atento às artimanhas de seu jogador, tomando Coca-Cola na garrafa, mas 'batizada' com uma caprichada dose de rum."

Roberto lembra ainda que Garrincha subornou o garçom pra transformar sua Coca em Cuba Libre, que era a bebida da moda.

Até mesmo como cartola, Sandro não usava *black-tie* e não dava muita bola para formalidades. No livro *Minha bola, minha vida*, Nilton Santos conta duas histórias de Sandro como dirigente. Como sempre, em se tratando de Sandro, há controvérsias. Afinal, muda a geografia e acrescenta mais uma chefia ao currículo de Sandro como cartola.

A primeira:

"Numa outra excursão que fizemos à Colômbia, Sandro desentendeu-se com um empresário argentino que queria reduzir a cota previamente estabelecida. Começaram a discutir em espanhol, e o Manga perto, sem entender nada, feito um cão de guarda, só prestava atenção e dizia para o Sandro: 'Chefe, você quer que eu dê uma porrada nele?' E ele, tentando acalmar o Manga, respondeu: 'Não Manga, a gente está só conversando'. Todo mundo conhecia a fama de brigão do Manga, e ali, uma porrada só pioraria a coisa. Com diplomacia, inteligência e muito papo, Sandro contornou a situação e acabamos por receber a cota combinada anteriormente."

Mas se Sandro evitou que Manga botasse as manguinhas de fora e desse um chega pra lá no cara, ele mesmo espinafrou e deu umas porradas no empresário (Samuel) Ratinoff no Peru[1] "em defesa da dignidade do clube, pois era impossível aguentar as desonestidades que esse indivíduo fez com os clubes peruanos em nome do Botafogo." Em reportagem assinada no *Jornal do Brasil*, Sandro escreveu:

"Vendo que sua desonestidade era muito grande, interpelei-o na porta do estádio, após o jogo Palmeiras e Sport Boys. O desonesto não me deu explicações satisfatórias e foi arrogante, o que me fez agredi-lo. O marginal quis fugir, mas ainda levou uns tabefes (...)."

A segunda:

"Fizemos certa vez uma excursão com o Botafogo ao Peru e à América Central. Sandro foi chefiando a delegação. Dividíamos o mesmo quarto. Eu, por ser seu maior amigo, ficava também com a maior responsabilidade, que era de guardar todo o dinheiro do Botafogo numa bolsa de couro. Isso me deixava apavorado e dizia sempre para ele: 'Se esse dinheiro for roubado, Sandro, ninguém vai

---

1 A reportagem de Sandro não esclarece se é, ao que tudo indica, o mesmo empresário. Um argentino radicado no Chile e com fama de ser um enrolão.

acreditar'. Respondia sempre que isso não ia acontecer. Ele confiava demais em mim e na minha sorte, graças a Deus nunca aconteceu nada. Quando chegamos ao Peru, apareceu após o jogo um padre muito chato, que nos convidou para que visitássemos o colégio dele. O Sandro driblou, driblou, mas não teve saída, tivemos de ir. Viajamos durante uma hora. Depois de cumprirmos um ritual, demos autógrafos para crianças, adultos – foi muito cansativo –, chegou a hora do almoço. O Sandro teve de fazer um discurso de agradecimento às palavras do padre. Falou muito bonito, ele era muito inteligente e espirituoso. Ao final, quase nos matou de rir. O Paulo Amaral estava comendo melancia e cuspiu tudo. Terminou o discurso dizendo: 'A festa foi espetacular, e vou usar um termo que usamos no Brasil quando uma coisa nos agrada muito. Essa festa foi um chute nos bagos'. Todos aplaudiram sem entender nada e nós nos divertimos. Sandro tinha a maior moral no clube. Nessa excursão, ele dividiu a cota do Botafogo, do último jogo, entre nós."

Roberto Miranda, que começava a despontar como mais um ídolo botafoguense, lembra mais de 50 anos depois, às gargalhadas:

– Fomos pra final e ganhamos. O Sandro deu o dinheiro todo de bicho. "Vocês merecem. Eu não vou levar nada pro Botafogo, é tudo de vocês."

O ex-lateral Cacá acrescenta detalhes:

– Sandro ficou numa euforia total. Bicho por vitória era 20 dólares, mas ele deu 150 dólares pra cada um. Quer dizer: quebrou o Botafogo. Acho que pegou a cota toda e distribuiu. Quando chegou ao Brasil, o presidente botou a mão na cabeça quando soube e ele respondeu:

"A moçada mereceu."

CAPÍTULO 20
Técnico por um dia

"Quando treinava a Seleção do antigo Estado do Rio, Carlito Rocha foi avisado de que seus jogadores eram muito chegados a uma cachaça, que tomavam à larga, num botequim da esquina, logo depois dos treinos. Muniu-se, então, de um imenso balaio cheio de mangas rosadas e carnudas e apareceu no campo distribuindo aos jogadores e avisando que faziam muito bem à saúde. Uma a uma, as mangas foram sofregadamente devoradas por titulares e reservas. 'Valeu, seu Carlito! Pode trazer mais que a gente traça todas'. Carlito Rocha prometeu que dali em diante todo dia seria de manga. 'Mas tem uma coisa', disse ele muito sério, enquanto derramava cachaça sobre uma manga, que ia ficando preta. Tem uma coisa muito importante, que vocês não podem esquecer: manga com cachaça é mortal. Mata em minutos'. Nunca mais ninguém tocou nas mangas." (**Sandro Moreyra**)

Você estava naquela excursão do Botafogo em que o Paulo Amaral passou mal e o Sandro foi técnico por um jogo, Zagallo? Parece que foi contra o Millonarios, da Colômbia e...

– Devo ter ido, mas eu não me recordo dessa...

– Um frio daqueles. Sabe o que o Sandro fez? No intervalo mandou comprar umas garrafas de...

– Ahhhhh, sim! Isso aí foi, isso foi.

– Lembra?

– Eu estava nesse jogo. Isso é verdade, isso é verdade. Ele comprou uma garrafa de alguma bebida lá da Colômbia pra esquentar. Estava um frio danado e todo mundo deu uma golada. Demos um passeio no adversário.

Dizem que os jogadores olhavam pra ele e diziam: "Sandro, não está dando!"

– Isso é verdade, isso é verdade... (risos). O roupeiro era o Aluísio (Birruma).

E você? Bebeu? Tomou um golinho daquela bebida?

– Lá no dia do jogo? Claro que tomei.

O Adalberto disse que não tomou, que não era muito de bebida e...

– Eu também não era, mas, pô, ahahaha, não tive dúvidas.

Adalberto confirma a história:

– Foi na Colômbia contra o Millonarios, em 59 por aí... Eu ainda jogava. Improvisado como técnico, Sandro, que tinha jogo de cintura pra qualquer situação, botou o time que vinha jogando. Jogo difícil, correria danada. Caiu uma chuva forte antes do intervalo. Ele mandou comprar um litro de conhaque, sei lá. Eu disse não quero. Sou goleiro, não vou nessa. A maioria resolveu dar uma "golada". No segundo tempo ganhamos o jogo.

Cacá também testemunhou... E provou:

– Na preleção o Sandro disse apenas: 'vocês vão lá e resolvam'. Dizia que o time do Botafogo era uma academia e que não precisava de instruções. Realmente era. Sabia jogar em qualquer lugar, Tinha jogo pra qualquer preço. O pessoal gostava de jogar bola. Mas de repente, durante o jogo, ficou tudo preto dentro do campo e choveu granizo. Pedrada de tudo quanto é jeito e um frio de rachar. O Sandro mandou comprar não sei quantas caixas de rum e quando nós entramos no vestiário cada um botou uma garrafa na boca querendo beber toda. Voltamos aquecidos pro campo. Uma loucura. Teve um lance em que o ponta-esquerda ia fazer um gol e eu pulei de cabeça no pé de dele. Foi o rum, foi o rum. Rum com Dinamarca era o nome daquilo.

Na volta ao Rio, os jogadores deram uma placa de prata para o Sandro.

Há uma pequena controvérsia.

Ruy Castro escreveu na biografia de Garrincha que o adversário era o Colo-Colo e não o Millonarios. O resto da história confere.

"(...) quem caiu de cama no dia do jogo foi Paulo Amaral e não pôde ir ao estádio dirigir o time. Como chefe da delegação, Sandro designou a si mesmo para a função – uma fantasia comum à maioria dos jornalistas esportivos. O Colo-Colo não se assustou com a sua presença no túnel. Fez 1 x 0 no primeiro tempo e não parecia disposto a deixar o Botafogo empatar. Mas Sandro não sobreviveria a uma derrota exatamente no jogo em que ele era o treinador. O time estava apático, de ressaca pelas noites chilenas de vinho, mulheres e músicas. Com sua experiência em ressacas, Sandro mandou Aluísio 'Birruma' comprar conhaque no bar do estádio e enchonacou os jogadores no intervalo. Tomado o incentivo, o Botafogo voltou para o segundo tempo, virou o placar para 3 x 1 e garantiu a invencibilidade. Ficava mais ou menos provado que sexo, birita e boleros não faziam mal ao futebol."

Pergunto a Washington Rodrigues, o Apolinho, outro jornalista que teve a experiência de treinar um time de futebol, o Flamengo, e que garante que

"Sandro era uma figura ímpar, que nem João Saldanha. Você não tem figura dobrada. Só aquela e acabou. Quem tem, tem; quem não tem, não tem. São carimbadas", se Sandro daria um bom técnico.

– Eu acho que sim. Seria o anti-Felipão[1]. Pelo menos no vestiário seria sensacional.

---

[1] Luiz Felipe Scolari, técnico campeão pela seleção brasileira em 2002 na Copa do Mundo do Japão e da Coreia do Sul, conhecido pelo seu estilo durão.

CAPÍTULO 21
Comunista até a página 20

"Não pode um comunista que não trabalha. Não posso estar no PC e ter um filho vagabundo." (**Álvaro Moreyra**).

Nos anos 60, durante uma dessas mesas-redondas na televisão, com a participação de Sandro Moreyra e João Saldanha, indagaram do lateral-direito do Botafogo, Moreira, que não era nenhum craque e vivia sendo criticado pelos jornalistas, qual era o seu nome completo. O jogador disse:

"Ismael Moreira Braga."

Saldanha perguntou:

"Moreira Braga? Você é parente do Pedrito? Pedro de Carvalho Braga?"

"Meu pai", respondeu o jogador.

"Pô, Moreira, desculpe, eu não sabia disso", completou Saldanha.

Emocionado, Sandro chorou.

Pedro de Carvalho Braga era um dos nomes mais importantes do Partido Comunista Brasileiro, e foi eleito vereador no Rio de Janeiro em 1947 com 10.520 votos, à frente de seu colega de legenda, Agildo Barata, pai do comediante Agildo Ribeiro, que teve 9.689 votos. O humorista Apparício Torelly, conhecido pelo falso título de nobreza como Barão de Itararé, que depois viria a ser amigo de Sandro, também participou da eleição e teve 3.699 votos. Pedro foi cassado em 1948.

– Vivi bons momentos com Sandro Moreyra no Botafogo e, em homenagem a ele, o nome do meu filho é Sandro.

Hoje, aos 40 anos, o Sandro, filho do jogador Moreira, é enfermeiro-chefe da sala de cirurgia do Open Heart Hospital no Texas (EUA).

Embora estivesse mais para fiscal da natureza do que para militante político, Sandro Moreyra não poderia negar a raça; seus pais eram a fina flor da esquerda.

No livro sobre o dirigente comunista Armênio Guedes, o jornalista Mauro Malin cita que o "botafoguense Armênio era fã de carteirinha do João Saldanha e admirava muito o trabalho do Sandro como jornalista esportivo". O livro[1] tem uma passagem em que Sandro é citado.

"(...) *A redação da* Tribuna Popular *era muito boa. Moacyr Werneck de Castro era uma espécie de chefe da redação. Entre os repórteres estava o filho do escritor Álvaro Moreyra, Sandro Moreyra, responsável pelo Esporte.(...)."*

A filha Sandra lembra que o pai foi à luta trabalhar no jornal do partido por influência e um empurrãozinho de Álvaro.

– Como não tinha ninguém para fazer esporte, Pompeu de Souza escalou ele, pois meu pai gostava de futebol. Nascia o Sandro jornalista de esporte.

Descontraída, opina:

– Papai era comunista até a página 20.

Uma declaração do ex-jogador do Botafogo Pampolini publicada no *Jornal do Brasil*, reforça a tese de uma das filhas de Sandro:

"Uma vez estávamos excursionando por Roma com o Botafogo e o time foi convidado a ir à Tchecoslováquia. O Sandro estava com a gente, e se recusou a acompanhar o time com o seguinte argumento: 'É bom ser socialista no Brasil. Lá eu não vou'. E perdeu o avião de propósito."

Márcio Guedes conta que Sandro era uma pessoa preocupada com os problemas sociais e não gostava de gente "muito de direita, conservadora."

– Ele era um cara que, como quase todo jornalista, se dizia de esquerda. Falava: *"Poxa vida, se alguém fizer um levantamento da minha vida, vou ficar completamente desmoralizado, porque eu acordo tarde, fico em Ipanema, bebo minha cerveja, chego às seis horas da tarde no jornal, não quero saber de porra nenhuma e não participo de movimento político."* Mas com aquele jeitão seduzia todo mundo: gente da direita, da esquerda. Se comparando ao pai, que era bastante atuante no Partido Comunista, dizia: "Meu pai era muito radical. Sou um pouco descrente dos políticos em geral, mas defendo e voto nos candidatos progressistas."

Fernando Calazans lembra da ligação de Sandro com a política e com os políticos:

– A esquerda do Sandro não era festiva[2]. Ele é que era festivo. Era de esquerda mesmo. Não há dúvidas. De família, de formação. Podia até aceitar as situações melhor do que o Saldanha, mas nunca renegou sua posição de esquerda.

---

[1] Até o momento em que este livro foi finalizado, Mauro Malin ainda não tinha título para seu livro e nem previsão de lançamento.
[2] Expressão criada pelo jornalista Carlos Leonam em 1963.

CAPÍTULO 21: COMUNISTA ATÉ A PÁGINA 20

Mas como não existe Sandro sem uma certa galhofa, Calazans lembra que sua mulher, Cláudia, presenciou uma história bem ao estilo do colega.

– Uma vez jogaram pedra num político que era de direita; não me lembro qual. Muita gente achou uma vergonha, um absurdo e foram pedir a opinião do Sandro e ele respondeu:

"*Estou do lado das pedras.*"

Em um "baú" de recortes de jornais e fotografias guardado por sua última mulher, Marta Helga, há anotações em laudas datilografadas, talvez escritas pelo próprio ou por algum entrevistador, que Marta não se recorda direito, com avaliações sobre a política nacional e internacional.

"*Eu sou socialista, acho que os meios de produção, os bens de Estado, são para todos. Esse tipo de ideal eu defendo, eu sou um sonhador do Socialismo Utópico.*"

Sandro relatava que o Brasil estava passando por uma crise que jamais ocorreu e por "uma situação de calamidade econômica que chegou a seu clímax".

"*Eu sou contra o Imperialismo, e acho que o Brasil é o país da América do Sul, que sempre sofreu o poder econômico dos EUA, porque isto aqui é deles. O governo americano é racista. O Ronald Reagan é um homem de extrema direita, e chegando à presidência ele tinha que cometer atos errôneos, como, por exemplo, cercar a URSS de mísseis. Os EUA estão brincando com fogo, estão mexendo em barril de pólvora, que a qualquer momento poderão ser detonados. O Reagan vai acabar levando o mundo à destruição. As provocações dele podem ter eco na URSS, e daí que se um dos dois países apertarem um botão, todos nós iremos ser mortos por questão de segundos.*"

Dizia ainda:

"*O Brasil é um joguete na mão dos americanos. Quando a União Soviética invadiu o Afeganistão foi motivo de escândalo em todo o globo. No entanto, quando ocorreu a invasão dos Estados Unidos em Granada, que eu não sei se é um pingo no mapa ou um cocô de mosca, a opinião pública não se alarmou tanto quanto o suficiente.*"

Sandro entendia que "a solução mais viável para o Brasil seria simplesmente negar o pagamento das dívidas, ou seja, acontecer o escalonamento das mesmas."

"*A consequência desta crise nacional é fruto da má distribuição do dinheiro. O país se compromete a fazer grandes obras como Itaipu, a Ferrovia do Aço. Se não tem vil metal, estas obras não poderiam ser construídas. O Brasil é um país de grandes obras. Mas para a maioria do povo brasileiro, o que importa é ter o maior túnel da América do Sul, o Rebouças, o maior estádio de futebol do mundo, o Maracanã, quando o que devia ser correto era a construção de escolas para a melhoria do ensino."*

Sobre o Fundo Monetário Internacional afirmava:

"O FMI é um fundo que empresta o dinheiro manipulando os direitos adquiridos pelos cidadãos brasileiros na medida em que opinar no regime econômico nacional é uma das suas características. O presidente João Figueiredo é de formação militar, um homem que ama a Terra, idolatra a bandeira. Diante destas afirmativas, eu não consigo entender como ele admite que o Brasil se curve desta maneira diante das imposições do FMI."

Para quem, como o autor do livro, esperava encontrar no acervo do Dops, disponível para consulta no Arquivo Público do Estado do Rio de Janeiro, uma ficha de Sandro com fotos, impressões digitais e algumas anotações sobre a "periculosidade do elemento", há apenas quatro citações ao nome de Sandro Luciano Moreyra, três delas por "Comunismo", sem detalhar seu envolvimento com o Partido. O pai, Álvaro Moreyra, tem 44 citações; e a mãe, Eugênia, oito.

O nome de Sandro também aparece num documento dos órgãos de segurança do período de 1983 e 1984 como "Sandro Luciano Moreira (sic) ou Sandro Moreyra", seguido do número 04 ao lado do nome, junto com outros jornalistas famosos e não famosos, donos e diretores do *Jornal do Brasil* e *O Globo*, como a condessa Maurina Dunshee de Abrantes Pereira Carneiro, Manoel Francisco do Nascimento Brito, Roberto e Rogério Marinho, Walter Fontoura, Pedro Bloch e o colunista Zózimo Barroso do Amaral, ou Carlos Swan, além do político Leonel Brizola.

O texto descreve: *"Situação dos jornais JB e OG. Composição, linha editorial e posição em relação aos executivos federal, estadual e municipal, a revolução de 1964 e aos partidos políticos, posição dos órgãos e dos articulistas em relação aos presidenciáveis do PDS, em que os jornais registram apoio à candidatura de AACM (sic)."*

Se pessoalmente não era um daqueles militantes de carteirinha, procurava fazer a cabeça dos amigos como destacado no livro *De Copacabana à Boca do Mato – O Rio de Janeiro de Sérgio Porto e Stanislaw Ponte Preta*, da historiadora Cláudia Mesquita. Ela conta que o criador dos Febeapás e de muitas outras histórias chegou ao "mundo dos jornalistas" nos anos 40 "pelas mãos" de Álvaro Moreyra e Lúcio Rangel, mas que foi na imprensa comunista que começou sua trajetória quando foi apresentado por Sandro Moreyra a Apparício Torelly.

CAPÍTULO 21: COMUNISTA ATÉ A PÁGINA 20

No "baú" do Sandro guardado por Marta há observações sobre Brizola. Alguns trechos:

"Leonel é o atual governador do Estado do Rio de Janeiro que tem como uma das suas prioridades o ensino. A partir daí já conseguiu quintuplicar o número de salas de aulas para serem usadas pelos estudantes. O Sambódromo é um projeto do arquiteto Oscar Niemeyer – um homem socialista (...) uma obra para o povo e não destinada à alta sociedade. Havendo eleições diretas para presidente, eu votaria no Brizola. (...) Acredito até que o Brizola ganhe, fruto do seu carisma popular, o que não acontece com o Maluf. Este turco está comprando a presidência com jantares e convites em troca de votos."

Por falar em fazer a cabeça, o jornalista José Trajano, que sempre militou ativamente na política, recorda da admiração de Sandro por Leonel Brizola:

– Mesmo à distância, sem se envolver completamente, ele era um comunista que no final apoiou muito o Brizola. Em época de eleição, ele era bem brizolista. Dizia que em seu enterro queria estar com Brizola de alguma maneira. Tanto que foi velado com a bandeira do PDT. E foi o comunista Prestes, que também apoiava o engenheiro, um dos amigos que segurou a alça do seu caixão.

CAPÍTULO 22
Tio Sandro da Mangueira

"Talvez que eu seja mais Mangueira do que Botafogo" (**Sandro Moreyra**)

"A luta do morro era para mudar a imagem da escola. De tal maneira que, uma tarde, o velho Jair, diretor de patrimônio, ao ver um cara assaltando bem em frente à porta da sede, gritou lá de cima: 'Ô meu, mais respeito com a Mangueira. Quer assaltar vai pro lado de lá. E, revólver em punho, para lá se foi o mesmo assaltante com seu assaltado."

"Henrique Mecking, o Mequinho, contava na redação do Jornal do Brasil *das suas esperanças de conseguir o difícil título de Grande Mestre do xadrez, quando Belarmino, o contínuo, que não entendia nada do assunto, comentou: 'Difícil por quê? No Morro da Mangueira, qualquer crioulo com mais de 30 entradas na polícia é considerado Grande Mestre em Xadrez.'"*

Sandro fazia graça como ninguém. Não existia texto assinado por ele sem uma historinha irreverente, uma picardia, muito humor. Como o artigo *"Je vous salue*, Mangueira...", publicado na revista *Manchete*, em que Sandro comenta e comemora a vitória da sua Escola de Samba no Carnaval de 1986. Se o Botafogo daquela época não lhe dava alegrias, a escola cumpria essa tarefa:

"Ganhar é sempre bom, mas ganhar com um montão de notas 10 como ganhou a Mangueira deixa a gente de paz com a vida."

Como todo bom botafoguense que se preza, o mangueirense de boa cepa Sandro tinha que dar uma choradinha:

"Mas com aquele ar beatificado dos vencedores, (o mangueirense) lembra que sua Mangueira fez um desfile irrepreensível, alegre, vibrante e comunicativo do início ao fim. E que não foi por acaso que chegou a quase unanimidade dos jurados, as notas 10 só sendo furadas no último quesito, por um nove dado pela estilista de calçados Teresa Gureg, sem mesmo reparar que toda a escola calçava justamente os sapatos Gureg."

A vida de Sandro se cruzava quase sempre com a de Saldanha. Sandro esperneava contra a derrota da Mangueira no Carnaval de 1969, quando foi abordado pelo jornalista Pedro Zamora para comentar a escolha de João para dirigir a Seleção Brasileira. A história foi contada no livro *A hora e a vez de João Saldanha*. Zamora diz que, quando abordou Sandro na praia, ele estava "com o diabo no corpo" e antes mesmo de "responder ao como vai, desembuchou":

"*Você viu o que fizeram com a Mangueira? Tiveram a coragem de dar nota cinco à bateria da Mangueira*[1]. *A bateria da Mangueira! Longe, disparada, a melhor da cidade, só respeitando a da Mocidade Independente de Padre Miguel. Deram cinco, e com isso nos roubaram o tricampeonato.*"

"*Mas Sandro, espera aí, Eu queria falar contigo sobre a escolha do Saldanha para técnico da seleção nacional.*"

Depois de garantir que "João é um sujeito formidável", Sandro afirmou:

"*Até que enfim essa turma da CBD criou juízo. Já era tempo. Fizeram a coisa mais correta que podiam.*"

E desandou a elogiar Saldanha, contando como ele "tirou o Botafogo do poço" lá pelos idos de 1956. Segundo Zamora, "Sandro falava de futebol, mas com o coração na Mangueira. Voltou a se lastimar daquele cinco que tinham dado à bateria da Escola de seu coração.

"*Mas Sandro, e o João?*"

Sandro volta a falar da atuação de Saldanha como dirigente do Botafogo nos anos 1945, 1946, 1947 e 1948, mas, ao levantar-se para dar um mergulho, confessa:

"*O cinco da bateria da Mangueira é que não entra pelos grugumilos*[2]... *Deram 10 para à letra da Mangueira, que não merecia nem...*"

Naquela beleza de cenário da Mangueira, Sandro era o Tio Sandro, como lembra o compositor e ex-presidente da Escola (2009/2013), Ivo Meirelles:

– Era uma pessoa querida por todo mundo. A gente não sabia da importância jornalística que o Sandro tinha. Principalmente pras crianças, era o Tio Sandro. E era Tio Sandro pra lá, Tio Sandro pra cá. Engraçado que só depois

---

1   Embora a escola vencedora, Acadêmicos do Salgueiro, também tenha recebido nota baixa no quesito bateria (6.0), o "choro" de Sandro procedia, uma vez que no resultado final a sua Mangueira perdeu por apenas 3 pontos, 129 a 126. A Mocidade ganhou a nota máxima, 10.
2   A expressão foi tirada do livro *A hora e a vez de João Saldanha*, de Pedro Zamora. Ou o autor ou Sandro usou a palavra errada, que, na verdade, é grafada gorgomilos e quer dizer, segundo o dicionário Aurélio, o princípio do esôfago. O mesmo que garganta ou goela.

CAPÍTULO 22: TIO SANDRO DA MANGUEIRA

da morte dele é que a gente da Mangueira passou a chamá-lo de Sandro Moreyra. Talvez se falasse o nome dele ninguém ia saber quem era. Ah, ele que era o Sandro Moreyra!? Lá ele era apenas um mangueirense normal. Não era um jornalista. A Mangueira era como um quintal da casa dele. Tinha samba no pé e arranhava no gingado e nas gírias de crioulo.

Ivo tinha um motivo mais especial ainda para chamar Sandro de tio. Sua mãe, Lorenilde de Lima, a cantora Nãnãna, lavava roupa pra Sandro e Lea e era babá de "Sandrinha". Nãnãna era uma mangueirense "muito novinha, assanhada, que gostava de sambar e cantar." Hoje, setentona, Nãnãna lembra, com carinho:

– Eu morava no morro, e ele gostava muito do samba. Ele e os amigos do jornal. Iam pros ensaios e outras festas. Um dia eu estava na velha quadra da Mangueira, na Cerâmica, cantando, quando chegou seu Sandro. Era um samba de Nelson Sargento, e tinha uma palavra lá que eu falava errado. Era engalanada e eu cantava engalapada[3]. Ele deu uma gargalhada e, a partir daquele dia, passou a me chamar de engalapada. Fizemos amizade. Quando ele descobriu que eu trabalhava em casa de família e gostava de fazer comida, me convidou pra fazer um inhoque na casa dele. Fui com minha filha Vaninha, que tinha três anos na época.

Nãnãna conheceu Lea, então mulher de Sandro, e a filha Sandra. Lembra de tudo com suculentos detalhes.

– Nesse dia que eu fiz inhoque, dona Lea fez um pudim de rum. Minha filha comeu e disse que quando chegasse em casa ia falar pra avó que eu tinha levado ela pra comer pudim de cachaça. Pra quê? Ele passou a chamar minha filha de pudim de cachaça. Pra tudo ele tinha uma frase, né?

Dona Lea teve que fazer uma cirurgia. Sandra era pequena. Pediu pra eu ficar uns dias com a mãe até ela se recuperar da cirurgia. Durou quase um ano.

– Sandro me tirou do morro, me levou pra casa dele, me ensinou a falar, ler e escrever. Quando eu ia fazer shows com o Ataulfo Alves, Carlos Machado, ele me levava e me buscava de carro, como se fosse um pai.

---

3   A música é *Cântico à natureza*, de Nelson Sargento. E o trecho em que Nãnãna trocava a palavra era "(...) A primavera matizada e viçosa/pontilhada de amores, **engalanada**, majestosa/ desabrocham as flores/nos campos, nos jardins e nos quintais/a primavera é a estação dos vegetais (...)."

Se atrás da verde e rosa só não vai quem já morreu, a paixão de Sandro pela Mangueira e por Garrincha passou dos limites do bom senso. Quem viu as cenas de Mané desfilando (se é que se pode dizer isso) pela escola no Carnaval de 1980, completamente dopado por remédios, após sair de uma internação por causa do alcoolismo, fez cara feia.

Ruy Castro foi um desses críticos:

– O Sandro fez com o Garrincha o que muita gente faz com muitos bebuns e muitos fizeram comigo também, que é acobertar. Quando você encobre esse tipo de coisa, você está contribuindo para que esse problema se agrave. Agora quem vai exigir na década de 50 e 60 um conhecimento desse assunto, já que hoje, em 2014, 90% das pessoas também não sabem disso?

Elza Soares também não gostou.

– Quando eu soube, eu corri pra Sapucaí pra tirar o Mané de lá. Fui embargada, impedida de passar. Eu tiraria ele de lá de qualquer maneira, tiraria ele de lá, viu? Eu não deixaria o Mané desfilar nunca, não deixaria ele desfilar daquele jeito.

Você chegou a ficar chateada com o Sandro, ali naquela vez?

– Eu fiquei triste. Ele não tinha que deixar o Mané passar por aquilo.

Mas você zangou com ele?

– Não, não. Fiquei triste.

Ele chegou a falar com você depois sobre esse episódio?

– Não, também não falou. Depois que acabou ali, ali acabou e pronto.

CAPÍTULO 23
Aula de Português

"O eficiente Tasso Heredia, um dos diretores da seleção, aprendeu que não se deve nunca misturar idiomas. Ontem pela manhã entrou no restaurante do hotel e disse ao garçom: 'Tem eggs?'. O garçom olhou para ele espantado e, ao ouvir um novo 'tem eggs?', foi lá dentro e pouco depois voltou trazendo numa imensa bandeja dez ovos fritos na manteiga." (**Sandro Moreyra**).

"Onde você está morando, Perivaldo?"
"No Leblon."
"Em que altura?"
"No 5º andar."

E Sandro Moreyra, quem diria, acabou na "Academia"! O professor de língua portuguesa do Instituto de Letras da UERJ, André Valente, decidiu fazer a prova dos nove em Sandro e descobriu significantes, significados e polissemias nos textos do colunista. Tanto que, a partir de 1982, passou a adotá-los em suas aulas e palestras. E os incluiu no livro *A linguagem nossa de cada dia*.

André observa que no exemplo da história de Perivaldo contada por Sandro fica clara a polissemia de "altura": "para o emissor, em que 'parte' ou 'região' do Leblon; para o receptor (Perivaldo), em que 'localização' no prédio."

Entrevistado pelo autor deste livro, André Valente esclarece:

– Qual é o sentido da pergunta em que altura? Em que região do Leblon. Existem Alto Leblon e Baixo Leblon. Esse é o sentido na pergunta do amigo; na resposta, Perivaldo dá a verticalidade do prédio. A dúvida ocorre porque altura é um signo polissêmico. O Sandro sabia que estava mexendo com aspectos da significação, do sentido da palavra, quando ela está contextualizada. É uma brincadeira metalinguística. O signo altura tem duas leituras.

No livro, André destaca:

"A variação do significante foi devidamente explorada pelo saudoso Sandro Moreira (sic). Com muito bom humor, traço marcante no seu estilo, Sandro explorou nas suas histórias sobre futebol (publicadas no Jornal do Brasil*) os signos*

de diferentes línguas e a confusão que tal diferença provocava entre os jogadores, torcedores e cartolas."

Ilustra sua análise com mais três histórias célebres contadas por Sandro:

1) *"Duas semanas em Milão, acompanhando o Flamengo numa excursão em 83, deixaram o massagista Isaías atrapalhado com o idioma italiano. Não entendia nada e tudo o que precisava só conseguia por meio de ajuda, nem sempre presente.*

Manteiga era burro, cerveja era birra, janela era finestra e por aí afora, deixando o Isaías confuso e irritado.

Por isso, no avião de volta, ao ser prontamente atendido pela aeromoça brasileira, desabafou contente:

– Língua é a nossa. Em português não há como errar. Manteiga é manteiga, cerveja é cerveja, janela é janela."

2) *"Para o nosso Ferreirinha, embora o CND tenha perdido toda a força e o prestígio, não desapareceu de todo: trocou de nome, tática muito usada pelo regime no poder.*

– Mobral também virou Educar e aumento, hoje, se chama ágio – explica.

E lembra mais Ferreirinha:

– Isto me recorda aquela história de um patrício meu que considerava elitista a língua francesa. E justificava: "Vejam vocês, eles dizerem pain em vez de pão, vá lá; que digam main em vez de mão, aceita-se. Mas é muito esnobismo chamar queijo de fromage, quando todo mundo está vendo que é queijo mesmo."

3) *"De passagem pelo Rio em viagem de treinamento, um grupo de marinheiros ingleses resolveu ir ao Maracanã na tarde em que se jogava o sempre agitado clássico Vasco e Flamengo. Com seus uniformes brancos, aboletaram-se nas arquibancadas, maravilhados com o espetáculo do estádio repleto, barulhento e embandeirado.*

Eram 12, e se colocaram do lado esquerdo das tribunas, onde se aloja a torcida rubro-negra. Essa, desconfiada, sem saber a procedência daquela marujada, não parecia muito satisfeita.

– Marinheiro deve ser Vasco – disse um. – Vasco foi Almirante e eles são ligados a essas coisas do mar.

Mas inicia-se o jogo e logo os ingleses interessados começam a torcer: – Foul – berravam em coro, depois de uma entrada violenta em Bebeto. E pouco depois outro grito unânime: – Hands! Hands! Gritaram também corner e off-side.

CAPÍTULO 23: AULA DE PORTUGUÊS

De repente, Nunes entra pela área vascaína e leva um tapa, caindo. A galera rubronegra levanta-se num impulso só, a reclamar pênalti e junto com ela os 12 ingleses, mãos em concha na boca, gritando ao mesmo tempo: pênalty, pênalty!

Foi quando um crioulo, bandeira na mão, fitinha na testa, vira-se para o parceiro ao lado e diz surpreso:

– Ué! Eles falam a nossa língua!"

O professor explica:

– Falar duas línguas diferentes pode dizer respeito à variação linguística. A expressão "falar duas línguas diferentes" remete à variação dos significantes entre línguas diversas.

Admirador do "Sandro jornalista, homem de cultura e carioca bem-humorado", André, que é flamenguista e se esbaldava com o bom humor de Sandro, diz que ele e Sandro tinham outro ponto em comum além das afinidades linguísticas:

– Éramos admiradores dos grandes craques.

E lamenta não ter tido "a oportunidade de conviver, de sentar num bar e poder partilhar isso com ele".

Diz que seu "diálogo" sempre foi com o Sandro linguístico.

– Quando trabalho com linguagem e em particular com símbolo linguístico, utilizo as histórias do Sandro porque ele consegue ilustrar uma teoria linguística com uma competência textual e muito senso de humor. Não dá para pensar apenas no ponto de vista teórico. Sandro não tinha somente tempo de estrada e instinto para contar uma história. Ele possuía um sentimento da língua. E esse sentimento provavelmente decorria do convívio familiar, de uma ambiência literária em casa. Do nível de leitura, de utilização da linguagem e da riqueza das palavras. Isso dava a ele um cabedal, um conhecimento que permitia jogos linguísticos. Sem necessariamente ter que citar linguistas como Saussure[1], entre outros. Diferentemente dos significantes, os significados são praticamente universais. As histórias do Sandro ilustram melhor o conceito de signo do que qualquer tratado de linguística. Uma das boas formas de ilustrar uma teoria linguística talvez seja o texto jornalístico bem construído e, se tiver senso de humor como os "causos" contados por Sandro Moreyra, será melhor ainda.

E como os colegas acadêmicos receberam a novidade?

---

1   Ferdinand de Saussure, linguista genebrino radicado em Paris, é considerado o fundador da Linguística Moderna. Sua obra *Curso de Linguística Geral*, publicada postumamente em 1916, influencia até hoje os estudos linguísticos no mundo.

– Dentro do ritual acadêmico onde predomina a seriedade, o Sandro fazia o maior sucesso. Chacoalhava tudo. Alunos, professores e até grandes nomes de outras áreas. Todos ficavam encantados. No caso do Sandro, a repercussão era sempre positiva. Diversas vezes ouvi elogios por causa da minha proposta de analisar os textos do Sandro. Nos cursos de graduação e de pós-graduação, muitos colegas professores, alguns bastante renomados, sempre elogiaram o emprego dos textos de Sandro para ilustrar uma teoria. Esse trabalho bem-humorado do jornalista quebra um pouco a sisudez da Academia, que é fechada, séria demais, como se o humor fosse algo menor. É importante ver que no Sandro o humor é algo maior.

Chegou a perceber algum tipo de preconceito?

– Quem é preconceituoso contra o futebol acaba sendo preconceituoso contra as histórias do futebol. Só que perdem histórias de altíssimo nível contadas por um autor do gabarito de Sandro. Perder isso por causa do preconceito é perder o filé mignon do jornalismo esportivo.

Pensadores de fim de festa, filósofos de botequins que torcem o nariz para as coisas do futebol, achando mesmo que é o "ópio do povo", não sabem o que perderam ao deixar de ler Sandro Moreyra.

CAPÍTULO 24
Velhos tempos, novos dias

"Nasci no Engenho Novo, na Rua Antonio Portela. Na época, a garotada se reunia e formava uma rodinha num botequim ou na rua. Se a gente morasse na mesma esquina, certamente eu perderia pra ele. Eu não teria a audácia de competir com ele. Ninguém ganhava do Sandro. Não perdia uma coluna dele. Na minha convivência com ele, nas viagens, eu sempre procurava ficar junto pra chupar um pouquinho do bom humor que ele tinha. O Sandro era fantástico." (**Washington Rodrigues**, o Apolinho).

– O cara faz três anos na reportagem e já quer ser comentarista. Cadê os nossos repórteres? Não se vê mais repórter no ar. Só comentarista. Tudo com cara de garoto. Não viram nada. Antigamente, para ser comentarista, tinha que ter visto muito pra comparar. Conhecem futebol através de álbuns de figurinhas. Já ouvi um foca desses dizer "não sei se o Pelé era tão bom assim". Ao lado deles geralmente tem a fonte. Jogador de futebol comentarista é um absurdo. Jogador é fonte de informação. A visão deles é a da fonte. Qual a diferença? Por que eles contam histórias de vestiário, de dentro do campo? Ora bolas, todo mundo jogou futebol. Assessor de Imprensa no futebol é uma praga. Cria dificuldades pra valorizar a função dele. Nem todos, claro. E ainda tem os empresários. O empresário do Roberto Dinamite era a mulher dele, a Jurema. Hoje os jogadores ganham tanto dinheiro e acham que por isso são seres diferenciados, diferentes como ser humano.

O protesto veemente é do jornalista e professor Geraldo Mainenti, que trabalhou em diversos veículos de jornal e televisão, e cobriu o enterro de Sandro, de quem foi "foca", para a revista *Placar*.

– Hoje existem dificuldades pra entrar no clube, dificuldades pra entrar no campo. Criaram uma redoma. Na hora da entrevista escalam no máximo o técnico e um jogador. Repórter antigamente ficava dentro do campo assistindo ao treino. Era uma relação mais direta e estabelecia um vínculo de confiança com o jogador. O que não tirava o direito da crítica. Conhecia melhor o ser humano, respeitava-se muito mais a vida pessoal.

Alguém imagina Sandro babando ovo de técnico trajado como um vendedor de seguros ou de algum assessor de imprensa em busca de Sandro tentando uma entrevista com a "estrela da vez"? Duvideodó. Jogaria essas regrinhas todas para a cucuia e mandaria essa turma pastar ou plantar batatas. Sandro era o contemporâneo do amanhã.

– Sandro nesse mundo de hoje, com o seu prestígio, furaria esse bloqueio. Quem é que ia barrar o Sandro? O cara era um tremendo entrão. Seria capaz de aprontar alguma sacanagem só de birra, garante Mainenti.

Também pudera. Meninos e meninas, eu vi. Maracanã, área reservada à imprensa, final de jogo. Os jovens repórteres saem em fila indiana com seus notebooks nas mãos e suas ideias na cabeça. Entram no elevador equilibrando o equipamento pra não cair. Chegam na sala de entrevistas, colocam o notebook na mesinha e aguardam a chegada do "professor" para a coletiva. Que no mesmo dia e no dia seguinte vai ser publicada mal e porcamente da mesma forma em todos os veículos – rádios, tvs, sites, blogs e afins. Do lado de fora da sala, alguns veículos com mais estrutura escalam repórteres mais experientes para tentar uma conversa com os jogadores e dirigentes na chamada zona mista. E como o próprio nome diz, se é mista é igual pra todo mundo. O que antes era uma imprensa faminta por notícias exclusivas, virou apenas um troca-troca de figurinhas; a palavra-chave é compartilhar. Vestiário é o escambau. Conversa *tête-à-tête*, ombro a ombro, com o craque do time a mesma coisa. E botar em prática a ideia que estava na cabeça, menos ainda.

Se alguém fizer uma enquete entre alunos de qualquer faculdade de Jornalismo, é batata: quase todos querem ser repórteres esportivos. A onda agora é a notoriedade. Todo mundo parece querer começar por cima.

Sandro, que sempre soube como poucos bater pernas e gastar sola de sapato em busca da informação exclusiva, pegou o início dessa fase de distanciamento entre atletas e jornalistas. Em entrevista ao jornalista João Máximo publicada no JB em 14 de abril de 1985, dias antes do lançamento do seu livro de histórias, responsabilizou o regime militar pela mudança na cobertura do jornalismo esportivo:

"Ficou muito mais difícil chegar perto do jogador, conhecer-lhe a história e o anedotário. A partir do momento em que as concentrações da Seleção Brasileira passaram a ser policiadas por 'especialistas', como o Major Ipiranga dos Guaranis[1]

---

[1] Major Roberto Câmara Ipiranga dos Guaranis, acusado de ser torturador, convidado pelo brigadeiro Jerônimo Bastos, chefe da delegação no México.

em 1970, criou-se uma barreira entre o repórter e o jogador. Creio que foi em parte por isso que o nosso jornalismo esportivo se formalizou, distanciou-se do jogador como elemento humano no grande contexto do futebol."

Dias depois, em entrevista à repórter Denise Assis, de O Globo, Sandro lembrou de suas viagens (10 anos só com o Botafogo), para contar que os jogadores daquela época vinham do povão e na hora de viajar davam suas mancadas, o que era natural. Os dirigentes também cometiam gafes. Ele ia observando e guardando.

"O Garrincha era meu ídolo, e por isso guardei tantas histórias dele. O Manga gostava que eu o citasse porque se tornava conhecido para a torcida e o Mário (Vianna), até hoje, gosta porque assim ele fica em evidência. Ele se diverte com elas."

Disse também:

"Antigamente as concentrações eram abertas à imprensa. Isso possibilitava você ficar amigo dos caras. Eu sou padrinho de casamento do Nilton Santos. Virei confidente de vários deles. A gente ajudava a animar os times durante a Copa, entre um jogo e outro, levávamos carta ao correio, dávamos notícias da família deles; enfim, eram os brasileiros convivendo juntos."

Voltou a criticar o regime militar.

"O governo quis faturar a vitória do futebol para eles. Separaram os jogadores da imprensa."

Lembrou a Copa da Espanha, quando os jogadores ficaram concentrados a 40 kms do centro, o que, em seu entender, criou neles uma certa angústia que acabou por afetar o relacionamento.

"Acabaram-se as chances de histórias. Mesmo porque os jogadores hoje vêm da classe média e já não têm aquela pureza do Garrincha."

Haveria espaço para Sandro Moreyra nesse jornalismo esportivo de hoje? Alguém faria sombra a ele? Mário Jorge Guimarães opina:

– Não existe mais um Sandro Moreyra. Hoje talvez tivesse projeção maior, seria personagem de um programa de TV, faria TV fechada. Obviamente teria que se amoldar, pois falaria pra um país e não para o Rio, onde ele era um personagem, admirado, ídolo. O grande barato dele foi o "Bola na mesa" na Band. Melhor do que o programa era o bar após o programa.

Juca Kfouri concorda em parte com o colega de que o estilo de Sandro nunca saiu de moda e não corre o risco de sair, mas vê alguns senões na possibilidade da presença do colega na mídia nos dias de hoje.

– A inteligência e a graça deveriam ter lugar sempre. Sandro era representante disso. Mas antes de pensar nele, penso no Nelson Rodrigues. Acho que o Nelson hoje seria odiado. Se ele dissesse que o videoteipe era burro, a torcida organizada do Flamengo ia querer matá-lo. Danem-se os fatos? Opa! Que jornalista é esse de danem-se os fatos? Havia um espaço para a crônica propriamente dita que não tem mais. O Armando Nogueira foi o cara que tangenciou com correção a ideia do texto de crônica mas baseado em coisas que estavam acontecendo. Nelson Rodrigues, com aquela coisa do "Armando, o que é que nos achamos do jogo?", nem sequer enxergava o jogo. Seria cobrado de uma maneira burra, mas seria cobrado. O Sandro mais ainda. A coisa do politicamente correto. Acho que não teria lugar ou teria numa página de humor. Num Caderno 2. Mas não seria um dos cronistas titulares num caderno de Esportes com a importância que tinha o caderno do JB. Eu digo que hoje ele não escreveria no caderno de Esportes da *Folha de S. Paulo*. Provavelmente não escreveria no do *Globo*.

CAPÍTULO 25
A nudez forte da verdade

> *"Enviei para o Manga, lá em Guaiaquil, meu livro Histórias do Sandro Moreyra, do qual ele é o personagem principal. Mandei o livro com uma dedicatória merecida e carinhosa. Dias depois recebi do ex-goleiro um telegrama de agradecimento, com um final bem a seu jeito: 'Obrigado pelo livro. Prometo ler o mais rápido possível e devolvê-lo em seguida. Manguinha'."*
> **(Sandro Moreyra)**

1) "Cruzvaldino da Silva foi um massagista que o Flamengo teve em tempos passados (esse saiu sem indenização milionária, é bom esclarecer). Uma tarde ele deixou o clube apressado e, ao subir no bonde, sua carteira caiu. Descendo no ponto seguinte, Cruzvaldino da Silva voltou correndo a perguntar se alguém tinha achado a carteira e seus documentos. Logo um lusitano de vastíssimo bigode à moda do Porto apresentou-se:

'Achei-a eu. Mas se é mesmo sua, diga-me lá o seu nome'.

'Cruzvaldino'.

O luso deu uma olhadela na carteira e perguntou:

'De quê?'.

Levou um murro.'"

2) "Recém-chegado no Cruzeiro e ainda desconhecido, o apoiador Zé Carlos viajou depois de um jogo para Juiz de Fora, sua cidade. Como estava cansado, decidiu pedir ao motorista que o acordasse de qualquer maneira quando o ônibus chegasse à sua cidade. E recomendou:

'Use de energia; sou duro de acordar'.

Pegou no sono e, ao despertar, o ônibus entrava na rodoviária do Rio, final de linha. Revoltado, Zé Carlos foi reclamar do motorista. Este ficou pálido ao ver o jogador.

'Uai, meu Deus, o senhor aqui?'.

E explicou:

'Bem que desconfiei, quando fui acordar em Juiz de Fora um crioulo que roncava lá atrás. Ele esperneou tanto, reagiu com tal fúria que tive de usar de força para jogá-lo do ônibus'."

Cruzvaldino e Zé Carlos são dois dos centenas de personagens que protagonizam os mais de 300 outros casos sobre jogadores, dirigentes, árbitros de futebol, torcedores e treinadores que são contados nas 159 páginas do livro *Histórias do Sandro Moreyra*. Fora as duas histórias que abrem o livro: uma sobre a presença de brasileiros torcendo pelo touro contra o toureiro em Sevilha *(contada no capítulo 27), a outra sobre* o vexame do Brasil contra a Hungria na Copa de 1954, na Suíça, em que, após perder de 4 a 2 e ser eliminado do campeonato, o jogador brasileiro Maurinho cuspiu no rosto do ponteiro húngaro Zibor que foi cumprimentá-lo.

"*(...) Na confusão que se seguiu à reação dos húngaros, o técnico Zezé Moreira deu com uma chuteira na cabeça do Ministro dos Esportes da Hungria, o massagista Mário Américo, com os punhos cerrados, dava pulos de boxeur gritando 'comigo, não!' e o jornalista Paulo Planet Buarque derrubou, com valente rasteira, um sólido guarda suíço, para espanto não só dele como de seus companheiros que, juntos – e antecipando-se 27 anos a Jô Soares, exclamavam atônitos:* 'Chose de loques... chose de loques!'"

No vestiário, o supervisor Luís Vinhaes, que aprontou muitas e boas antes e depois do jogo, entre elas se enrolar numa enorme bandeira brasileira e fazer discursos inflamados de patriotismo, citando inclusive o Almirante Barroso (ou Nelson, como escreveu Sandro) "que o Brasil esperava que cada um cumprisse o seu dever". Não conseguiu cumprir. Ao ver os jogadores com a cabeça baixa, alguns chorando, propôs que todos se dessem as mãos e cantassem o Hino Nacional, "o que não foi possível porque a maioria não sabia a letra". No Brasil, insuflados por tudo isso e muito mais, "populares marcharam para apedrejar a embaixada da Suíça, mas por um lamentável equívoco, quebraram as vidraças da embaixada da Suécia."

"O Itamarati apresentou desculpas. Mas não pagou os vidros", finaliza Sandro.

Na apresentação do livro, Sandro escreve que "estas histórias ou estórias" foram "colecionadas através de trinta e tantos anos de vivência com o futebol e sua gente" e faz a ressalva:

CAPÍTULO 25: A NUDEZ FORTE DA VERDADE

"Muitas delas aconteceram exatamente como vêm contadas. A outras preferi estender 'sobre a nudez forte da verdade o manto diáfano da fantasia', como ensinou Eça de Queirós."

Tanto que há controvérsias na história do Cruzvaldino.

Existe uma outra versão, divulgada pelo jornalista Renato Maurício Prado no livro *Deixa que eu chuto*, de que não era Cruzvaldino da Silva e sim Trinitário Albacete, e que ele não era massagista do Flamengo e sim um conhecido jornalista esportivo. E que não estava num bonde, e sim no Maracanã. E que quem achou não foi um lusitano de vasto bigode, e sim um funcionário da limpeza do estádio.

E uma terceira, em forma de crônica chamada "Dois amigos e um chato" no livro *Gol de padre e outras crônicas*, de Stanislaw Ponte Preta, heterônimo do seu amigo de infância Sérgio Porto. O nome do personagem, dessa vez, é Flaudemíglio, "um nome desses de dar cãimbra em língua de crioulo". Na história. Flaudemíglio estava com seu amigo Zé e... de resto, o enredo e o desfecho são semelhantes:

"Ora, seu cretino, quem acerta Flaudemíglio não precisa acertar mais nada!."
E deu-lhe um safanão e tomou-lhe a carteira.

Na conversa com o cartunista Lan, perguntei: e aí, Mestre, o Sandro mentia?
– Quando se tratava de Botafogo, pode ser.

Manga teria mesmo confundido habeas-corpus com corpus-christi, pirâmide do Egito com piranhas do Egito e antropófago com fanchono? E ligado a televisão na mesma tomada das luzes do pisca-pisca da árvore de Natal? É verdade mesmo que, nos primeiros meses de Botafogo, o goleiro não entrava na piscina porque Sandro advertiu que tinha siri? É fato mesmo que, ao sair de um treino do Botafogo, Manguinha esbarrou num gago, que lhe perguntou "Po-pode me in-for-for-mar onde fi-fica a esco-co-la de gagos?" e ele respondeu "Meu amigo, você não precisa de escola, já gagueja muito bem."

Sandro, que tinha sempre uma resposta guardada na manga a essas ocasiões, apenas dizia:

"Muitas histórias que conto dele, realmente aconteceram. Outras só poderiam acontecer com ele."

Histórias de Sandro Moreyra bem que poderia se chamar *Livro de pensamentos de Manga*. Afinal, como disse o próprio autor na apresentação, Manga era seu personagem principal.

"*Trata-se de uma extraordinária figura humana, velho amigo de muitas alegrias botafoguenses.*"

O livro foi lançado no dia 15 de abril de 1985 no Clube Marimbás de Copacabana. Deu liga de cara. Em 4 horas, vendeu 570 exemplares, segundo a revista *Placar*. *O Globo* encheu a bola, chamou o lançamento de "apoteótico" e destacou que não sobrou nenhum dos 1.200 livros colocados à venda.

Em entrevista à repórter do *Globo* Denise Assis, publicada em 22 de abril de 1985, Sandro disse que nunca tinha pensado que as histórias que contava ao vivo pudessem ter graça no papel:

"*Contadas, você imita a voz do cara, o trejeito, fica melhor. Mas o Carlos Eduardo Novaes um dia gravou algumas, transcreveu e me mostrou. Eu vi que ele tinha razão e me animei.*"

Exatamente 31 anos depois de cuidar da coordenação editorial do livro, a jornalista Ivone Malta lembra que a cada história que lia, exclamava:

"*Sandroooooo!!!*"

E perguntava:

"*Essas histórias são verdadeiras?*"

Ele respondia:

"*São Ivone, são.*"

Ivone lembra que algumas histórias pareciam ser surreais, especialmente as do goleiro Manga.

– Estavam mais para estórias do que para histórias – recorda, rindo.

Sandro acompanhou passo a passo a edição do livro, que na época era uma produção bem mais complexa do que é hoje, com o uso dos computadores. Os textos eram digitados em laudas na máquina de escrever. Depois havia a revisão manuscrita, a edição, a diagramação, a composição, a arte final, o fotolito, a avaliação das provas de prelo e, finalmente, a impressão.

– Ele vibrava muito. À medida em que o livro ia tomando forma, ele ia ficando ansioso. Quando viu o livro pronto, abriu aquele imenso sorriso. Acho que fiquei tão feliz quanto ele. Sandro, que tinha duas filhas e durante o processo me tratou como se fosse uma, curtiu o livro como se fosse mais um filho. Coordenei muitos outros livros na editora JB, mas o dele foi especial.

Sandro divulgou o lançamento na sua coluna, destacando que o livro seria lançado "junto ao Forte de Copacabana, mas sem nada a ter com ele".

Além do prefeito Marcelo Alencar, que lá esteve, e do governador Brizola, que mandou telegrama, também compareceram Zizinho, Ademir Menezes e muitos jornalistas e fãs. Com depoimentos na contracapa de Armando Nogueira, Oldemário Touguinhó e Marcos de Castro *(reproduzidos no início deste livro)*, editado e impresso pelo *Jornal do Brasil*, o livro teve outros lançamentos e outras edições: uma edição especial de 12 mil exemplares para uma empresa farmacêutica (Merck S.A. Indústrias Químicas) e uma impressão especial do jornal *O Dia*. Chegou a ser vendido na banca de jornais da esquina de Nossa Senhora de Copacabana com Miguel Lemos, que Sandro também costumava frequentar.

No prefácio, Wilson Figueiredo destacou:

"*Sobraria para o prefácio a apresentação do autor. Não faz sentido, no entanto, apresentar Sandro Moreyra aos seus leitores – entre os quais o redator do prefácio.*"

Fazendo arte com o amigo

Como é que foi fazer a capa do livro de histórias do Sandro, Lan?
– Aí foi mole. Ele só vivia na praia!

Se o grande amigo Lan fez a ilustração da capa do livro histórico de Sandro, outro cartunista, Ique, pegou a linha do ídolo da arte para compor os retratos do seu ídolo das "pretinhas." Jovem profissional do JB, Ique sabia quando Lan e Sandro estavam chegando na redação.

– Antes de entrar na redação, no elevador de serviço, já dava pra saber que o Lan estava lá. Fumava um cachimbo que tinha um aroma de chocolate. O Sandro também deixava um rastro de perfume. Aquilo tomava conta da redação.

O Sandro, que Ique via e tinha na cabeça, era a de um "cara muito elegante que se apresentava conforme o figurino". O que você pegou das características do Sandro para fazer aquelas ilustrações dele? O que é Sandro para um chargista?

– Ele tinha um sorriso muito característico, e eu o retratava com a cabeça arredondada que diminuía mais ainda o tamanho dele. Meio parecido com uma bola. A pele não tinha rugas, não era aquela figura com jeitão de mais velha do que era. Caprichava nos detalhes. Sapato sempre engraxado, manga da camisa social vincadinha e arregaçada dentro da calça. Ficava mais redondinho ainda, e para um chargista era um prato cheio.

Você ficava inseguro de criar a ilustração e mostrar pra ele?

– Claro. Diante de ídolo a gente treme mesmo.

CAPÍTULO 26
O dia do caçador

"(...) Didi foi um dos que preferiu ficar na concentração. E sabendo disso, Mané Garrincha, depois da meia hora a que teve direito com sua chilena, passou a meter a conversa em Hilton Gosling. 'Doutor', dizia com aquele cinismo só dele, já que o crioulo não veio, 'posso comer a dele também?'. E justificava: 'Coitadinha, está tão sozinha...'" (**Sandro Moreyra** *no final da história do dia em que o médico Hilton Gosling convenceu os dirigentes da CBD (hoje CBF) a permitir que os jogadores concentrados há semanas durante a Copa do Chile de 1962 tivessem o direito a ter, "ao menos uma vez", relações sexuais).*

A história é contada por Carlos Leonam, que também jura que estava lá.

– O Lan inventou um churrasco em Pedro do Rio. O Luiz Mendes disse que ninguém sabia fazer, e que ia preparar um verdadeiro churrasco à gaúcha. Subimos eu, minha mulher, Sandro, o Luiz Mendes com Daisy Lucidi; e estava lá a Olivia, mulher do Lan. O churrasco ficou uma merda, e o Sandro gozou o Mendes:

"Ficou cagando regra e mostrou que não sabe nada de churrasco."

– Nisso, Flicts, o cachorrinho do Lan, um "salsicha" de cor meio dourada, resolveu tirar o atraso e "comer" a perna do Sandro. O Sandro gritava 'para com isso, cachorro', e nada. Foi vítima de um "estupro" de perna. Depois o pessoal ficou dizendo que o Flicts tinha a mesma cor do Sandro, que devia estar com a perna salgadinha da praia.

Sandro não era do tipo que mordia a isca. Muito menos perdia as estribeiras. Há poucos registros de Sandro sem graça, sacaneado ou irritado. O jornalista Paulo César Vasconcellos lembra de outro caso:

– Foi uma história que parou a redação do JB. Um guardador de carros chamado Mário, filho de uma senhora que trabalhava na casa do doutor (Nascimento) Brito, era um pouco folgado e autoritário. Um belo dia subiu à redação para repreender Sandro que tinha estacionado numa vaga que só poderia ser utilizada a partir de 5 da tarde. Sandro chegou às 4 horas e 45 minutos. Ficou irritado e bateu boca com o guardador. Depois dessa, toda vez que chegava na redação alguém dava uma sacaneada: "Estacionou direito? Cuidado que o Mário vem aí." Ficava meio brabo e exaltado pro "padrão Sandro".

Para Sandro não havia mau tempo, mas tem sempre um dia em que a caça se volta contra o caçador ou o feitiço se volta contra o feiticeiro.

Aconteceu e foi contada pelo amigo João Saldanha em 5 páginas no capítulo "Paris só tem papanata" no clássico livro *Os subterrâneos do futebol*. Garrincha, que vivia sendo sacaneado por Sandro a torto e a direito, tinha seu dia de forra. Chegara a vez do "Torto". Alguns trechos aqui:

"(...) Chegamos ao hotel às dez da manhã. Ficaremos aqui até amanhã às oito da noite. Sairemos do hotel a esta hora para o aeroporto de Orly. Quem quiser fazer compras ou se virar por aí, trate dos papéis. Não há muito tempo. Aqui tem de tudo.

(...)

Não havia problema. Pelo menos comigo. Os problemas existentes eram da alçada do chefe, que era quem fornecia vales. Como não havia jogo em Paris e bicho só na Espanha, era certo que todos iriam querer vales para compras etc.

Almoçaram e foram em frente. Um grupo, formado por Sandro Moreira (sic), Amoroso, Tião Macalé e Amarildo, saiu para os lados da Avenida Champs Elisées. Estavam sentados no terraço de um café quando, de outra mesa, três garotas começaram a dar bola. Sinalzinho pra lá, sinalzinho pra cá e fizeram a abordagem. A dificuldade era o idioma, pois as garotas não tinham pinta muito braba e não deveriam ter mais de uns dezessete anos. Sandro Moreira, mais experiente e se achando meio velho para a parada, disse: 'Vocês estão perdendo tempo. Deixa que eu meto meu francês e ajeito logo o negócio' E sem mais rodeios entrou de sola: 'Escutem, meninas, combien?' E fez um gesto auxiliar esfregando os dedos para indicar que estava perguntando quanto custaria um programinha.

As garotas desandaram a rir, mas Sandro insistiu com firmeza:

'Combien? Não enrolem meninas, combien?'

Eram duas louras e uma de cabelos escuros, que respondeu:

'C'est pas cher. Dix mille francs chacun'.

Sandro confirmou:

'Combien?'

A garota respondeu novamente entre o riso das outras:

CAPÍTULO 26: O DIA DO CAÇADOR

'Dix mille', *e abriu os dedos para esclarecer.*

Sandro traduziu fazendo câmbio:

'Dez mil francos (velhos) são uns quatro mil cruzeiros que vão gastar, por cabeça. Vocês topam?'

Amarildo, que já estava gamado por uma das lourinhas, falou em nome de todos: 'Vou nessa. Elas são o fino'. Amoroso e Tião também embarcaram.

Não precisavam mais do intérprete, e na base da mímica tomaram dois táxis, partiram com as garotas e Sandro voltou para o hotel.

Lá pelas oito horas da noite apareceram. Entraram vitoriosos. Até assobiavam a Marselhesa. Não se contiveram e deram o serviço:

'O maior programa! O fino das garotas!'

A turma do bagaço logo juntou em volta:

'Elas são boas? O que que elas fazem?'

Amarildo foi dizendo:

'Calma, é negócio fino e não é pra qualquer um. A madame não quer onda. É coisa de responsabilidade. Senão, dá galho'.

Sandro, que queria saber o resultado e também estava perto, perguntou:

'Que madame? Só tinha broto naquele bar. Que madame é essa?'

Amarildo explicou:

'É uma madame que controla tudo. Elas nos levaram para a casa dela. Quando nós entramos, ela chegou assustada e desandou a dar bronca. Na gente e nas meninas. Não entendi, mas a mulher estava braba. Aí eu fiz sinal pra ela que não estava manjando nada. Eu pensei que era mãe de alguma e já estava chamando o Tião e o Amoroso pra dar no pé. Pensei que tinha entrado numa fria. Mas aí a dona explicou tudo'.

'Explicou como? Vocês não manjam francês', aparteou Sandro Moreyra.

'Eh (sic) Você só sabe dizer combien *e está aí botando banca. A madame fala espanhol, inglês, francês. Fala tudo. Então ela disse pra nós. Isto aqui não é um lugar qualquer. Só vêm pessoas selecionadas...*

Tião, muito sério, confirmou com a cabeça e Amarildo continuou:

'Só entra lá bacana. As garotas são mocinhas. A dona nos fez jurar que respeitaríamos elas. A gente podia brincar e coisa e tal. Sabe como é, não é? Beijinho pra lá, beijinho pra cá, mas sempre respeitando os limites. As garotas são mocinhas. Não são vigaristas. São garotas estudantes e do comércio que, sabe como é, né? A vida está cara e fazem seus biscates. Mas tudo limitado. É como disse a madame, amanhã uma delas se casa... então a gente tinha de respeitar. Foi o fim.

Tinha mais umas três ou quatro que estavam lá. Eu não larguei a minha pra não fazer sujeira. Podia entrar areia e...'.

'E... você se lembrou da gente, não é?!', berrou Tomé com ferocidade. 'Eu sempre que arrumo programa chamo todo mundo. Onde é este negócio que eu também quero ir nessa. É o meu fraco. Já tô cheio de mulher. Um brotinho é o de que o papai está precisando. Já pensou?!'

E esfregava a mão de entusiasmo:

'Dá logo o serviço, onde é o negócio?', concluiu Tomé, agressivo.

(...) 'Não enseba, crioulo. Se elas toparam você é porque devem ser taradas. Era só pra ter macaco no meio. Não bota banca e dá logo a dica', aparteou Mané Garrincha, que também estava na conversa.

Amarildo lamentou com ar sério:

'Agora não adianta. Quando eram umas sete e meia a madame mandou a gente cair fora. As meninas tinham de ir para casa. Só amanhã depois das duas da tarde. Mas não pode ir todo mundo. Nós três vamos voltar. É uma nota alta. Com a bebida andamos gastando uns dez mil cruzeiros. Só deve ter umas sete ou oito garotas...'

'Não tem importância. A gente faz uma festinha. Todo o mundo vai se dar bem', implorou Didi.

'Que tal é a velha?', perguntou Tomé.

'Não é muito velha. É uma coroa assim... de uns quarenta, quarenta e cinco anos no máximo. Ela veste o fino e é bonitona. Usa uma piteira de ouro. Tem um cabelo bem preto, deve ser pintado, mas é o máximo. Sabe de uma coisa? Eu até que já estava meio enjoado dos brotos e estava querendo arrastar uma asinha pros lado dela', falou Tião com convicção.

'Eu sou louco por uma mulher de piteira', disse Tomé em tom de quem está recitando Shakespeare, e completou engrossando:

'Amanhã, se vocês me passam pra trás, eu mando um pro espaço. Tá bom?' (...)

Nisso Garrincha veio para perto de mim e cochichou:

'Seu João, tem aí um cara que se encarnou em mim. É de um jornal aí e quer que eu dê entrevista. Já está enchendo e eu vou dar no pé. O senhor quer dizer pra ele não me chatear?'.

Nisto apareceu o cara, que era um jornalista do L'Equipe. Andara várias vezes pela América do Sul e entendia bem espanhol. Falei-lhe que a rapaziada

CAPÍTULO 26: O DIA DO CAÇADOR 221

tinha um programa. Seria perigoso tentar modificar. Expliquei mais ou menos que se tratava de uma festinha íntima. Perguntou onde era e se poderia ir junto e eu disse que o assunto não era meu, mas eu poderia interferir. Talvez pudesse ir. Chamei Tomé, que já estava no comando das ações, e sugeri:

'Talvez seja bom que este cara vá. Pode até servir de intérprete. Depois, parece ser um sujeito vivido e não irá atrapalhar. Vocês podem deixar ele com a velha'.

Tomé pensou, pensou e respondeu:

'É, acho que ele pode ir. Mas a velha, não. A velha eu acho que vai ser minha. Se ele tiver enchendo, eu boto ele pra correr, tá bom?'

Foram oito para a casa das meninas. Os três da véspera e mais Tomé. Garrincha, Didi, que ia só para olhar, Neivaldo e o jornalista francês.

Tomaram dois táxis e rumaram para o endereço que Amarildo tinha guardado com segurança. Quando chegaram lá, o jornalista foi logo dizendo:

'Parece que estou conhecendo este lugar...'

(...) Os outros concordaram e Didi comentou:

'É bom entrar logo. Eu sei que a Guiomar está no Brasil, mas não duvido nada de ela aparecer por aqui' – e olhou receoso para os lados.

O jornalista falou com o porteiro, que encolheu os ombros e abriu a porta.

Entraram, e Amarildo foi andando na frente dirigindo-se ao salão principal, com jeitão de conhecedor do ambiente. Pediram uns drinques ao rapaz, que logo atendeu.

Não demorou muito e apareceu a madame. Tomé entusiasmou-se logo e foi dizendo ao Amarildo:

'Essa é minha. Essa é minha. Hoje não estou a fim de broto'.

A madame dirigiu-se ao Amarildo:

'Buenos dias, amiguito. Veo que volvieram. Pero es tempranom todavía. Hay que tener paciencia', falou com voz rouca e Tomé exclamou com cara de fauno:

'Sou louco por mulher de voz grossa. Vai ser o fino'. E seguiu com o olhar o rebolado da madame, que foi telefonar.

Nisso, o jornalista francês, meio embaraçado, perguntou ao Tomé:

'Mas vocês estão certos que é aqui o programa com as garotas? Eu bem que estava conhecendo isto. Sabem quem é esta madame? É o famoso travesti, Madame Arthur. É o dono de um cabaré de espetáculos. Aqui não tem mulher. Aqui é... é... bem, aqui é tudo homem, quer dizer... são travestis. É isto que vocês querem?!?!'.

Quando Madame Arthur voltou, a sala já estava vazia. À noite, no avião que nos levava para Madri, de vez em quando uma voz em falsete imitando mulher gritava:
'Amoroso, chéri, Amoroso, queridinho, me dá um beijinho, meu amor...'
Daí a pouco outra voz no mesmo tom:
'Amarildo... meu sonho... me dá um beijinho...'
Até o Sandro Moreyra quis gozar, mas Garrincha protestou:
'Você não. Você só sabe dizer combião. Você também pensou que eles eram elas.'"

Quase 50 anos depois, em conversa com o autor do livro em General Severiano, Amarildo nega ter participado.
Você não lembra dessa história ou é papo furado, Amarildo?
– Não, não, não. Isso aí eu já ouvi contar.
Mas disseram que você estava nesse meio...
– Eu não estava não. Tinha os mais velhos naquele time que formavam a Turma do Bagaço. Eu era mais novo, ficava mais devagar. Gostava mais de fazer compras, levar pra família. Nossa intenção era essa.

CAPÍTULO 27
Palmas que ele merece

"Pitico, um jogador que chegou a se destacar no time do Santos, estava uma tarde parado na porta da sede do clube e viu vindo uma senhora não lá muito bem dotada de atrativos físicos. Feia, mesmo. Pitico não era de criticar ninguém. Mas, diante daquele bagulho, não se conteve e comentou: 'Puxa, que mulher horrorosa. Aquela eu não comia nem que ela me pagasse'. Logo, ao lado, o vice-presidente do clube, vermelho de indignação, protestou: 'Aquela, seu atrevido, é minha mulher!'. E Pitico, embaraçado, querendo consertar: 'Minto. Comia sim. E até pagava'" (Crônica que fecha o livro Histórias de Sandro Moreyra).

Sandro não precisava pedir ajuda aos universitários. Eles é que pediam ajuda a ele. Como fizeram os estudantes Silvio Barsetti, torcedor do América do Rio; o tricolor Afonso Nunes e os botafoguenses Marcelo Bulgarelli e Wilson França dos Santos quando escolheram Sandro Moreyra para ser nome da turma de formandos de 1987 da Faculdade Hélio Alonso, no Rio de Janeiro, cujo patrono foi o jornalista Sérgio Cabral (pai) e paraninfo o sociólogo Gilson Caroni Filho. No convite, uma cópia da capa do jornal *Tribuna da Imprensa*, um texto sobre o homenageado com o título "Um jornalista irreverente".

Diz que "Sandro Moreyra virou saudade", e deixou na lembrança de cada um de seus amigos "o seu jeito comunicativo, alegre e brincalhão, capaz de entreter os que que o cercavam". Destaca que não houve luta na imprensa em que Sandro não estivesse presente, e lembra que foi meio por acaso que "o coerente e corajoso" jornalista chegou ao jornalismo. "Era um garotão comunista que vivia na praia até que o Partido exigiu que ele fosse trabalhar." Cita os lugares onde trabalhou, mas recorda que "era na praia onde se sentia em casa", conta o famoso caso do fazer e do lazer e termina reforçando a indagação de seus amigos de como ficaria a praia sem ele.

Afonso Nunes, um dos quatro alunos participantes da comissão de formatura e integrante do Diretório Acadêmico da faculdade, lembra que no início houve uma resistência por parte das mulheres da turma.

– Achavam que por ele ser um jornalista esportivo soava como uma escolha machista. Mas quando souberam que ele seria representado por uma das filhas, a Sandra, reconhecida como uma das melhores repórteres da Globo, entenderam como uma dupla homenagem.

Silvio Barsetti, outro dos organizadores, conta que era um dos que liam diariamente as colunas de Sandro e que gostava especialmente de uma delas, aquela em que o colunista narrava o comportamento de torcedores brasileiros numa tourada em Sevilha, na Copa da Espanha.

No dia da formatura, auditório lotado da Associação Brasileira de Imprensa (ABI), uma emocionada Sandra falou para uma não menos emocionada plateia de estudantes, professores e parentes dos formandos. Em vez daqueles discursos de praxe e frescuras de teóricos, recheados de formalidades e nhenhenhens literários, optou por não dourar a pílula e leu a crônica do pai que abre o capítulo "O Brasil nos campos do mundo" do livro *Histórias de Sandro Moreyra*. Uma agradável surpresa pra Barsetti e um delírio pra todos os demais presentes.

"Na monumental praça de touros de Sevilha, durante a Copa do Mundo de 82, um deslumbrado torcedor brasileiro, ao ver passar o toureiro à sua frente, ovacionado pela multidão que lhe atirava flores, leques e mantilhas, jogou-lhe, como suprema homenagem, o pé direito de sua surrada e malcheirosa conga.

Este foi um dos episódios de uma tarde inesquecível, em que os canarinhos brasileiros avacalharam completamente essa secular e sagrada instituição espanhola que são as touradas.

O torcedor da conga, na verdade, foi o único que durante todo o espetáculo se comportou corretamente, torcendo pelo toureiro como mandam as velhas e respeitadas regras das touradas. Os outros, ou seja, a imensa e vibrante torcida brasileira do futebol, com suas camisas amarelas, fitinha na testa e bandeira na mão, entrou na praça de Sevilha decidida a torcer pelo touro, fato que em qualquer parte da Espanha é considerado no mínimo uma heresia.

Mas, acima da tradição, falou a boa índole do brasileiro. Ele não se conforma com aquela luta desigual em que são dadas ao toureiro todas as vantagens e ao touro só se concede uma opção: a de se deixar matar. Ao tomar, porém, essa posição pró-touro, a torcida canarinho do Brasil ofereceu um espetáculo jamais visto em arenas e que será relembrado através dos tempos pelos amantes da tauromaquia com vergonha e indignação.

CAPÍTULO 27: PALMAS QUE ELE MERECE

O primeiro impacto surgiu quando o touro, ao entrar na arena, ainda meio tonto com a claridade forte, foi recebido com vigorosos aplausos das arquibancadas repletas de brasileiros. Facilmente identificados por suas camisas amarelo-cheguei, os canarinhos agitavam bandeiras saudando o touro com o entusiasmo que dedicam ao Flamengo quando adentra o gramado do Maracanã. Era, contudo, apenas o começo. Logo depois, quando o picador no seu cavalo cercou o touro e, num golpe rápido, cravou-lhe sua pontuda lança fazendo jorrar um sangue grosso e vermelho pelo seu pêlo preto, uma tremenda vaia explodiu, numa mistura com gritos compassados de filho da puta e de pilhas de rádio atiradas em sua direção. O picador fugiu espavorido.

A entrada em seguida do moço das banderilhas, com suas calças justas e seu bolero bordado, foi de expectativa. Mas tão logo o viram dar aquela corridinha de bailarino na ponta dos pés, os gritos ritmados de bicha, bicha, bicha acompanharam todo seu trajeto.

Nesta altura, os espanhóis estupefatos não entendiam o que estava acontecendo, julgando-se cercados por um bando de malucos. De seu canto, aguardando o momento de entrar em ação, o toureiro, famoso matador, olhava abismado sem compreender aquela unânime, inédita e feroz manifestação a favor do touro.

Chegou, então, o momento culminante. Ao som festivo de clarins, o toureiro, solene e grave, caminhando a passos firmes, com sua longa capa vermelha atirada aos ombros, entrou na arena, e cumprindo o ritual, primeiro dirigiu-se à tribuna de honra. Lá, curvando-se num gesto elegante, atirou o seu solidéu, barrete ou que nome tenha a uma dama certamente ilustre. Em seguida, com a mesma pompa, voltou-se para o público e, em galante reverência, curvou-se numa saudação fidalga. E ainda estava curvado quando das arquibancadas estourou uma gritaria bem brasileira, forte e cadenciada: – Um, dois, três, quatro, cinco, mil, eu quero que o toureiro vá pra puta que o pariu!

Boquiabertos, os espanhóis se interrogavam: – Que pasa, hombre? Los tipos son locos? Evidentemente não podiam compreender aquele comportamento de fazer corar de vergonha Manolete, Dominguín, Paco Camacho, El Cordobés e todos os toureiros, vivos ou mortos.

Do outro lado, arquejante, já bastante ferido e lamentando não ter nascido vaca, o touro mantinha, no entanto, um ar embevecido. Jamais, qualquer de seus antepassados recebera tamanha solidariedade. Comovido, ele olhava cheio de gratidão para os canarinhos brasileiros. E tão encantado estava que nem viu quando o matador, friamente e com imensa espada, matou-o na primeira estocada.

Morreu feliz, certamente, por saber que na alma daqueles canarinhos brasileiros havia piedade por ele e repulsa por seu carrasco."

O público veio abaixo e aplaudiu de pé a filha do autor e seus personagens. Se tivesse que escolher seu público, Sandro, certamente, escolheria aquela plateia de jovens universitários, seus amigos e parentes. Pois, como escreveu João Máximo, em um artigo no JB sobre a morte de Salim Simão, grande amigo de Sandro: "Não existe um bom contador de histórias sem bons ouvintes."

Além de homenageado pelos estudantes da Facha, Sandro virou nome de uma escola em Bangu, de um Ciep em Duque de Caxias, de uma praça na Rua Marquês de Abrantes, no Flamengo, no Rio de Janeiro, e de três salas de Imprensa (na Granja Comary da CBF, em Teresópolis; no Estádio Nilton Santos, também conhecido como Engenhão, e na Magueira).

Quatro anos depois, ao cobrir a Copa do México, Sandro fez uma "suíte" da história em sua coluna de 16 de junho no *Jornal do Brasil*:

"Os torcedores canarinhos aproveitaram o fim de semana sem jogo do Brasil para ir às touradas. Talvez lá fossem com o mesmo propósito que os levou em 82, à praça de touros de Sevilha: o de torcer pelo touro. Ao chegarem depararam, porém, desde a porta de entrada, nos corredores e nas arquibancadas, com enormes cartazes, avisando claramente: 'Solicita-se a los aficcionados brasileños no aplaudirem el toro ni a apuparem a los toreros. El acto de torear es una arte e deve ser visto con respecto y en silencio. Gracias'. A maioria não obedeceu."

CAPÍTULO 28
Bobeou o Sandro pimba

"Depois de um jogo em Paris, o numeroso bando de jornalistas brasileiros partiu rumo aos telex para enviar suas matérias. No escritório havia duas máquinas, mas ambas recusavam-se a funcionar. Aperta daqui e dali e nada de dar sinal. Foi então que um coleguinha, preocupado com o horário, apelou para um francês que, ao lado, com calma e indiferença, tomava o seu vinho e comia o seu queijo. 'Messiê, le maquinê non funcionê de enviê mam materiê'. Sem entender nada, e murmurando gentis uí, uí, o francês todo confuso lhe ofereceu o pedaço do queijo que comia" (**Sandro Moreyra**).

Quando o Glorioso estava por cima da carne seca e tinha aquele ataque formado por Rogério, Gérson, Roberto, Jairzinho e Paulo Cézar, Sandro Moreyra chamou Roberto Porto para assistir a Botafogo x São Cristóvão no velho estádio de General Severiano. A história é contada no capítulo "Sandro, botafoguense gozador" do livro *Botafogo: o Glorioso*.

"Aceitei o convite, e decidimos nos alojar nas torres meio inacabadas à esquerda das sociais, de onde as rádios transmitiam os jogos. Para mim, aquela posição razoavelmente privilegiada foi excitante. Acostumado a assistir às partidas do Glorioso nas sociais, com meu tio Júlio Lopes Fernandes (1888-1983), ficamos, eu e Sandro, quase em cima da linha de fundo, a poucos metros de altura. Eu estava cansado de saber que Sandro, meu companheiro de jornal, era gozador e folgado. Mas não fazia ideia do quanto. No segundo tempo, ele atazanou o lateral-direito Triel, do São Cristóvão, dando-lhe supostas instruções. Lá pelas tantas, jogo meio duro, Triel foi pegar uma bola bem abaixo de nós e Sandro, na maior cara de pau do mundo, gritou para ele: 'Ô Triel, ô Triel... Você não está sabendo aproveitar o recuo do Paulo Cézar... Esquece a lateral e ataca. O Botafogo está perdido'. Final da história: Triel decidiu avançar, esqueceu seu lado direito vazio e foi por lá, nas costas dele, que Paulo Cézar marcou dois gols, se a memória não me falha, depois de assistir a um infinidade de jogos do Botafogo."

Justiça seja feita. Não eram apenas os jogadores que aquele adorável transgressor gostava de sacanear. Como cobria o dia a dia do futebol e viajava bastante com o Botafogo e a seleção brasileira, se divertia também contando histórias de coleguinhas jornalistas com uma enorme rotatividade de personagens.

Um esporro no Fantasma

Conhecido como "Fantasma", Ricardo Carpenter, repórter do *Jornal dos Sports*, telefonou para a casa de Amoroso[1], atacante que defendeu o Botafogo e Fluminense nos anos 50 e 60. Quem atendeu foi a mãe do jogador que, gentilmente, quis saber quem estava falando.

"Aqui é o Fantasma", respondeu o jornalista, com sua voz cavernosa.

"Vai brincar com a tua mãe, cretino", reagiu, raivosamente, a mulher, batendo o telefone com rispidez e deixando o jornalista atônito.

Recuperado o fôlego, é que o repórter deu por elas. Esquecera de que estava em pleno Dia de Finados.

Sandro não se assustava com aquele Fantasma de araque e não tinha medo de pisar na grama desobedecendo a placa. Quando estava para ser contratado pelo Vasco, o atacante Eduardo Gonçalves de Andrade, o Tostão, ídolo do Cruzeiro e da seleção brasileira, flertou com o Botafogo. Afinal, para um mineiro, era muito mais atraente ficar perto da praia do que da Quinta da Boa Vista e do zoológico. Zeferino Xisto Toniato, dirigente do Botafogo, reuniu a Imprensa e falou:

"O Tostão foi pro Vasco, mas eu já tenho o Plano B. Vou trazer um craque da Argentina. Mas não vou dizer o nome. Só quando chegar aqui."

As especulações começaram logo a seguir, e Fantasma era um dos mais ansiosos em apurar o nome do novo contratado. Um dia depois, o Fluminense anunciou a contratação de Gérson, que estava no São Paulo. José Antonio Gerheim, então no *Jornal dos Sports*, lembra:

– Sandro, que tinha rixa com o Fantasma, que junto com ele era um dos mais antigos na cobertura do Botafogo, falou:

---

1 Há outra versão contada pelo próprio Sandro de que a ligação não foi feita para a casa de Amoroso, e sim de Ferreti, atacante do Botafogo nos tempos de Fischer e Jairzinho.

"Vamos fazer uma brincadeira. Vamos dizer que o nome do jogador é Oberdan Salustro²"

Afobado come cru, e Fantasma, estabanado, pegou o fusquinha dele e se mandou para a redação. Achou que tinha trocado figurinhas com o concorrente, embora não tivesse nenhuma carimbada para botar na permuta. No dia seguinte saiu no jornal *O Dia* que o jogador que o Botafogo estava contratando poderia ser um tal de Oberdan. Não divulgou o sobrenome. Depois que soube que era uma "pegadinha", Fantasma fez o maior escarcéu e quis dar um corretivo no Sandro.

O nome do jogador que o Botafogo acabou contratando foi divulgado pelo dirigente Toniato de forma especial:

"Nelson (Borges), vai lá na sala e busca um papelzinho no meu paletó."

Do seu ponto de observação sempre privilegiado, Sandro provocou:

"Mas só o papelzinho, viu?"

No tal papelzinho estava escrito o nome de (Rudolf) Fischer, argentino contratado ao San Lorenzo de Almagro, que virou ídolo da torcida alvinegra e foi destaque na histórica vitória do Botafogo de 6 a 0 sobre o Flamengo em 15 de novembro de 1972, dia do aniversário do rival³.

Torturando Salim

Sandro pintava e bordava com o jornalista Salim Simão, colega de JB, outro dos seus "peles" preferidos. Paulo César Vasconcelos e Paulo Stein, e o benemérito do Botafogo Jorge Aurélio Domingues, lembram de três histórias diferentes.

Paulo César Vasconcelos:

---

2   O empresário paraguaio Oberdan Sallustro era CEO da Fiat-Concord na Argentina e foi sequestrado e morto em 1972 pelo comando do Exército Revolucionário do Povo (ERP) acusado de colaborar com a ditadura. Alguns anos após a sua morte, a Fiat Argentina batizou o caminhão Fiat 673 com seu nome. O veículo tinha graves deficiências em seu motor, principalmente de aquecimento. Caminhoneiros e mecânica argentinos apelidaram o defeito de "A Vingança de Sallustro."

3   O locutor José Carlos Araújo conta uma história parecida, só que envolvendo o repórter Luis Orlando, da Rádio Mauá (o mesmo do licor Cointreau – ver página 48). Sandro tinha a mania de gozar o colega e uma vez combinou com José Carlos dizer que um argentino chamado Martinez, que tinha vindo para substituir Rodolfo Fischer, outro argentino ídolo da torcida, fizera quatro gols no treino. Luis Orlando, que chegou atrasado, divulgou a notícia na rádio.

– Engraçado como Sandro torturava o Salim. O cara pegava pilha fácil e Sandro tinha prazer de encarnar nele. Vivia contando ou inventando histórias que deixavam o Salim louco, a ponto de ficar passando o copo de uísque cheio de gelo na testa pra poder se acalmar.

Paulo Stein:

– Uma vez o Sandro chegou pra mim e disse que Salim Simão queria ir ao programa da TV. Uma noite ele apareceu e falou pra caramba. O Sandro, que pegava muito no pé dele, ficou implicando:

"Fala mais baixo, Salim, e não precisa cuspir nos outros."

Jorge Aurélio Domingues:

– Ele vivia constrangendo o Salim Simão. Quando estavam juntos, contava piadas zoando árabes. Depois, quando íamos à redação da *Manchete*, gozava o Oscar, irmão do Bloch, contando piadas de judeu. Era um provocador nato. Sentia prazer em contar piadas de judeu pro Oscar, e de árabe pro Salim. Vivia dizendo que, quando a família do Salim entrava no avião, o pessoal saía. Não porque eram árabes, mas porque eram feios.

Na curva do hospital

"Bola na Mesa" na TV Bandeirantes e o apresentador Paulo Stein decide criar uma novidade. Cada participante tinha que fazer logo no início do programa um pequeno comentário sobre um determinado assunto desportivo. José Roberto Tedesco, outro que sofria uma espécie de bullying de Sandro, que gostava de azucrinar o colega, conhecido pelos amigos como "Zé Cavalo", saía rapidinho do Maracanã para editar as reportagens que seriam exibidas, e tinha pouco tempo para pensar num tema.

– Um dia li num jornal que um cavalo de corrida tinha morrido, eletrocutado na pista do Hipódromo da Gávea. Não tive dúvidas:

"Boa noite, amigos. Este fim de semana aconteceu um absurdo. Um cavalo de corrida puro-sangue morreu durante um apronto na Hipódromo da Gávea."

O assunto fez com que os participantes ficassem olhando um para o outro, como que espantados. Tedesco parou a introdução e, quando voltou, achando que o vento soprava a favor, caiu na asneira de perguntar:

"Aonde eu estava mesmo?"

Pra quê! De primeira, o Sandro respondeu: "Você estava na curva do Hospital."

Uma vez mais, gargalhada geral.

De outra vez, Tedesco virou personagem da coluna de Sandro quando quase perdeu a perna esquerda num acidente de moto, na Rio/Teresópolis[4], indo cobrir um jogo no Maracanã, em pleno domingo. Sandro publicou em sua coluna no JB:

"O repórter José Roberto Tedesco, o nosso bom e alegre Zé Cavalo, sofreu um acidente domingo, quando voltava de Petrópolis, fraturando o dianteiro – perdão – a perna direita."

Depois de informar que quem lhe deu a notícia foi Washington Rodrigues, "mas já com as boas novas sobre o estado do querido Zé Cavalo", Sandro observou:

"O único risco que ele correu – disse o Washington – *foi o de ter sido sacrificado ali mesmo na pista da Rio-Petrópolis. Felizmente pra ele e pra todos nós o médico não conhecia o seu apelido."*

Multidão em fuga

José Roberto Tedesco, há anos morando em Portugal, conta uma quizumba, segundo ele, "provocada pelo Sandro."

– Fizemos várias transmissões de jogos de futebol, principalmente no Maracanã, com o Sandro como comentarista e eu, como repórter, no gramado do estádio. Se não estou enganado, certa vez gravávamos um vídeo de uma partida entre o Botafogo e o Flamengo, no sábado à noite, pra exibi-lo no dia seguinte. Lembro que chovia muito e o estádio estava lotado. Eu me posicionava sempre atrás do túnel central, onde ficavam o comandante do policiamento da PM e os seguranças da Suderj. Como era óbvio, nós ficávamos num fosso, à frente dos "geraldinos", que passavam o jogo xingando ou jogando objetos na gente, pois atrapalhávamos a visão deles sempre que subíamos para o gramado para entrevistar um jogador ou um treinador.

Houve muita confusão na partida e os repórteres eram "obrigados" a entrar no campo várias vezes para obter informações, o que irritou os torcedores.

– Discuti com um, que parecia estar ali só pra me provocar. Eu usava uma capa de plástico pra me proteger da chuva e, de repente, bateu uma coisa na minha cabeça, que desviou pra cima da tampa do túnel e resvalou no capacete

---

4 Mais uma vez há controvérsias. Tedesco garante que foi a perna esquerda e na Rio-Teresópolis, Sandro escreveu que foi a perna direita e na Rio-Petrópolis.

do tenente da PM, que comandava o policiamento. Como chovia muito e eu estava todo molhado, custei um pouco a descobrir o que havia acontecido. Percebi que um líquido corria pelo meu pescoço e daí pro meu peito. Passei a mão e vi que era vermelho. Quando olhei pra trás, o tal "geraldino" com quem eu havia discutido, mandou:

"Se fudeu... te avisei... seu filho da puta."

Ele tinha arremessado uma pilha, das grandes, que me abriu a cabeça. Não tive dúvidas. Pulei pra geral e meti a porrada em todos os que encontrava pela frente. Só não consegui pegar o desdentado que me abriu a cabeça com a pilha.

Tedesco foi levado para a delegacia do Maracanã, preso pelos soldados da PM que patrulhavam a geral, mas foi solto logo depois pelo tenente Siqueira. Voltou pra terminar a transmissão.

– Só fiquei sabendo, no dia seguinte, do comentário do Sandro:

"Eu já tinha visto uma multidão correndo atrás de um homem, mas um homem atrás da multidão essa é a primeira vez."

E ainda complementou: "só podia ser mesmo o Zé Cavalo."

Tiro de meta no estúdio

Participar de programas junto com Sandro era um verdadeiro "samba do crioulo doido." Ele tinha um repertório inacabado de caçoadas, e as sacanagens variavam de acordo com a cara do freguês.

Paulo Stein lembra:

– Havia na TV um concurso sobre regras e histórias do futebol. O programa divulgava uma pergunta e o telespectador respondia através de carta e concorria a um jogo de camisas completo e a uma bola de futebol. Era pra usar em pelada mesmo. Tinha sorteio toda semana, e o contemplado, se acertasse a pergunta, ia buscar o *kit* ao vivo. Um dia, na hora em que estava para começar o programa, eu, Sandro e o ganhador vimos que a bola estava perto do contrarregra, que tinha tomado algumas e estava meio fora da realidade. Alguém pediu: "Fulano, joga a bola aí."

– Pra quê? O cara estufou o peito, jogou a bola pro ar e deu um bico. A bola passou entre a gente e foi bater na tapadeira[5], de 1 metro de largura e 3 de

---

5 Painéis, geralmente de madeira, utilizados em programas de televisão pra compor o cenário.

altura, que quase caiu. E ainda acertou um dos *spots* que iluminava o cenário e explodiu. Todo mundo se virou. E Sandro: "Pô, companheiro, não é pra bater tiro de meta."

Os casos pululavam diante de Sandro, que não tirava o pé nas divididas, aguentava o tranco. Até mesmo na hora de se autoesculhambar, chutava o balde. Constrangido ele? Neca de pitibiriba. Embatucado em alguma situação? É ruim, hein!

Parecia ter sempre uma tirada no bolso. Renato Maurício Prado conta:

– Certa vez, em uma mesa-redonda, estava um convidado, um dirigente ou jogador, que não me lembro quem era, e o Sandro na "ponta direita", um pouco mais baixo do que os outros, falou: *"Boa noite. Eu quero explicar a vocês que eu não encolhi. É que nós temos um convidado, e a emissora não tem uma cadeira a mais. Então, eu estou sentado num toco de madeira que eu peguei de um índio ali que faz macumba."*

Alberto Léo lembra que, mesmo nas situações difíceis, o amigo não ficava acabrunhado:

– Tinha um quadro "Perguntas do Sandro Moreyra". Me lembro uma vez que a Band estava mudando a programação. E fizemos em outubro de 82 o último programa. Naquele dia, a pergunta do Sandro foi: "Quem são os componentes da mesa do programa?" E ainda acrescentou: "Pode ser que semana que vem não tenha ninguém."

Fugindo do rachuncho

Arnaldo Cesar Coelho contou, Agnaldo Timóteo confirmou:

– Na Copa de 74, em Hannover, eu estava trabalhando pelo Canal 100, e o Sandro pelo *Jornal do Brasil*. Eu andava na turma com o (Carlos) Leonam, o Carlinhos (Niemeyer) e combinamos jantar. Esses jantares geralmente eram com dinheiro contado. Era tempo das vacas magras. Mas nesse dia, o Sandro sentou ao meu lado, me cutucou e disse:

"Escolhe pelo preço."

– O cardápio era em alemão, em marcos. Eu disse: porra, não entendo nada, não sei o que vou pedir. Aí eu fui mesmo pelo preço. Comemos feito condenados. Quando veio a dolorosa eu suava frio e fiquei branco. O Sandro, queimado de praia, nem era com ele. Niemeyer falou:

"Olha, nós temos aqui pessoas maravilhosas, mas quem vai pagar esse almoço são os amigos mais abonados. Os quatro empresários que estão na mesa: eu, o Manoel Águeda (dono do restaurante Antonino), o Drault Ernani e o Agnaldo Timóteo."

Timóteo quis sair de fininho e protestou:

"Mas eu, que comi apenas uma maçã e estou de dieta, vou entrar nesse rachuncho?"

– O Águeda entrou na sacanagem. O Drault, que não gostava de pagar conta, estava pálido. O Sandro ria por debaixo da mesa. Quando foi determinado que a conta ia ser rachada por todos, eu olhei pro Sandro e ele falou:

"Eu orientei o Carlinhos pra armar essa porque eu queria pegar o Drault Ernani."

– Era uma vingança de quatro anos atrás, no México, quando Drault não quis entrar num outro rachuncho – lembra Arnaldo.

A árvore atropelada

Tudo por uma boa sacaneada. Sandro não aliviava nem a Polícia. Era adepto permanente da expressão quem não arrisca não petisca. Wilson Figueiredo, 90 e poucos anos, eterno decano do *Jornal do Brasil* e pai de Rodrigo, marido de Sandra Moreyra, conta mais uma molecagem de Sandro:

– Após beber até de madrugada com um grupo de amigos em um restaurante, Sandro pegou o carro e, pra lá de Marrakesh, bateu numa árvore após uma curva na beira da Lagoa Rodrigo de Freitas. Chegou a Polícia para fazer a perícia. Conversa vai, conversa vem, um dos policiais perguntou ao Sandro como tinha sido o desastre. E ele:

"Olha doutor, toda noite eu saio, janto em restaurantes e volto pra casa mais tarde. Toda vez que eu passo por esta curva tem uma árvore que passa na minha frente. Eu tinha receio de que acontecesse isso algum dia. Aconteceu. Ela passou na minha frente e eu atropelei."

– É verdade mesmo, um primor de história. Só a cabeça do Sandro para bolar um negócio desses. E falou isso pro delegado! O delegado viu que Sandro era um gozador da vida e deixou correr. Essa era a filosofia dele.

Desacato a autoridade

Paulo Stein tira outra da gaveta de raridades do colunista:
– Ele não tinha limites, não esquentava a cabeça. Certa vez, quando morava na Fonte da Saudade, fui deixá-lo em casa, após ele tomar um pileque. Descemos do carro, e tinha um fusca da polícia parado em frente ao prédio dele. Sandro se aproximou, abriu a braguilha da calça, botou o negócio pra fora e fez xixi no carro da polícia. Depois, olhou pra mim e disse rindo:
"Desacato à autoridade."
– Os dois PMs não entenderam porra nenhuma e ficaram com aquela cara de o que é que a gente faz? Devem ter achado que o cara era meio tantã.
Galvão Bueno confirma e dá uma pitadinha a mais na história.
– Um dos policiais quis dar uma de brabo, mas o outro reconheceu a gente, fez sinal com a mão e disse "deixa, deixa, deixa". Saiu andando com a "joaninha" pra parar mais à frente. Sandro foi atrás gritando: "Não foge não, covarde, não foge não, covarde."
Os dois garantem que levaram Sandro de volta para o carro, mas ele, às gargalhadas, não conseguia entrar. A muito custo conseguiram chegar no prédio de Sandro e colocá-lo no elevador.

Marchando em Estocolmo

Onde tinha Sandro, tinha chacota. O ex-lateral do Botafogo nos anos 60, Cacá, resgata mais uma. Aconteceu durante uma excursão do Botafogo à Europa em 1959, depois da Copa do Mundo.
– O chefe da delegação era o general Sadock de Sá, um baita casca-grossa botafoguense. Quando o avião parou em Estocolmo, ele chamou o grupo e avisou: *"Vamos descer em ordem. Primeiro o chefe da delegação, depois o treinador, depois o médico, depois os jogadores, depois os jornalistas e, por último, o massagista."*
– Na Bélgica, o ônibus não apareceu para pegar o time que ia seguir viagem de trem. Apoiados pelo Sandro, o general foi na frente com todo mundo marchando pelas ruas. O general parava e todo mundo parava. Aquilo foi um prato feito pro roupeiro Aluísio (Birruma), que era um moleque que não tinha mais tamanho, que, baixinho, murmurava "um, dois, feijão com arroz".

– Dias depois, quando chegamos a Estocolmo, ao ver os balizadores do avião, o general figuraça na porta disse assim:
"Que polícia adiantada. Até o cassetete é luminoso."
Cacá continua:
– No restaurante do hotel mais bagunça só pra avacalhar o general de tudo quanto é maneira. Um pedia um bife aéreo e Tomé jogava um bife na direção de quem pedia. Outro pedia um filé submarino e alguém botava o filé num copo com água.

Sadock de Sá também era personagem nas colunas de Sandro, que contou a vez em que o militar chegou no antigo estádio de General Severiano e, quando o viu Nilton Santos batendo bola antes do treino, pediu:
"Nilton, faz umas embaixadas aí para meus amigos verem."
O craque respondeu:
"Está bom, general, mas cada um no seu ofício. Eu faço as embaixadas e depois o senhor dá um tiro de canhão."

A genitália dilacerada

Sandro parecia ir catando pelo caminho seu cabedal de zombarias. A filha Sandra não esquece o dia em que o irmão do (João) Areosa abriu um restaurante em São Conrado.
– Fomos nós. Calazans, eu, Rodrigo e uma galera. Sandro virou pro garçom e perguntou:
'Tem um vinho Chianti?' (se pronuncia "quienti").
– O cara voltou e disse:
"Seu Sandro, não temos vinho quente não senhor."
– Pra quê? Aquilo era mais do que uma mão beijada. Sandro botou o dedo indicador no rosto, como se estivesse pensando uma outra opção, e pediu, com a cara mais lavada do mundo:
"Tudo bem. Me traz, então, uma genitália dilacerada[6].

---

6   A expressão genitália dilacerada foi muito difundida na época do célebre Atentado do Riocentro, em 30 de abril de 1981, em que uma missão de agentes da ditadura militar em um show do Dia do Trabalhador falhou, quando uma das bombas que estava em um Puma usado na ação, explodiu antes da hora, matando o sargento Guilherme Pereira do Rosário, o agente da repressão "Wagner", especialista em artefatos explosivos, e feriu gravemente o

– Ele encheu o saco do Areosa, por causa desse episódio. A partir daí passou a chegar nos restaurantes e pedir uma genitália dilacerada. As pessoas ficavam sem saber o que era aquilo. Pra ele era mamão com açúcar. Ele era muito rápido. Coisa do pai Alvinho.

Marketing português

Muitas vezes a criatividade e o humor do Sandro nasciam de uma observação ao léu. Como recorda o jornalista paulista Alberto Helena Jr., de um fato ocorrido às vésperas da Copa de 82, quando estava sentado no banco assistindo ao fim do treino do Brasil no estádio da Luz, em Lisboa.

– Dali, vi Sandro, no centro do gramado, espiando o céu e girando devagar, com aquela perna boba dele. No fim do giro, ele me viu e fez um sinal pra que me aproximasse. Fui lá, e Sandro apontou para as colunas dos holofotes que cercavam todo o estádio. Em cada uma delas, uma sílaba: Ben-fi-ca-bi-cam-peão-do-mun-do. E disse:

"*Esse é o melhor exemplo do marketing português, meu caro. Somente o juiz no centro do campo pode ler a mensagem, que era pra ser lida pela multidão.*"

Cruzando a fronteira

O repórter Marcos Penido lembra de outra achincalhada na mesma Copa. E que poderia deixar os dois em maus lençóis, numa tremenda bananosa.

– O JB estava no auge e nos mandou para o Hotel Estoril, em Portugal, antes de seguirmos para a Espanha. Era uma vida que eu nem sonhava. Curtimos muito. O jornal alugou cinco carros em Lisboa. No dia de seguirmos pra Espanha, calhou de eu ir com o Sandro em um dos carros. Quando estávamos quase chegando na fronteira espanhola, o guarda nos parou. Havia o ritual de um guarda de um país passar um bastão que deveria ser entregue ao guarda do outro lado da fronteira. Era um trecho que só dava pra passar um carro, e

---

capitão Wilson Luiz Chaves Machado, o "Dr. Marcos". A força da explosão da bomba que estava no colo de Rosário decepou suas mãos, estraçalhou sua barriga, arrancou seu pênis, e arremessou pedaços de seu corpo a uma distância de mais de 30 metros.

quem estava de um lado tinha que esperar a passagem dos carros que vinham do outro lado. Sandro ficou uma fera porque escolheram o carro dele.

"Porra, mas logo na nossa vez? Por que ele não me deixou passar?"

– Tentei relaxar:

"Daqui a pouco libera e você entrega o bastão lá na frente."

– Liberou. Quando fomos chegando perto do guarda do outro lado da fronteira, o Sandro, com aquele jeito folgazão dele, disse:

"Se prepara que você vai dar uma gargalhada."

– Jogou a primeira marcha no carro e saiu devagarzinho, com o braço esticado e o bastão na mão. O guarda chegou perto e ele vruuummm ... acelerou. Quando já estava do outro lado, na Espanha, jogou o troço longe, morrendo de rir. E o guarda olhando abestalhado, com cara de pateta. Sandro era muito louco. Mas naquele dia exagerou, deu um estalo nele. Poderíamos ter levado um tiro[7].

Um almirante na Geral

Em outra de suas histórias Sandro falou de um almirante "simpático" (sim, havia militares simpáticos na época do golpe) que frequentava a praia de Ipanema mas não era muito ligado a futebol. Um dia, durante um papo em uma roda de amigos, interessou-se pelo velho esporte bretão e, às vésperas de uma Copa do Mundo, manifestou desejo de assistir a um jogo da seleção brasileira. Como não estava familiarizado com preços, quis saber quanto custava uma cadeira. Ao saber que custava cinco mil cruzeiros, na época, ficou indignado:

"O quê? Cinco mil cruzeiros para ver um bando de marmanjos correndo atrás de uma bola? Não pago."

Alguém do grupo informou ao militar:

"Bem, almirante, se você acha caro, veste a sua farda e vai de geral, que militar fardado na geral só paga 100 cruzeirinhos...."

Sobrou zoação até pro almirante Heleno Nunes. Em seu livro de histórias, Sandro contou que, após dois empates com a Suécia e a Espanha na Copa de

---

[7] O repórter Márcio Tavares conta outra versão. O fato aconteceu numa estrada em obras e não na fronteira, Sandro foi espinafrado pelos controladores de tráfego e Penido estava junto com ele em outro carro e não no mesmo de Sandro.

78, na Argentina, quando baixou um desânimo quase total na seleção brasileira, o "sempre otimista" então presidente da CBF contestava os descrentes:

"A seleção não está assim tão mal. Fui ao cinema, vi o filme dos jogos e gostei muito do nosso desempenho."

Foi então que indagaram do dirigente:

"Perdão, almirante, mas a gente veio aqui para ganhar a Copa ou o Oscar?".

É gata, mas é mansa

Sempre cabia mais um "pele" na relação de vítimas de Sandro Moreyra. Como Robério Vieira, o sempre afoito assessor de Imprensa da CBF nos anos 80, conhecido como "Gata Mansa", que era sacaneado a três por dois, em escala industrial. Na escola da vida, cujo mestre era Sandro, Robério era repetente. Segundo Sandro, ao ouvir certa vez o comandante de um voo informar que estava sobrevoando a 11 mil metros de altura, declarou que "sabia que o Brasil era grande, mas não sabia que era tão alto". Era outro *habitué* das colunas de Sandro. Em outra situação, contou que após um jantar na Bolívia os jornalistas levaram um susto na hora de pagar a conta. Um valor exorbitante e completamente fora dos planos do grupo. Todos protestaram e Gata Mansa, o mais irritado, não se conteve. Apontou para "uma gorda e ruiva matrona" de pé junto à caixa e resmungou:

"Aquela baleia ali foi que nos roubou."

Sandro escreveu:

"Partindo feroz em direção ao Gata, a baleia em questão, vermelha de raiva, gritava: 'Baleia é quem te pôs no mundo, seu malcriado'."

Segundo Sandro, "para azar do Gata Mansa, a 'baleia' era brasileira de Corumbá." Robério, que, ao contrário do colunista, tinha a pele muito clara, empalideceu mais ainda.

Durante um bom tempo, Robério foi a bola da vez de Sandro. Pudera, vivia pagando mico. Era um pacote sortido de gafes e cagadas homéricas:

"Do alto de uma sacada, o prefeito de Coimbra mostrava a cidade a Medrado Dias e seus comandados da Seleção Brasileira, exaltando sua beleza, os monumentos históricos, seus castelos e torreões.

– Esta cidade – dizia, orgulhoso – é uma das mais velhas de Portugal.

Concordando, Gata Mansa perguntou:

– Tá se vendo. E o senhor não a reforma por quê? Falta de tutu?"

Mais outra história relatada por Sandro. Mas dessa vez Robério Vieira saiu bem na fita. Foi quando Gata Mansa, que, segundo o colunista sempre foi muito mal pago, resolveu pedir a um banco "um mísero empréstimo de 200.000 cruzeiros." O gerente lhe deu a ficha para preencher e perguntou pelos seus bens.

"*Meus bens?*", espantou-se o Gata.

"*Sim, suas propriedades*", confirmou o gerente.

Sandro contou que Gata não teve dúvida e enumerou:

"*Um apartamento na Avenida Vieira Souto (Ipanema), outro na Delfim Moreira (Leblon), casa em Petrópolis, duas Mercedes, uma fábrica em Bonsucesso...*"

Surpreso, o gerente reagiu:

"*Pera aí, o senhor tá me gozando?*"

"*Eu? Foi o senhor quem começou*", respondeu mansamente o Gata.

Estava desempatado o jogo.

Rindo da desgraça alheia

– Sandro Moreyra!!! Nossa mãe do céu!

O comentarista Raul Quadros lembra de um caso que não tem a ver diretamente com Sandro. Mas ele participou dela. Rindo da "desgraça" do amigo.

– Em 1971, Fluminense campeão da Taça de Prata, Paulo Amaral era o técnico. Eu trabalhava no Estadão, e o Teixeira Heizer tinha uma informação de que depois de Flu e Atlético Mineiro, em Belo Horizonte, último jogo da Taça de Prata, Paulo Amaral não seria mais treinador do Fluminense, qualquer que fosse o resultado. Teixeira Heizer, meu chefe no jornal, falou: "Você vai fazer o embarque do Fluminense no aeroporto e conversar com Paulo Amaral. Ganhando ou perdendo ele não vai mais ser técnico do Flu."

– Perguntei: "Como é que eu vou falar com o Paulo Amaral?"

"Vai lá e fala", ordenou meu chefe.

– Fui, né? No aeroporto, chamei Almir de Almeida, supervisor de futebol:

"Estou sabendo que o Paulo Amaral não vai mais ser treinador e vai ser substituído pelo Zagallo."

E ele: "Vamos lá comigo falar com ele."

Fui, né? Falei pro Paulo:

CAPÍTULO 28: BOBEOU O SANDRO PIMBA

"Estou sabendo que, terminado o jogo, com qualquer resultado, você não vai ser mais o técnico do Flu, vai ser o Zagallo."

– A veia dele no pescoço cresceu, perdeu a cabeça, me deu uma banana. Usava um relógio de pulseira de aço, que arrebentou e voou do braço. E desandou a falar palavrões, seu isso seu aquilo. Eu tremia pra burro. Imagina se aquele cara me pega. Um piparote dele era um safanão. A turma do deixa-disso interferiu. O Almir segurou ele e falou:

"Senhor Paulo, ponha-se no meu lugar."

– Quando ele falou isso, eu falei: e o meu é ir embora. Saí fora.

Raul chegou na redação, contou a história pro Teixeira e escreveu a matéria.

– O Fluminense ganhou o jogo no domingo e foi campeão da Taça de Prata. Na segunda era minha folga e fui pra praia. Estou na praia, encontro quem? João (Saldanha) e Sandro (Moreyra). Saímos caminhando e contei a história pra eles. De repente, um deles disse:

"Olha quem vem ali!"

– Era o Paulo Amaral, com aquela sunguinha pequenininha, uma perna que era a largura do meu corpo. Meu Deus, aquilo era um monstro. João tentou me segurar e eu disse:

"É ruim, hein!"

– Caí na água e me escondi. E João gritava:

"Vem cá, Raul, que o leão é manso."

Refeito do susto, consegui pegar coragem e chegar perto do Paulo Amaral, que, mansamente, falou:

"Só quero dizer uma coisa pra você: não adianta vir com ninguém pra falar comigo que eu mando enfileirar. Pode ser dois, três, quatro. Por isso, perdi a linha com você. Se vem sozinho conversar comigo, não teria acontecido nada daquilo.

E o Sandro?

– O Sandro? Ria pra burro. Até quando via um amigo apanhando ele ria.

E o episódio com Raul Quadros não foi o único. Alberto Léo conta que uma vez, no restaurante Bella Roma, dois amigos de Sandro se desentenderam e um deles disse:

"Vamos brigar lá fora."

A turma tentou apaziguar, mas Sandro, que não era de botar panos quentes e muito menos era chegado a um abafa, meteu o bedelho no seu melhor estilo pra mediar o bate-boca.

"Brigar lá fora é o cacete. Estou pagando e vocês vão ter que brigar aqui dentro mesmo."

– Todo mundo riu. Até os dois brigões. Virou brincadeira – lembra Alberto Léo.

CAPÍTULO 29
Página feliz de nossa história

"Todo santo dia ele apanha um desses casos vadios que andam por aí à procura de autor e o leva para o JB. Quando não encontra, providencia um com a verosimilhança que é a credibilidade do cronista diário. Sandro é um cronista de olhos espertos e ouvidos atentos. Acabam se encontrando, ele e as historinhas." (**Wilson Figueiredo** no prefácio do livro *Histórias de Sandro Moreyra*)

"Ô Juca, que história é essa sua na agência da Iberia que o Sandro Moreyra contou hoje no Jornal do Brasil?"

"Ah, mãe, não foi nada. Não é nenhuma história minha, é apenas uma piada que está correndo."

O caso, contado por Fábio, enteado de João Saldanha, que acompanhou a mãe Maria Sylvia na Copa da Espanha, em 1982, e que despertou a atenção de Juca Kfouri, foi narrado assim por André Iki Siqueira no livro *João Saldanha, uma vida em jogo*.

"João precisou confirmar o voo para Barcelona. A companhia era a Iberia. João entrou na agência, era hora do almoço, e uma funcionária anunciou que estavam fechados.

– Só por telefone – ela disse.

– Mas eu só queria confirmar. Você só me diz se o bilhete está válido.

– Desculpe-me, mas, agora, só por telefone.

A funcionária, então, indicou um telefone bem em frente à agência. João e Fabio saíram, João foi até o telefone, ligou, e Fábio lhe disse:

– João, ela está atendendo. Olha lá.

João começou a falar, olhando para a funcionária e vendo-a responder lá dentro da agência.

– Então, está tudo confirmado? – perguntou ele.

– Sim, sim, confirmado.

– Então, ótimo.

Ele desligou o telefone e disse a Fábio:

– Parece piada de português."

Juca viveu, viu e também contou tudo isso no seu livro *Meninos eu vi*.

"(...) Contei a piada para o saudoso Sandro Moreyra, colunista do Jornal do Brasil. *Gozador emérito, Sandro não teve dúvida; publicou a piada como se fosse verdade e me botou como personagem."*

Poucos dias depois, Juca encontrou-se com Sandro e perguntou:

"Ô Sandro, que história é essa?"

"Ah, Juca, e tinha alguma graça contar sem dizer que aconteceu com você?"

Quando, mais tarde, Juca contou a história para João, ele falou:

"Bem feito! Isso é que dá contar as coisas pro Sandro. Ele é um moleque..."

E não parou aí. Dois anos depois, em um programa de TV da revista *Placar*, ao entrevistar Saldanha, Juca perguntou:

"João, e a história daquele jornalista brasileiro que foi marcar uma passagem pra Sevilha e a moça disse que só podia atender por telefone?"

Ele respondeu:

"Jornalista brasileiro, não, Juca. Aquilo aconteceu comigo."

Mas como explicar a história também ter sido contada pelo enteado de Saldanha?

André Iki explicou no livro:

"João teria sabido do procedimento por Juca e, depois, feito igualzinho na frente de Fábio, para tirar uma onda."

Se no fundo no fundo toda mulher é meio Leila Diniz, como diz Rita Lee, no fundo no fundo todos nós somos meio Sandro Moreyra. Quem nunca se viu contando uma historinha que foi contada por outro autor usando um personagem diferente do original? Como a de Juca Kfouri acima.

– Ele nem era um tipo de jornalista. Era um cronista que tinha mais compromisso com a história do que com a veracidade dos personagens – disse Juca por telefone.

Mario Jorge Guimarães recorda uma particularidade especial do amigo.

– Ele tinha a história e, dependendo do ouvinte, mudava o personagem.

Renato Maurício Prado reforça a tese:

– É a meta da história, a história da história. Na época áurea da Plataforma, os coleguinhas do *Globo*, da Globo, do JB se juntavam numa constante festa. No final formavam uma grande mesa, e Sandro e Saldanha normalmente estavam nela. Um dia Sandro contou a história que todo mundo na mesa já conhecia do "Pessoal gostaram, pessoal adoraram". Atribuiu a Jayme de Carvalho, chefe da Charanga do Flamengo. Mesmo assim, todo mundo riu. Daí alguém lembrou:

"Você contou essa história na semana passada, mas dizendo que era o Paulo Amaral."

Sandro não se fez de rogado e abriu aquele sorriso que já era meia vantagem na hora de quebrar um questionamento às suas histórias:

"Em qual dos dois você acha que fica melhor?"

Com Sandro primeiro vinha o quando, o como, o onde e o por que. O quem vinha depois. O jornalista Alberto Léo também tem um caso que ilustra essa busca permanente de Sandro por personagens:

– Uma vez, após um jantar, ficamos conversando na porta do prédio de Sandro. Uma senhora abriu a janela e deu um esporro: "O que vocês estão pensando da vida? Discutindo a essa hora. Por que não vão dormir? São 3 horas da manhã."

Parecia que com aquela senhora seriam outros quinhentos, mas Sandro, que não era de espirrar o taco, disse:

"A senhora tem toda a razão de reclamar. Mas seu relógio está adiantado 15 minutos. São 15 pras 3."

– Falei: a mulher vai jogar ovo, tudo na gente. O Sandro coçou o queixo, deu aquela célebre risadinha sacana, e disse:

"Pô, essa historinha é boa. Vou botar na boca de alguém."

E "botou na boca" do Manoel Schawrtz, então presidente do Fluminense.

Em alguns casos, Sandro tinha o personagem, mas faltava a história. Como aconteceu certa vez com Zagallo, como recorda Márcio Guedes:

– Durante uma crise entre o Botafogo e Zagallo, Sandro pediu ao técnico:

"Ô, Zagallo, estou precisando fazer uma matéria com você sobre esse assunto."

Zagallo falou:

"Sandro, esse assunto é muito delicado, eu não quero fazer uma entrevista formal com ninguém, não. Até porque eu estou muito desgastado. Faz o seguinte: escreve o que você quiser."

Sandro ponderou:

"Não posso fazer isso. O assunto é sério. É uma entrevista pingue-pongue (perguntas e respostas)."

Zagallo rebateu:

"Você me conhece muito bem, conhece o Botafogo e conhece a crise. O que você colocar na minha boca, eu assino embaixo."

No dia seguinte, Sandro garantiu a Márcio que Zagallo comentou:

"Achei ótima a minha entrevista."

Zagallo confirma a história de Márcio Guedes.

– Isso ele fazia muito. Eu dava autorização.

Márcio breca o freio e, com toda a sua vivência e experiência profissional, afirma:

– Eu, pessoalmente, não faria isso que ele fez porque pingue-pongue é coisa meio formal. Mas ele podia se dar esse luxo porque tinha muita credibilidade. Realmente tinha grande conhecimento do Botafogo e de todos os seus personagens. Claro que, com os jogadores, ele fazia entrevistas muito melhores do que se os próprios fossem mesmo falar. Às vezes o cara dava uma dica de uma palavra e ele dali desenvolvia aquilo, mais ou menos o que o jogador queria dizer, mas não saberia dizer.

Márcio lembra ainda que Sandro costumava falar:

"Olha, se eu quiser, eu saio de casa, vou pro jornal e escrevo a matéria do Botafogo, porque eu sei tudo o que acontece lá."

E, na base do quando não tem tu, vai tu mesmo, Márcio também confirma a versão de que Sandro costumava colocar declarações na boca de alguém. O cara chegava para ele e dizia:

"Mas eu não falei isso."

Sandro não se fazia corar, pois já era corado por e pela natureza, e emendava de prima, sem vacilar:

"Você não falou, mas devia ter falado."

CAPÍTULO 30
A última do Sandro

"Sandro era um dos pouquíssimos colegas que enxergavam o óbvio ululante."
(**Nelson Rodrigues**)

"Agora que Minas Gerais vai lançar o livro de asneiras do governador Newton Cardoso, com toda a certeza uma coletânea de dar inveja aos personagens do Febeapá do Sérgio Porto, São Paulo – que não gosta de ficar atrás de nenhum outro estado do Brasil – está preparando o livro de Orestes Quércia. Afinal, depois que ficou em moda falar caipira dentro do Palácio Bandeirantes, quase todo dia acontecem situações como esta:

Um assessor pouco chegado ao falar caipira passou pelo gabinete do governador Quércia, que assistia entretido a um programa de tevê.

– Firme, governador? – perguntou o assessor para ouvir esta resposta:

– Firme não. Sirvo Santo. O firme é só depois das dez."

(Última história de **Sandro Moreyra** em sua coluna no *Jornal do Brasil*, publicada na edição de 30 de agosto de 1987).

EPÍLOGO
Qualquer dia a gente vai se encontrar

"Há homens que lutam um dia e são bons, há outros que lutam um ano e são melhores, há os que lutam muitos anos e são muito bons. Mas há os que lutam toda a vida. Estes são imprescindíveis."
(**Bertolt Brecht**, *poeta e dramaturgo alemão.*)
"Quando eu for para o céu, se não encontrar Danny, certamente lá não será o meu céu" (**Rita Lee**, *em sua autobiografia.*)

O que você lembra do Sandro Moreyra?

– Uma pessoa feliz, um cara maravilhoso que chegava lá em casa e batia altos papos com o Mané sobre futebol. Lembro que ele tinha a filha dele, a Sandrinha...

Silêncio... Elza Soares, uma das últimas entrevistadas, percebe a minha reação, interrompe a frase e pergunta:

– Cadê?

Foi... embora, respondo.

– Nossa! (*pausa*) Aquela menininha de franjinha que era um dos amores dele? Convivi com essas duas paixões do Sandro: o Mané e a filha dele. Tive a felicidade de ver isso.

A última vez em que estive pessoalmente com Sandra Moreyra foi no dia 20 de outubro de 2015. Lembro que comentei que, até então, faltava Elza, que tentava ouvir há quase um ano mas esbarrava na agenda de shows e tratamentos de saúde.

– Você vai conseguir.

Tossindo muito, ainda teve tempo de contar mais uma do pai.

– Sandro gostava muito de vinho. Uma vez ele conseguiu lá com um cara no JB seis garrafas de um bordeaux, muito bom. Acho que era Chateau. Um negócio espetacular. Levou pra casa, e a faxineira quebrou duas garrafas, ficaram quatro. Aí ele se mudou pra casa da minha mãe e na mudança mais duas quebraram. Ficaram duas. Nunca tinha público suficiente pras duas garrafas.

Era sempre mais gente e nunca se abria as garrafas. Sandro morreu e as garrafas ficaram guardadas. No ano seguinte, meu aniversário, 28 de agosto, falei pra minha irmã: vou comemorar meu aniversário e abrir as duas garrafas. Se eu ficar pensando que tem um ano de morte do papai não vou comemorar nunca mais. E fomos lá pra casa. Fizemos uma noite de vinhos, queijos. Quando as pessoas foram embora, disse pra Eugênia: agora vamos abrir as duas garrafas. Abrimos e tinha virado vinagre. O Sandro bebeu. Só pode ter sido isso. Bem Sandro. Se ele não bebeu, ninguém iria beber.

Muitas águas rolaram até que eu ouvisse essa última história sobre Sandro contada pela filha Sandra Moreyra. Durante quase um ano foram diversos encontros desde o primeiro na Casa Carandaí até os vários na casa de Sandra no Jardim Botânico, a poucos passos da TV Globo, onde trabalhou durante grande parte da sua vida. Fora e-mails, conversas pelo Facebook e telefonemas. Dicas de fontes importantes para consultar e respectivos telefones e/ou e-mails, informações sobre a família e detalhes sobre o pai, confirmação de grafias de nomes, histórias inéditas do e sobre o pai. Fora, e principalmente, o baú de fotos, recortes de jornais e cartas e postais que me emprestou e me ajudou a identificar.

Passamos cerca de um mês sem trocar mensagens. No início de outubro ela enviou o e-mail:

"PC, fiz exames e vou ter que passar por nova quimioterapia. Antes que eu fique derrubada e preguiçosa pra escrever, vai aí o texto da contracapa. Espero que goste."

E pela terceira vez postou no Facebook.

"Novamente estou sendo posta à prova. Mais um tratamento pra fazer. Eu amo a vida. E vou em frente."

Com a coragem e otimismo de sempre, lá foi ela "enfrentar o bicho de frente."

Dessa vez, porém, foi traída pela maldita doença que enfrentou durante sete anos. Foi embora encontrar com o pai no dia 10 de novembro de 2015.

O Botafogo, que tinha caído pela segunda vez para a Segundona, voltou para a Primeira Divisão.

Penso em Sandra chegando no Céu e vendo de longe um cara bronzeadão, de sunga, óculos escuros, com a camisa do Botafogo, cercado por um monte de gente, entre elas um magricelo também falador com um cigarro na boca e um revólver na cintura. Sandro e Saldanha tinham finalmente ligado seus destinos. Sandra identifica o pai e abre aquele sorrisão. Com as duas mãos viradas pra trás, o pai esconde em uma delas uma das cobiçadas garrafas de vinho Chateau Mouton Rothschild, safra 1987; em outra dois cálices.

"*Tava esperando pra brindar com você, Filhoca. Tenho um monte de histórias pra contar.*"

Os dois riram muito e Sandra avisou:

"*Pai, tem um cara de longos cabelos brancos saindo de um boné, barbado e com um jeito meio desajeitado de Papai Noel fora de época escrevendo sobre você.*"

AGRADECIMENTOS

Muitos amigos, como os jornalistas Márcio Tavares e Luiz Carlos Mello, que trabalharam com Sandro, foram parceiros no dia a dia da produção do livro, com observações, dicas, sugestões, checagem de informações e revisão dos originais. Vitor Sznejder, companheiro no *Globo* e na Souza Cruz, e Murilo Rocha, copidesque do *Globo* no início da minha carreira, também deram seus *pitacos* na fase final do livro. Mais uma vez, meu ex-aluno Luís Eduardo Neves Moreira (esse é com I mesmo em vez de Y) colaborou na primeira fase, decupando gravações, digitando textos e checando informações, como na produção do outro livro que publiquei em 2014, *Jogo do Senta, a verdadeira origem do chororô*. E um agradecimento especial a Gisela Zincone, da Gryphus Editora, que topou a parada de publicar o livro e desde o primeiro momento foi a editora que a Sandra escolheu e indicou.

Entrevistados

Adalberto Leite, Afonso Celso Garcia Reis (Afonsinho), Agnaldo Timóteo, Alberto Helena Júnior, Alberto Léo (*in memoriam*), Alfredo Osório, Amarildo Tavares da Silveira, Ancelmo Gois, André Luiz Azevedo, André Valente, Antero Luiz, Antonio Antenor Soares (maître Garrincha), Antônio Henrique Lago, Antônio Maria Filho, Ari Gomes, Arnaldo Cezar Coelho, Arthur Antunes Coimbra (Zico), Bruno Thys, Carlos Alberto Torres (*in memoriam*), Carlos de Castro Borges (Cacá – *in memoriam*), Carlos Eduardo Novaes, Carlos Lemos (*in memoriam*), Carlos Leonam, Carlos Roberto de Carvalho, Carmem Lúcia Roquette Pinto (Milu), Chico Recarey, Elza Soares, Ettore Siniscalchi, Eugênia Moreyra, Fernando Calazans, Fernando Paulino Neto, Fernando Pedreira, Francisco Horta, Galvão Bueno, Geraldo Mainenti, Gérson Oliveira Nunes, Haílton Corrêa de Arruda (Manga), Henrique Pires, Ique Woitschach, Ismael Moreira Braga (Moreira), Ivan Cavalcante Proença, Ivo Meirelles, Ivone Malta, Jair Ventura Filho (Jairzinho), Joaquim Ferreira dos Santos, João Máximo, João Paulo Moreyra (*in memoriam*), Jorge Aurélio Domingues, José Antônio Gerheim, José Carlos Araújo, José Roberto Tedesco, José Trajano, Juca Kfouri,

Laerte Gomes, Lanfranco Aldo Ricardo Vaselli Cortellini Rossi Rossini (Lan), Leovegildo Júnior, Lorenilde de Lima (Nãnãna da Mangueira), Lucia Regina Novaes, Luizinho Nascimento, Márcio Guedes, Márcio Tavares, Marcos de Castro, Marcos Penido, Maria Lúcia Rangel, Mário Jorge Guimarães, Mário Jorge Lobo Zagallo, Marta Helga Kampmann, Mauro Malin, Monarco da Portela, Nelson Hoineff, Paulo Cesar Vasconcellos, Paulo Cézar Caju, Paulo Stein, Philippe Rouchou, Raul Milliet Filho, Raul Quadros (*in memoriam*), Renato Maurício Prado, Roberto Lopes Miranda, Ronald Alzuguir, Rosa Moreyra, Rui Carneiro da Cunha, Ruy Castro, Sandra Chaves, Sandra Moreyra (*in memoriam*), Sérgio Cabral (pai), Sérgio Noronha, Silvio Barsetti, Valéria Moreyra, Washington Rodrigues (Apolinho), Wilson Barros Leal e Wilson Figueiredo.

Colaboradores

Alberto Schprejer, Amicucci Gallo, Ana Helena Tavares, André Iki Siqueira, André Luiz Cunha, Angela Porto, Beatriz Medina, Bruna Condini, Bruno Angeliz de Queiroz, Carlos Eduardo Pereira (presidente do Botafogo), Carlos Ferreira Vilarinho, Celso de Castro Barbosa, Cesar Oliveira, Cid Benjamin, Cláudia Manhães, Claudio Camilo, Denise Assis, Duda Monteiro, Durcesio Mello, Edgard Horácio, Eduardo Ribeiro (Jornalistas & Cia), Erick March, Evandro Teixeira, Fábio Azevedo, Fábio Lau, Fernando Molica, Flamínio Lobo, Gilson Caroni Filho, Ingo Ostrowski, Jason Vogel, João Antônio Buhrer, João Luiz Albuquerque, Joëlle Rouchou, Jorge Antônio Barros, Jorge Eduardo Marques da Silva, José Esmeraldo Gonçalves, José Eudes, José Sérgio Rocha, Juliano Almeida, Léo de Queiroz Benjamin, Lew Moraes, Luciana Barros, Luis Eduardo Neves Moreira, Luiz Carlos David (*in memoriam*), Luis Erlanger, Luiz Carlos Mello, Malu Cabral, Marcelo Sá Corrêa, Márcia Thomé, Márcio Santos, Marco Antonio Gay, Marcos Felipe, Maria Luiza (Conselho Deliberativo do Botafogo F.R.), Mário Veloso (*in memoriam*), Maurício Kataoka, Maurício Menezes, Michael Fragoso Veríssimo, Michella Moura, Milton Costa Carvalho, Monique Duvernoy, Murilo Rocha, Nei Barbosa, Nelson Motta, Osvaldo Maneschy, Paulo César Martins, Paulo Marcelo Sampaio, Pedro Guimarães, Plínio Uchôa Filho, Rafael Casé, Raphael Perucci, Ricardo Rick Baresi, Roberto Assaf, Roberto Mugiatti, Roberto Sander, Roby Porto, Rodrigo Figueiredo, Rogerio Pecegueiro, Rubeny Goulart, Sérgio Augusto, Sérgio Moraes, Sérgio

Pugliese, Sofia Paschoal, Sylvio Marinho, Thiago Delgado, Tiago Pereira, Vitor Sznejder, Waldir Luiz, Washington Rope, Wilson Alves Cordeiro, Wilson Baroncelli (Jornalistas & Cia) e Yacy Nunes; Afonso Nunes, Marcelo Bulgarelli, Silvio Barsetti e Wilson França dos Santos (formandos da turma Sandro Moreyra – Facha, 1987), Claudio Vitena, Eduardo Ribeiro, Luiz Felipe Dias e Renata Barbatho (Casa de Rui Barbosa); Júlio Gracco (e equipe de Marketing do Botafogo).

Fontes consultadas

Livros

CAJU, Paulo Cézar Lima, *Dei a volta na vida*. São Paulo: A Girafa Editora, 2006.
CALAZANS, Fernando, *O nosso futebol*. Rio de Janeiro: Mauad, 1998.
CAMPOS, Paulo Mendes, *O gol é necessário*. Rio de Janeiro: Civilização Brasileira, 2000.
CASÉ, Rafael, *O artilheiro que não sorria – Quarentinha, o maior goleador da história do Botafogo*. Rio de Janeiro: Mauad, 2014 (segunda edição)
CASTRO, Ruy, *A palavra mágica, literatura e jornalismo*. São Paulo: Cosak Naify, 2013.
CASTRO, Ruy, *Ela é Carioca – Uma enciclopédia de Ipanema*. São Paulo: Companhia das Letras, 1999.
CASTRO, Ruy, *Estrela solitária – um brasileiro chamado Garrincha*. São Paulo: Companhia das Letras, 1995.
CASTRO, Ruy, *Os garotos do Brasil: um passeio pela alma dos craques*, Rio de Janeiro, Foz, 2014.
CHANG, Jung, *Mao: a história desconhecida*/Jung Chang e Jon Halliday; tradução Pedro Maia Soares. São Paulo: Companhia das Letras, 2006.
FERREIRA, Aurélio Buarque de Holanda, *Novo Aurélio Século XXI: o dicionário da língua portuguesa* (3ª edição). Rio de Janeiro, Nova Fronteira, 1999.
FIGUEIREDO, Cláudio, *Entre sem bater. A vida de Aparício Torelly, o Barão de Itararé*. Rio de Janeiro: Casa da Palavra, 2012.
FILHO, Mário, *Copa do Mundo, 62*. Rio de Janeiro: Edições O Cruzeiros, 1962.
FRIAS, Sérgio, *Eurico Miranda, Todos contra ele*. Rio de Janeiro: MPM Neto Editora, 2012.

GAY, Marco Antonio, *Paixão, lâmina*. Rio de Janeiro: 7 Letras, 2016.
KFOURI, Juca, *Meninos eu vi...* São Paulo: DBA Artes Gráficas, 2003.
LEE, Rita, *Uma autobiografia*. São Paulo: Globo, 2016.
LISPECTOR, Clarice, *A paixão segundo G. H.* Rio de Janeiro: Rocco, 1998.
LOUREIRO, José, *Elza Soares: cantando para não esquecer*. São Paulo: Editora Planeta do Brasil, 2010.
MÁXIMO, João, CASTRO Marcos de, *Gigantes do futebol brasileiro*. Rio de Janeiro: Civilização Brasileira, 2011.
MÁXIMO, João, *João Saldanha*. Rio de Janeiro: Relume, 2005.
MESQUITA, Cláudia, *De Copacabana à Boca do Mato: o Rio de Janeiro de Sérgio Porto e Stanislaw Ponte Preta*. Rio de Janeiro: Edições Casa de Rui Barbosa, 2008.
MOREYRA, Álvaro, *As amargas, não*. Rio de Janeiro: Editora Lux, 1954.
MOREYRA, Sandro, *Histórias de Sandro Moreyra*. Rio de Janeiro, Editora JB, 1985.
MOTTA, Nelson, *Confissões de um torcedor – Quatro copas e uma paixão*. Rio de Janeiro, Editora Objetiva, 1998.
MULLER, Maneco, *O velho e a bola: a trajetória de Nilton Santos nas crônicas de Jacinto de Thormes*; organização e notas Rafael Casé. Rio de Janeiro: Maquinária Editora, 2013.
NAPOLEÃO, Antonio Carlos, *Botafogo: História, conquistas e glórias no futebol*. Rio de Janeiro: Mauad, 2000.
NOGUEIRA, Armando, *A ginga e o jogo*. Rio de Janeiro: Objetiva, 2003.
NOGUEIRA, Armando, *Bola de cristal*. Rio de Janeiro: Editora Globo, 1987.
NOGUEIRA, Armando, NETO ARAÚJO, *Drama e glória dos bi-campeões*. Rio de Janeiro, Editora do Autor, 1962.
NOGUEIRA, Armando, *O canto dos meus amores*, Rio de Janeiro, Dunya Editora, 1998
NOGUEIRA, Armando, *O homem e a bola*. Rio de Janeiro: Mitavaí, 1986.
O melhor do humor brasileiro: antologia – organização, introdução e notas Flávio Moreira da Costa. São Paulo, Companhia das Letras, 2016.
PEDREIRA, Fernando, *Entre a lagoa e o mar – Reminiscências*. Rio de Janeiro, Bem-Te-Vi, 2016.
PONTE PRETA, Stanislaw, *Bola na rede: a batalha do Bi*. Rio de Janeiro: Editora Civilização Brasileira, 1993.
PORTO, Roberto, *Botafogo: o Glorioso*. Belo Horizonte: Editora Leitura, 2009.

PORTO, Roberto, *Didi. Treino é treino, jogo é jogo*, coleção Perfis do Rio. Rio de Janeiro: Relume Dumará, 2001.
PRADO, Renato Maurício, *Deixa que eu chuto*, Rio de Janeiro, Edição Extra Produções, 1998.
PRADO, Renato Maurício, *Deixa que eu chuto 2, a missão! O lado folclórico e divertido do esporte*, Rio de Janeiro, Relume Dumará, 2006.
RIBEIRO, Belisa, *Bomba no Riocentro*, Rio de Janeiro, Sisal, 1999.
RIBEIRO, Péris, *Didi, o gênio da folha-seca*. Rio de Janeiro, Gryphus, 2014.
SALDANHA, João, *Futebol e outras histórias*. Rio de Janeiro: Record, 1988.
SALDANHA, João, *Meus Amigos*. Rio de Janeiro: Nova Mitavaí, 1987.
SALDANHA, João, *Os subterrâneos do futebol*. Rio de Janeiro: José Olympio, 1980.
SAMPAIO, Paulo Marcelo, *Os dez mais do Botafogo*. Rio de Janeiro: Maquinária, 2009.
SANTOS, Joaquim Ferreira dos, *Enquanto houver champanhe, há esperança: uma biografia de Zózimo Barroso do Amaral*. Rio de Janeiro: Intrínseca, 2016.
SANTOS, Nilton, *Minha bola, minha vida*. Rio de Janeiro: Gryphus, 1998.
SÉRGIO, Renato, *Dupla exposição: Stanislaw Sérgio Ponte Porto Preta*. Rio de Janeiro: Ediouro, 1998.
SIQUEIRA, André Iki, *João Saldanha, uma vida em jogo*. São Paulo: Companhia Editora Nacional, 2007.
SUARES, Gerson, *De pernas pro ar: minhas memórias com Garrincha*. Rio de Janeiro: Oficina Raquel, 2013.
TOUGUINHÓ, Oldemário; VERAS Marcus, *As Copas que eu vi*. Rio de Janeiro: Relume Dumará, 1994.
VERÍSSIMO Luis Fernando, *Borges e os orangotangos eternos*. São Paulo: Companhia das Letras, 2000.
VILAS BOAS, Sergio (organizador), *Formação & informação esportiva – Jornalismo para iniciantes e leigos*. Rio de Janeiro: Summus Editorial, 2005.
ZAMORA, Pedro, *A hora e a vez de João Saldanha*. Rio de Janeiro: Livraria Editora Gol, 1969.
ZAMORA, Pedro, *Assim falou Neném Prancha*. Rio de Janeiro: Editora Crítica, 1975.

Filmes

Garrincha, Estrela solitária, de Milton Alencar Jr
Garrincha, alegria do povo, de Joaquim Pedro de Andrade
João Saldanha, André Iki Teixeira

Periódicos

Jornais: *A Manhã, A Rua, Diário da Noite, Estádio, Estado de S. Paulo, Folha do Povo, Gooooool, Jornal da ABI* (nº 292 – edição setembro/outubro de 2002 – Reportagem "Família Moreyra – Quinta geração de jornalistas talentosos" – Apuração: Sandra Paulino – Texto: Anderson Campos), *Jornal de Debates, Jornal do Brasil, Jornal dos Sports, O Globo. O Jornal.* **Revistas:** *Fon-Fon, Manchete, O Cruzeiro, Placar, Placar Magazine, Playboy, Revista da AABB, Veja.*

Arquivos públicos e arquivos pessoais

Acervo de Sandra Moreyra, Arquivo-Museu de Literatura Brasileira da Fundação Casa de Rui Barbosa, Arquivo Nacional, Arquivo Público do Estado do Rio de Janeiro, Arquivo de Marta Helga.

Sites e blogs

Academia Brasileira de Letras (ABL), Acervo Digital O Globo, Hemeroteca Digital Brasileira (Biblioteca Nacional), Blog do Roberto Porto, Jornal do Brasil, Memória Globo, Placar, Wikipedia.

"Numa partida de futebol soçaite, no clube dos 30, o jornalista Armando Nogueira não dava a bola para ninguém, insistindo em dribles seguidos. E tanto driblou que acabou advertido por Garrincha, um dos participantes do jogo:
– Para de driblar, Armando!
– Logo você reclamando de quem dribla? – protestou o jornalista.
– Mas eu sei, né? – retrucou Mané ainda na bronca." (**Sandro Moreyra**).

***

"(...) Como tenho saudades do papo de futebol do Sandro Moreyra." (**Armando Nogueira** *na crônica "Como é bom exclamar!", publicada no livro O canto dos meus amores*).

Este livro foi diagramado utilizando a fonte Minion Pro
e impresso pela Gráfica Edelbra, em papel off-set 75 g/m²
e a capa em papel cartão supremo 250 g/m².